高等学校规划教材·土木建筑工程

工业企业总体规划

主　编　杨秋侠
主　审　袁　超

西北工业大学出版社

【内容简介】 本书共分8章，主要内容包括：工业企业总体规划、工业场地用地规划、工业企业运输设施规划；“废”料场规划、工业企业动力公用设施规划、工业企业生活居住区用地规划、工业企业总体规划方案综合评价、工业企业总体规划与区域工业规划及城市工业布局的关系。

本书可作为普通高等学校总图设计与工业运输、城市规划、市政工程等专业的教学用书，也可供大型相关工业企业设计院的技术人员及有关管理人员参考。

图书在版编目（CIP）数据

工业企业总体规划/杨秋侠主编．—西安：西北工业大学出版社，2010.2(2015.2重印)
高等学校规划教材．土木建筑工程
ISBN 978-7-5612-2741-1

Ⅰ．①工…　Ⅱ．①杨…　Ⅲ．①工业企业—经济规划—高等学校—教材　Ⅳ．①F406

中国版本图书馆CIP数据核字（2010）第022659号

出版发行：西北工业大学出版社
通信地址：西安市友谊西路127号　**邮编**：710072
电　　话：(029)88493844　　88491757
网　　址：www.nwpup.com
印 刷 者：陕西宝石兰印务有限责任公司
开　　本：787 mm×1 092 mm　1/16
印　　张：10.75
字　　数：259千字
版　　次：2010年2月第1版　　2015年2月第2次印刷
定　　价：24.00元

前　言

工业企业总体规划主要研究企业中长期发展的整体框架，通过研究企业各系统、各部门或各车间之间的相互平衡和发展关系，探索资源的合理配置，优化产品和工艺结构，为企业提供切实可行的中长期发展目标，并为目标的分阶段实施提供依据。

工业企业总体规划包括企业发展的各个方面，简单而言，可分为技术、经济、社会三个方面的研究。其中技术研究包括：企业中长期发展的原燃料供应条件、工艺方案、主要工艺生产设备的配置及其选型、能源介质平衡、企业内外部物流平衡、总图运输布置、直接满足企业发展的相关外部资源条件的配置等；经济研究包括：企业中长期发展的目标、产品定位、投资估算、效益分析和实施计划等；社会研究包括：企业中长期发展所需的城市资源供应、环境影响评价、企业与城市发展的相互影响和支撑关系等。本教材未包括企业中长期发展的工艺技术、经济研究、环境影响评价等方面，而是侧重于实现企业中长期发展所需的内部和外部的各种资源配置的研究，内容包括对厂区（工业场地）、居住区、废料场、外部运输设施、外部工程管线及施工用地等的规划。

同时为了完善工业企业总体规划的理论与方法，提高工业企业设计的技术水平，编者结合自己十多年来的教学、科研、设计实践经验编写了本书，书中系统地介绍了工业企业总体规划的基本原理与方法。

本书的编写分工如下：第 1 章由杨秋侠、袁超编写，第 2 章由邵小东编写，第 3 章由林宇凡、李林辉编写，第 4 章由毛灿、钟达理编写，第 5～7 章由杨秋侠编写，第 8 章由李富春、吴党社、李锐编写。全书由杨秋侠主编，袁超主审。

在本书编写过程中得到了西南电力设计院的王静涛，西北电力设计院的黄文丽，中冶赛迪工程技术股份有限公司的袁超，西安建筑科技大学城市规划设计研究院的吴党社等人的帮助，他们提出了非常重要的修改意见，增加了本书作为教材的可行性和工程使用的可靠性，在这里向他们表示深深的谢意。

由于编者水平有限，不足之处在所难免，诚望读者批评指正。

编　者

2009 年 10 月

目　　录

第1章 工业企业总体规划

1.1 工业企业总体规划概述

1.1.1 工业企业总体规划的概念

工业企业总体规划是对构成企业的所有部分及其有关设施进行总的布置和规划，是设计和企业建设的重要阶段，是总图设计的内容之一。对一个新建企业来说，它是在厂址选定之后，初步设计之前的一个工作阶段。这一阶段的工作是在已选定的拟建企业的场地上，对厂区(工业场地)、居住区、废料场、运输设施、外部工程管线及施工用地等，按照国家相关的建设方针政策的技术规定、规划布置的原则要求，进行全面规划、合理安排，使其各有关部分成为一个有利于生产、方便生活的有机整体，这项工作就称为工业企业总体规划。

1.1.2 工业企业总体规划的意义

工业企业总体规划是一门以总体最优为目标的系统工程，是社会效益、环境效益和经济效益的综合体现，与国家利益、地方利益、企业利益、个人利益密切相关。如果规划得好、工作做得深透、各方面考虑周到、利弊权衡得当，企业的建设则可以达到投资省、建设周期短、生产运行费用低、收效快的经济效果。反之，如果规划不周或稍有疏忽，轻则造成企业局部布置不合理，物流不顺，施工、生产、生活不方便，等等；重则造成企业总体布局不合理、整体物流不畅，严重影响企业的生产和今后的发展，甚至会造成无法挽回的损失。

(1)工业企业总体规划是厂址选择后企业总体布置方案的具体化。对一个新建企业来说，它是在厂址选定之后，初步设计工作之前的一个工作阶段。即将厂址选择期间确定的各项内、外部条件结合厂址现状进一步将企业总体布置方案具体细化，为下阶段设计确定必要的原则。

(2)工业企业总体规划是企业分期建设的指导书。一个企业，特别是大中型企业，不论行业和产品结构如何，都应有一个合理的规模。一个合理的企业规模大多不是一次建成的，而是一次性规划分期实施的，最终达到设计或规划的合理规模。如何分期建设，近期建设和长远规划如何兼顾和有机结合，如何边生产边建设，生产和建设相协调而互不干扰或尽量减少建设对生产的影响和干扰，这些都依赖于企业分期建设计划，而企业的总体规划是企业分期建设的指导书和依据。如日本的福山钢铁厂，一次规划由6个系列组成，即分6期建设，一期规模为年产钢 300×10^4 t，最终规模为年产钢 $2\,000\times10^4$ t。

(3)工业企业总体规划是企业改、扩建的指导书和宏伟蓝图。企业建成投产之后，随着科学技术的进步和发展，企业产能的提高、品种的增加、新产品的研制和开发，必然促使企业发生局部改造和扩建。要使企业的改、扩建有章可循，使企业持续获得良好的整体效益，就必须以企业不断修正合理的总体规划为依据。以武汉钢铁集团公司（以下简称武钢）为例，钢产量初期规模为（120～150）$\times10^4$ t/a，二期规模为（250～300）$\times10^4$ t/a。当二期规模尚未达到时，对炼钢加以改造，增建大型转炉，增建连铸设备及新建新“三轧”，使其规模达到 400×10^4 t/a 以上。近几年，武钢先后重组武汉钢铁集团鄂城钢铁有限责任公司（以下简称鄂钢）、广西柳州钢铁（集团）公司（以下简称柳钢）、昆明钢铁控股有限公司（以下简称昆钢），其触角伸展到广西、云南等地，成为生产规模近 3×10^7 t 的特大型企业集团。从年产 1.5×10^6 t 钢到现在 3×10^7 t 钢，武钢生产规模增长了 20 多倍，成为我国重要的大型钢铁基地之一。这是在企业总体规划的指导下，按照预定扩建和发展规划逐步实施的结果。

（4）合理的工业企业总体规划，能使企业的产值更为理想，发展状况持续良好。经过几十年的建设，我国很多行业和部门，都有很多因合理的企业总体规划而成功的范例。就这些企业来说，合理的总体规划不仅给下一步的设计及以后企业的良好生产效益提供了优越的条件和基础，而且为节省基建投资、加快建设进度、完善运营管理、降低生产成本以及企业投产后的扩建和发展都创造了很好的条件。图 1.1 是山西某发电厂总体规划示意图，其特点为：

1）规划容量。一期 $2\times7.5\times10^4$ kW，二期 $2\times20\times10^4$ kW，三期 $4\times20\times10^4$ kW，共计 135×10^4 kW。

2）水源及供水方式。水源为泉水。供水方式一期为直流供水，二期、三期为二次循环，采用双曲线型自然通风冷却塔，每台机组采用一沟一管一塔。

3）煤源。近期由北同浦铁路沿线中小型煤矿供煤，远期由附近的大型露天煤矿供煤。

4）铁路。自附近 1km 处的车站接轨。车站内增建电厂运煤所需的重空车及机车走行线。远景考虑修建自露天煤矿至电厂的运煤专用线。

5）灰场。采用水冲灰、河滩灰场。

6）出线。设有 110 kV，220 kV，500 kV 三种电压，分别向大同、太原和北京等地供电。

7）远景规划。在附近规划有二站，容量为 240×10^4 kW，计划装设 4 台 60×10^4 kW 机组。

8）电厂生活区。位于厂前区西侧，厂区西北，盛行风向上风侧。

9）施工生活设施。基本按基地考虑，一站 135×10^4 kW 建成后，施工队伍无须转移，即可就近施工二站。

成功的经验和例证很多，如上海宝山钢铁总厂是又一成功的例证，其总平面示意图如图 1.2 所示。

该厂于 1977 年开始规划，1978 年春决策，20 世纪 80 年代建设，是具有当代世界先进技术水平的大型钢铁联合企业。该厂一次性规划，分三期建设。一期（即一高炉系统）建 450 m^2 烧结机 1 台，50 孔大型焦炉二组 4 座，4 063 m^3 高炉 1 座，300 t 氧气顶吹转炉 2 座及 2 300 mm 初轧钢、1 400 mm 无缝钢，年产钢 300×10^4 t。二期（即二高炉系统），增建二烧、二焦，再建 4 063 m^3 的二号高炉，再建一座 300 t 氧气顶吹转炉及 2 080 mm 冷轧、2 050 mm 热轧。二期建成其规模达年产钢 650×10^4 t，用地面积 1 341.06 ha（一期用地 1 196.01 ha），单位钢产量用地面积 2.06 ha/10^4t（若扣除厂区内为三期建设预留的大块空地 188.88 ha，则二期用地为 1 152.18 ha，单位钢产量用地面积为 1.77 ha/10^4t）。三期（即三高炉系统），建设 3 号高炉及其前后相应配套设施，建成后其生产规模可达 1 000×10^4 t。

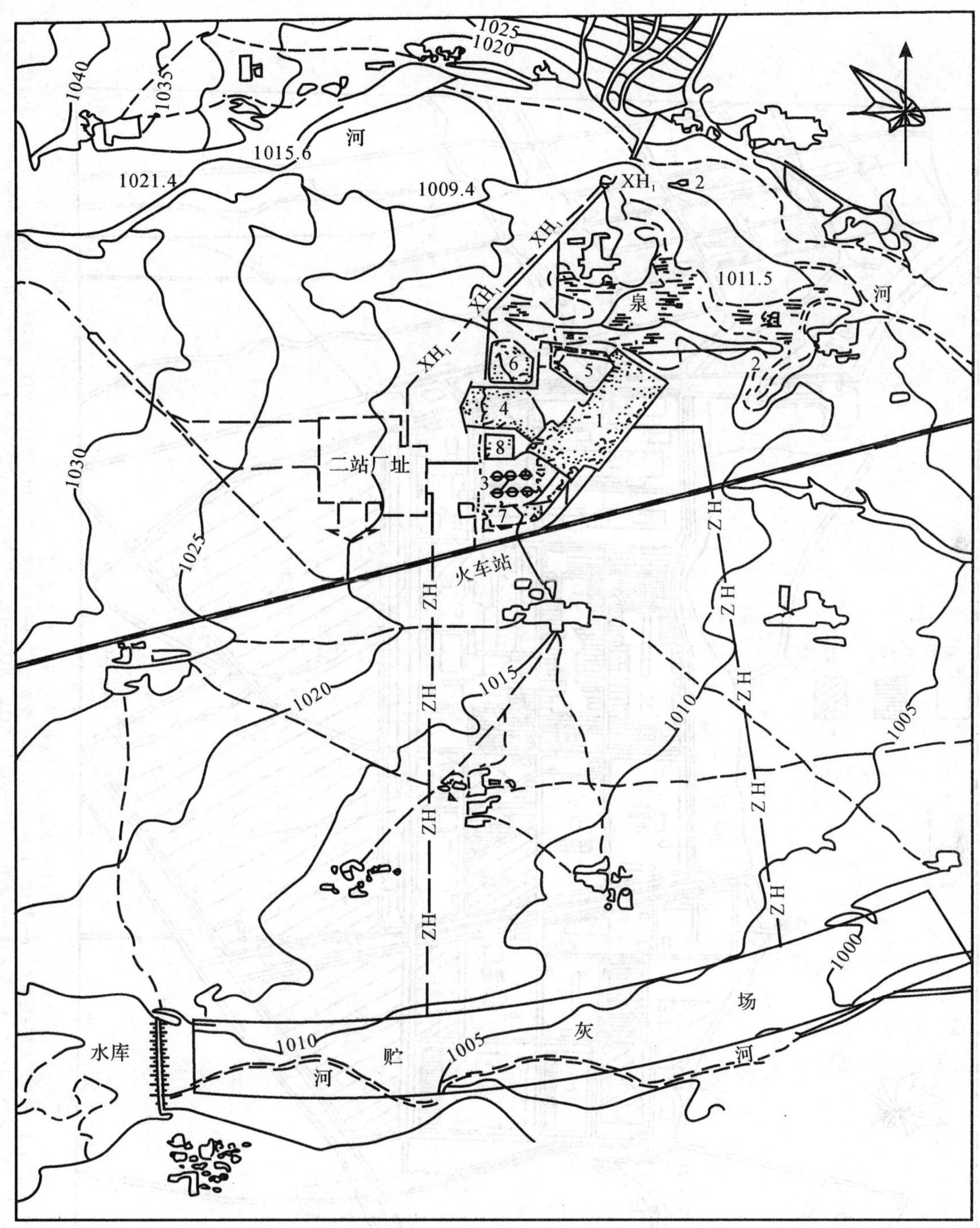

图 1.1　山西某发电厂总体规划示意图

1—电厂厂区；2—水泵房；3—冷却水塔；4—出线走廊；5—厂前区；
6—电厂生活区；7—施工场地；8—施工生活区

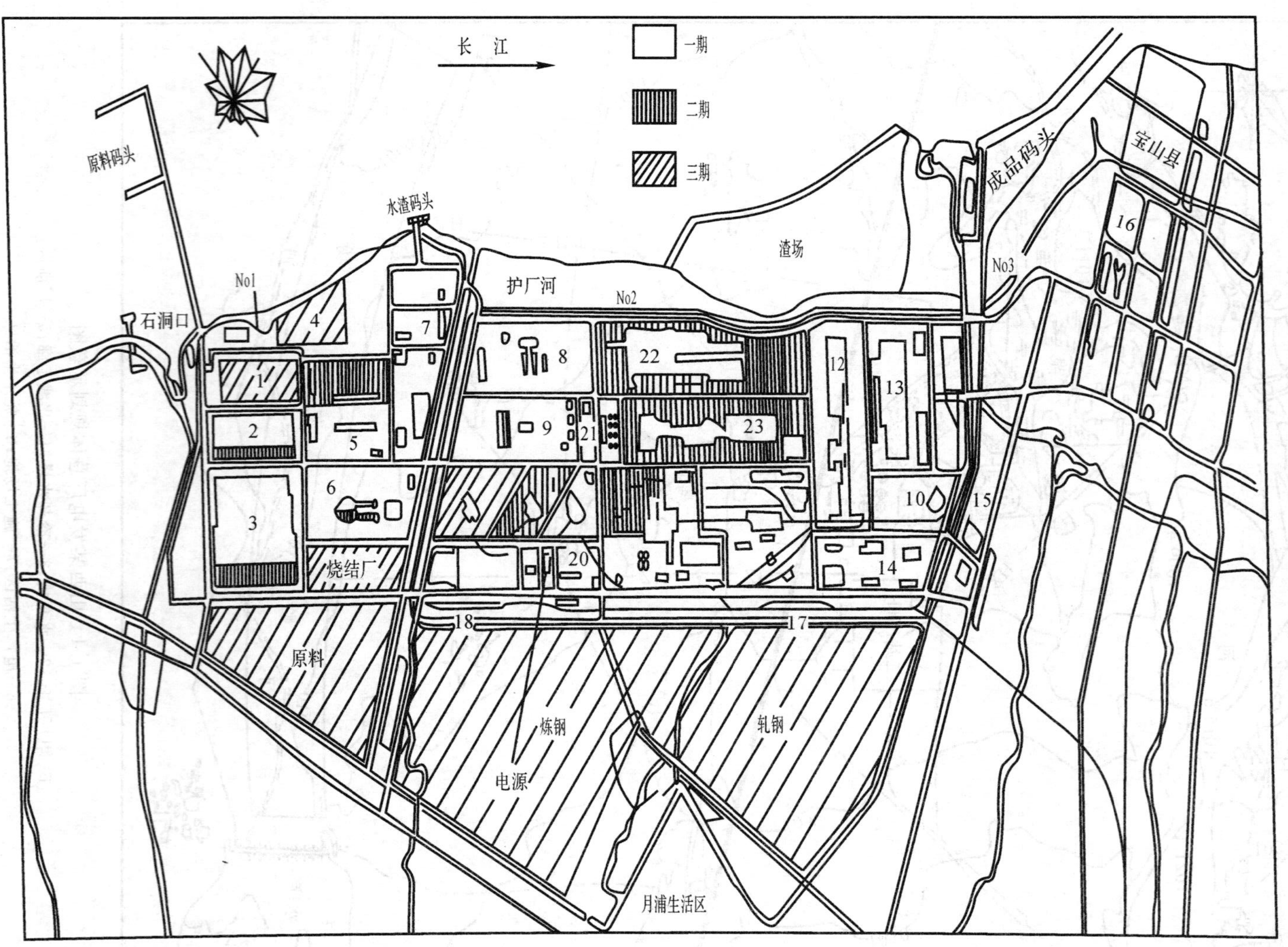

图1.2 上海宝山钢铁总厂总平面示意图

1—贮焦场；2—煤场；3—矿石场；4—焦化厂；5—炼焦厂；6—烧结厂；7—化工厂；8—自备电厂；9—石灰焙烧厂；10—炼铁厂；11—炼钢厂；12—初轧厂；13—无缝钢管厂；14—机修厂；15—厂前区；16—宝山生活区；17—工厂站；18—副原料场；19—NO.1，NO.2，NO.3—1#，2#，3#排水泵站;20—总降变电所；21—锅炉房；22—冷轧厂；23—热轧厂当然，也有缺乏合理的总体规划而建成，并逐步扩建而形成一定规模的企业。特别是最近几年新建的民营企业，基本没有什么总体规划，仅根据当时市场需要，随意改、扩建。这些企业由于没有总体规划作指导，建设和扩建带有一定的随意性，致使企业总体流程不合理，厂区零乱，运输不畅，生活不方便，发展受限制，环境受污染，给企业的运营管理带来诸多不便。伴随市场的发展变化，企业的发展和改、扩建会碰到大量的难题，有些甚至是致命的难题。

1.1.3　工业企业总体规划的任务与内容

1. 工业企业总体规划的任务

企业总体规划的任务是：根据建厂任务书的要求，确定厂区、居住区、废料场的位置；确定厂内外运输方式，合理组织人流、货流；合理规划和使用建设用地，处理好工业用地和基本农田、生产和三废综合利用的关系。

2. 工业企业总体规划的内容

对于工业场地来说，规划中要根据任务书给定的规模、产品方案及企业可能的发展方向，确定工业场地合理的用地面积、厂区外形以及合理预留企业扩建发展的可能用地范围。居住区则首先根据企业定员、居住用地指标确定用地规模，再根据厂址区域的场地情况，决定居住区是分散或是相对集中，并根据企业所在地的规定和各项具体要求确定居住总平面布置的基本形式及居住片区规模，同时拟订居住区与城镇及厂区的联络及通勤方式。规划中主要确定废料场合适位置和合理的堆存年限，其位置的确定要根据地形条件，合理利用风象，使废料场能够满足企业服务年限弃“废料”量的要求，并为开展综合利用提供方便。运输方式的确定主要是根据企业所处的地理位置，厂址区域的交通运输条件确定铁路接轨点、工厂站的位置、铁路专用线走向、道路连接点、码头位置等。配合有关专业确定给水、排水、防洪、供电以及施工用地等的基本规划方案，并确定防护带的等级、宽度，规划布置防护带。

工业企业总体规划的政策性较强，涉及面广，上述各项内容的规划必须严格执行国家有关方针政策、规范规定，在上级部门领导下组织各有关专业及有关单位，根据原燃料资源、水、电、交通运输、协作条件及当地农业发展状况等，应用国内外先进的技术，并参考各种先进的指标，全面考虑，统筹兼顾，合理安排。

图 1.3 是某钢铁厂总体规划布置图。相应地，总体规划图上应表示出如下内容：

(1)厂区及主要车间。

(2)居住区的位置及范围。

(3)铁路专用线接轨点、线路走向、线路长度等；接轨站站名、专用线最大纵坡、曲线半径、桥涵等设施，专用线起点坐标或里程标、计算公里数等。

(4)厂外公路的引进、与国家路网的连接、厂外公路的宽度等。

(5)水运码头的位置、占用岸线长度和水域、陆域面积的大小等。

(6)高压输电进出线走向、回路数和走廊宽度。

(7)水源地位置与范围，供、排水管线走向及长度。

(8)储废料场位置、大小及形状。

(9)施工场地和施工生活区的位置、形状和占地面积等。

(10)防排洪工程规划的位置、范围等(视工程实际需要)。

(11)绿化隔离带的位置、范围等(视工程实际需要)。

(12)有条件时,也应统筹规划综合利用的场地(视工程实际需要)。

(13)进行技术经济比较,提出推荐方案。

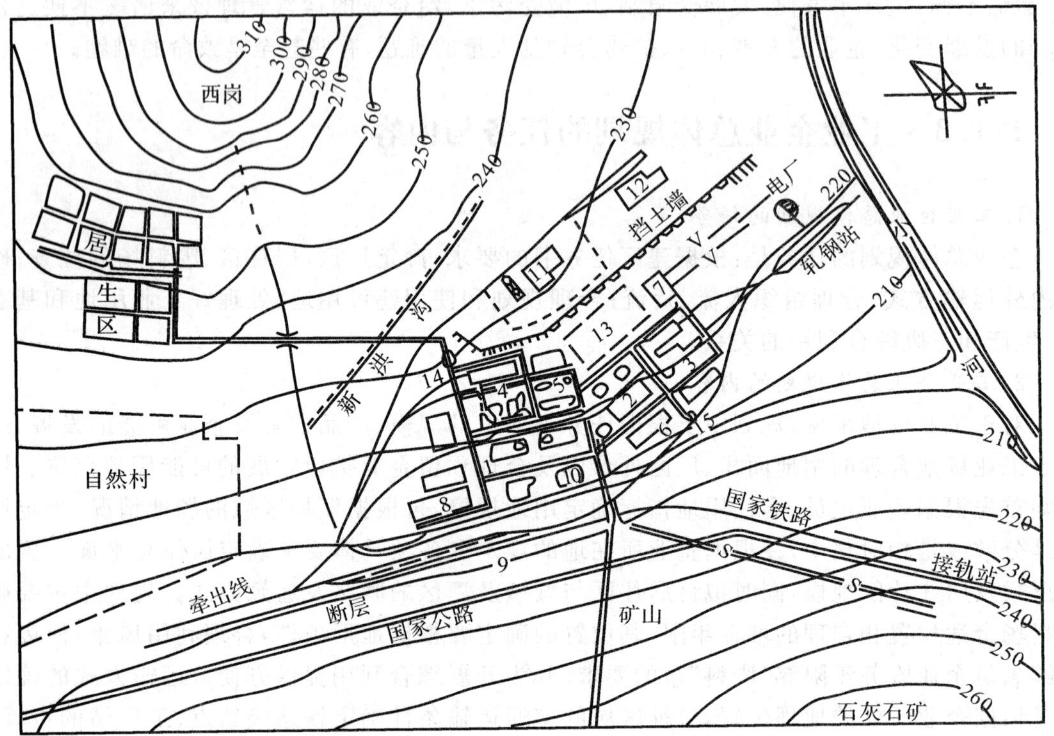

图 1.3　某钢铁厂总体规划示意图

1—炼铁;2—炼钢;3—轧钢;4—烧结;5—焦化;6—机修;

7—变电所;8—仓库;9—工厂站;10—水池;11—结构厂;12—水泥厂;

13—焦化、轧钢发展用地;14—人流入口;15—总排水口

1.2　工业企业总体规划的原则与步骤

1.2.1　企业总体规划的原则

企业总体规划及其文件的编制,大型厂一般在选定厂址之后,初步设计之前进行,中小型厂可结合初步设计进行。

企业总体规划应遵循以下原则:

(1)企业总体规划的主要依据是设计任务书,规划中要根据任务书规定的企业规模、产品方案、定员、原燃料来源、产品销路及远景规模等,各有关专业密切配合,从实地出发,远近结合,统一规划,一次完成。

(2)工业企业总体规划必须符合城镇规划或工业基地(工业区)规划的要求。作为城市工业区的企业，其厂区和居住区都是城镇的有机组成部分，企业的建筑形式、居住区的位置及布置形式对城市风貌都有较大影响，企业的外部交通运输、公用工程等亦与城市有密切联系，因此，必须同城镇规划相一致。如果企业是工业基地的一部分（如在煤炭工业基地建设火电厂、化工厂等），应符合工业基地规划。

(3)根据当地自然条件，结合厂区地形及外部货流方向，按照生产工艺流程的要求，尽可能使生产流程和大宗货物流向的线路相一致，以节约基建投资和降低运营费用。

(4)企业总体规划应考虑符合环境保护的要求，避免或尽量减少企业对城镇的污染，避免企业厂区、渣场对居住区的污染，将居住区布置在空气新鲜、阳光充足、通风良好的洁净地带。

(5)规划中应贯彻节约用地的方针，不占或少占良田、好地及经济效益高的土地，充分利用荒地和劣地。

(6)从全局出发，统筹安排，既要考虑本企业的系统合理，又要考虑与周围企业的协调与协作，避免建设“大而全”“小而全”的企业。

1.2.2　企业总体规划的步骤

企业总体规划应在调查研究、掌握可靠的必要资料的基础上进行，一般按照下述步骤：

(1)在地形图上(1∶5 000 或 1∶10 000)，在已经确定的厂址范围内，根据各有关专业提供的工艺资料规划布置厂区主要生产设施，确定总图布置形式，依此确定厂区形状、用地范围。在图上标示厂区位置，并标明厂区四周的工矿企业、村镇或特殊场地。

(2)根据企业的运量、厂址地区的交通运输条件，确定厂内外主要运输方式，并规划布置由铁路接轨站(点)到厂区的铁路专用线，工厂站位置及形式，厂内铁路线路系统(主要干线)；由港口至厂区的铁路线路、道路；厂外公路路径及与干线公路(或城市道路)的连接点；厂区与居住区间的道路。矿山企业若采用机械化运输方式(如胶带运输、架空索道运输、管道运输等)，也应标明其走向和路径。

(3)在厂区位置及外部交通运输设施确定以后，在有关专业的配合下，根据已知的电源(电厂或区域变电所)、水源地(一个或多个)、污水排放地，规划布置高压线进线方向、路径及高压线走廊，确定供、排水干管路径。

(4)确定废料场的位置、采用的运输方式及其路径。

(5)根据企业定员及国家或各省市自治区规定的带眷系数、用地标准，计算居住用地并确定居民点的数量和位置。

(6)根据企业规模、施工期限、施工队伍及其机械化程度等因素，确定施工用地的位置和范围。

(7)规划布置综合利用设施。

(8)规划布置卫生防护所必需的防护带、绿化带及厂外苗圃用地。

上述企业总体规划的步骤及每一步骤的内容相互渗透、相互影响，不要截然分开。不一定墨守步骤顺序，有的前后顺序调换一下，亦不影响整个规划工作的进行及总体规划的质量。

第2章 工业场地用地规划

2.1 工 业 场 地

2.1.1 工业场地概念

工业场地是指集中布置企业的生产设施以及与其有关的建、构筑物的用地，包括采矿工业场地、选矿工业场地及企业厂区。企业厂区包括布置主要生产车间（设施）的厂（场）区围墙或用地范围内的场地，不包括布置在厂（场）区以外单独的生产辅助建、构筑物形成的独立场地。

具体地说，工业场地就是指工厂从原、燃料准备，加工，半成品运送以及成品储存外运等一系列生产设施所构成的有机整体所占用的场地。对矿山而言，它一般是指地面上集中布置各种生产设施的场地。工业场地是企业各有关组成部分的主体，因此，它的选址和规划是否得当不仅影响企业建设的速度，也将直接影响企业建成后的运营管理及产品成本的高低。

2.1.2 工业场地规划的内容

工业场地也就是通常所说的厂区，它包括原、燃料储存准备，产品加工及成品储运等几个部分（或称为系统）。就钢铁企业来说，原、燃料准备系统包括料场、仓库及加工混匀等设施；产品加工系统主要有烧结、焦化、炼铁、炼钢、轧钢等主要生产设施以及为生产主要产品服务的水、电、风、汽（气）等辅助生产设施；成品储运系统主要指成品检验、包装、储存及外发等设施。这些生产系统中的各种不同的生产设备和设施，由各种线路机具连为一体，又构成相对独立的小系统。上述各系统之间用铁路、道路或各种机械化运输设备连成整体，成为一个由原、燃料加工到成品储运的完整系统。构成这一完整系统的各组成部分及为其服务的辅助和附属设施的用地及相对位置的确定，都是在规划工业场地时所要考虑的内容。

工业场地规划的内容主要有以下几个方面：

（1）根据企业规模、主要生产设施和工艺流程，并根据厂址周围交通运输条件，结合场地自然条件，选择或确定合理的总图布置系统。

（2）根据企业所处地区的交通运输条件，确定经济合理的铁路接轨方案及公路连接方案。若有可供利用的水运条件，根据港址、码头方位及其距厂区的距离、地形条件等，规划厂区与水运码头的连接方案。

（3）根据原、燃料来源，产品去向及该厂区与城镇及周围企业的相对位置关系，确定厂区出入口。

（5）选择和确定运输方式及运输系统，规划厂区运输设施。

以上几项是工业场地规划的主要内容，其相互联系又互相影响，在进行总体规划时要统一权衡，全面考虑。

2.1.3　工业企业用地规划原则

(1)符合当地的有关规划。工业企业与当地的城镇规划、工业区、交通、经济发展等规划关系密切，应符合上述各相关规划的基础上，把工业企业的规划与区域规划、城镇规划、工业区规划结合起来，统一考虑，统一布局，就会有利于工业企业总体规划布置的实施。

(2)按照企业终期规模进行布局，远近结合，正确处理近期建设和远期发展的关系。在按照设计规模确定工业场地大小的同时，除特殊情况外，要为工厂远景发展留有余地，并考虑其他场地发展对本企业可能造成的影响。

(3)按照工业生产工艺流程要求进行规划。根据工业的生产流程，在符合防火、安全、卫生、环保等标准的前提下，尽量减少原、燃料运输距离，缩小建、构筑物的间距，减少公用设施供应路径，降低企业的建设和运营成本。

(4)正确处理主体工程与配套工程的关系。在深入调查了解企业建设条件的基础上，统筹安排和合理布置主体生产设施与辅助设施、附属企业及公用工程设施之间的关系，使其构成统一整体。

(5)从全局出发，统筹安排，考虑协作条件，综合布局。在布置主体企业时，要考虑与相邻企业的协作。如产品原料的协作、副产品和“三废”综合利用的协作、厂外交通设施的协作、公用工程设施的协作、生产技术的协作、厂前建筑的协作、生活福利设施的协作等等。工业企业的协作布局，有利于展开综合利用，减少环境污染，有利于节约基建投资和降低产品成本。

(6)重视卫生安全距离。工厂与居住区、工厂排水口与取水点的卫生距离，炸药库与周边安全防护距离，消防站的防护范围等均应符合相关规定。

(7)应节约用地，不占或少占农田，充分利用荒地和劣地。

2.2　工业企业用地分析

2.2.1　工业企业用地自然环境条件分析

工业企业的生产设施及其附属设施的布置和规划与自然环境密切相关，在规划时要充分遵从自然环境的机能和变化规律，要合理利用自然条件，不断改善环境质量。

1. 工程地质条件分析

为了将工厂建在稳固的地基上，必须在规划设计前，对本地区的土壤承载力状况以及是否有滑坡、冲沟及地震等方面的不良地质进行考察分析，评价其建设用地地质条件是否与工业企业用地要求相适宜。

(1)地基土质。工业企业的各项建设都由地基来承载，由于地层的地质构造和土层的自然堆积情况不同，其组成物质也各不相同，因而对建筑物的承载力也不同。不同的土层的承载力是不同的，如表 2.1 所示为自然地基类别与建筑物的承载力。应特别注意一些特殊土质，例如膨胀土,受水膨胀、失水收缩的性能会给工程建设带来困难。此外,有些场地看似稳定,但地面下潜伏着灵敏的湿性黏土,这种黏土受干扰时具有不理想的液化性质;泛滥平原的土壤沉积物常常是一些沉积中没有规律的松散砂质黏土,由于这种土壤含水量相当高,它的承载力是非常有限而多变的。因此,要在调查各种地基土物理性能的基础上,按照各种建筑物或构筑物对地基的不同要求,在厂区用地规划中做出相应的安排。如对以上所述的膨胀土,若不能避开,应采取防湿或水土保持等措施来减少其影响。

表 2.1 自然地基类别与建筑物的承载力

类 别	承载力/kPa	类 别	承载力/kPa
碎石(中密)	400~700	细砂(很湿)(中密)	120~160
角砾(中密)	300~500	大孔土	150~250
黏土(固态)	250~500	沿海地区淤泥	40~100
粗砂、中砂(中密)	240~340	泥炭	10~50
细砂(稍湿)(中密)	160~220		

(2)滑坡和崩塌。滑坡是斜坡在风化作用下,地表水或地下水、人为的原因,特别是在重力作用下,使得斜坡上的土、石向下滑动。

在选择建设场地时,为了避免滑坡所造成的危害,须对建设用地的地形特征、地质构造、水文、气候以及土或岩体的物理力学特性进行综合分析与评定。避免选择不稳定的坡面,同时,在用地规划时,还应确定滑坡地带与稳定用地边界的距离。在必须选用有滑坡可能的用地时,必须采取可靠的预防工程措施,以防止产生滑坡危险,保证的安全。如采用排水、支挡、卸载、反压等措施,同时应保护坡脚避免切坡。对具有发展趋势并威胁建筑物安全使用的滑坡体,应及早整治,防止滑坡继续发展。

崩塌是指陡峻的山坡和岸坡的上部岩体,在剧烈风化、剥蚀、地震、断裂及水的影响下,使岩体稳定性失去平衡,在重力作用下,岩体突然崩落,迅速垮向坡下的一种地质现象。崩塌具有突发性、灾难性的后果。

诱发崩塌的外界因素很多,主要有以下几个方面:

1)地震。地震引起坡体晃动,破坏坡体平衡,从而诱发坡体崩塌,一般烈度大于 7 度以上的地震都可能诱发大量崩塌。

2)融雪、降雨。特别是大暴雨、暴雨或长时间的连续降雨,使地表水渗入坡体,软化岩土及其中软弱面,产生孔隙水压力等,从而诱发崩塌。

3)地表冲刷、浸泡。河流等地表水体不断地冲刷边脚,也能诱发崩塌。

4)不合理的人类活动。如开挖坡脚,地下采空,水库蓄水、泄水等改变坡体原始平衡状态的人类活动,都会诱发崩塌。

还有一些其他因素,如冻胀、昼夜温度变化等也会诱发崩塌。在选择建设场地时应避开大型山崩。对于小型山崩,要采取积极措施进行预防和治理。

(3)冲沟。冲沟是由间断流水在地表冲刷形成的沟槽,特别是黄土类的砂质黏土地带,冲沟切割地表,使之支离破碎,对土地使用造成不利。在用地范围内,应分析冲沟的分布、活动状况(青年期为活动阶段,老年期为稳定阶段)以及冲沟的发育条件,采取相应的治理措施。只要解除了产生冲沟发育的条件，就可防治冲沟的发展。可以在冲沟上游修截水沟，使水不流经冲沟；填平凹地，加以夯实；调整地表水流以及种树植草，防止水土流失等。

(4)地震。地震是地球内部介质局部发生急剧的破裂，产生震波，从而在一定范围内引起地面震动的现象。在进行工业企业用地规划时，主要采取以下几项防震措施：

1)确定建设地区的地震烈度，以便制定出合理的建设工程设防标准。

2)避免在强震区选择企业建设场地。

3)在企业用地规划和工程建设中，应按照用地的设计烈度及地质、地形情况，安排适宜的企业生产设施和辅助设施。

2.水文及水文地质条件分析

(1)水文条件。江河湖海等水体，不仅是工业企业用水的来源，而且还在水运交通、改善气候、稀释污水、排除雨水以及美化环境等方面发挥着重要的作用。同时，某些水文条件也可能带来不利的影响，如洪水侵入，河床淤积，地下水对工程建设的影响等。

工业用地范围与相关流域的江河湖海的水文条件、较大区域气候的特点、流域水系分布、区域地质条件、区域地形条件等都有密切的关系。工业企业的建设可能引起原有水系的变化或破坏，对区域的水文条件产生很大的影响。因此，有必要对水体的流量、流速、水位的高度进行详尽的分析，合理利用有利的水文条件，减少水文对企业建设和运行的影响。

(2)水文地质条件。水文地质条件指地下水的存在形式，含水层的厚度、矿化度、硬度、水温及水的流动状态等条件。地下水经常作为工业用水的水源，特别是在远离江河湖海或地表水水量不足，且水质又不符合卫生要求的工业场地，调查并探明地下水资源尤为重要。

地下水按成因与埋藏条件可分为上层滞水、潜水和承压水(可作为工业水源)。上层滞水是埋藏在包气带中，局部隔水层之上的重力水。包气带是指地表以下，潜水位以上未被水饱和的那一部分土石层的分布范围。它随季节变化很大，一般只能作为小型或暂时性供水水源。上层滞水的涨落对有地下室、安装有地下装置的设备的建、构筑物生产和正常使用产生不利影响，而且会引起建筑物的不均匀沉降和建筑变形等问题。

潜水由地表渗水形成，主要靠大气降水补给。因此潜水水位及其水的流动状态与地面的状况有关，埋深也因各地的地面蒸发、地质构造(如隔水层距地面的深度)和地形等不同而相差悬殊。

承压水：两个隔水层之间的重力水，由于有隔水顶板，承压水受大气降水的影响较小，也不易受地面污染，因此成为远离江河工业企业的主要水源。

若过量开采地下水，会使地下水位大幅度下降，形成地下“漏斗”。它使漏斗外围的污染物质流向漏斗中心，使水质变坏；严重时造成水源枯竭并引起地面沉陷，形成碟形洼地，对工业场地的防汛与排水均不利，还会对地面建筑及工程管网造成破坏。

地下水的流向对工业企业的用地布局也有影响，对地下水有污染的一些建设项目不应布置在地下水的上游方向，以尽量减少对下游水体的污染。例如，工业企业酸性的库区不应布置在地下水的上游，以免渗漏对下游建、构筑物的基础造成腐蚀。

根据工程地质和水文地质条件的复杂程度，建设场地地质条件可分为三种类型：

1)复杂地质。土层种类多，岩性变化大，有较厚的或不规则土体存在，土的压缩性不均匀，基岩埋藏不深且起伏变化大，地下水类型不一，地下水位较高，任何季节都高于基础埋置深度。

2)中等复杂地质。土层种类较多，岩性变化较大，夹软土透镜体，但基岩埋藏深浅不一，起伏变化平稳，地下最高水位接近基础埋置深度。

3)简单地质。土层分布稳定，岩性均匀或岩性虽有变化并有透镜体，但岩性与上部土层基本相似，基岩埋藏深，起伏变化小，地下最高水位低于基础埋置深度。

3. 气候条件分析

气候条件对工业企业总体规划有着重要的多方面的影响，尤其是与工业企业厂前区、居住区创造适宜环境，防止环境污染等方面，关系非常密切。

随着工业的发展，工业生产向大气中排放废气和微粒的数量及种类日益增多，造成了大气的污染。风是大气中的一部动力机，在区域大气中风起着输送、扩散有害气体和微粒的作用。风速较大时，除了能把有害气体和微粒带走外，还可以与有害物质混合，使这些物质的浓度降低，起到稀释的作用。风象对工业企业用地规划有着重要的影响，因此，下面将重点研究风象对工业企业用地规划的影响。

(1)风象和风玫瑰。风是地面大气的水平移动，它是一个向量，由风向和风速两个量来表示。

所谓“风象”指的是地面大气水平移动特征的综合反映，包括风向、风速、污染系数等和规划布局工作有直接关系的几个方面。

1)风向。风向是指风流动时的方向，气象台每天 8 时、14 时和 20 时对风做三次观测。风向频率表示风向最基本的一个特征指标是风向频率。风向频率指的是在一段时间内不同风向出现的次数与观测总次数之比。在规划布局中，通常采用风向玫瑰图来表示风向和风频。绘制风向玫瑰图的方法是将 8 个方位的风的频率以相应的比例长度点在方位坐标线上，用直线连接端点，并把静风频率标在中心上(见图 2.1)。

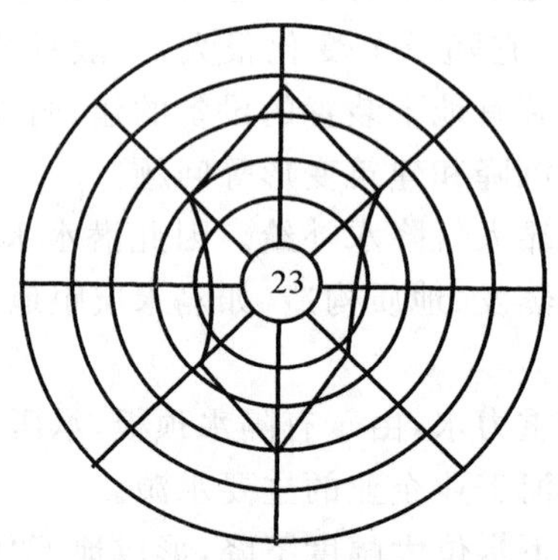

项目＼方位	N	NE	E	SE	S	SW	W	NW
风向频率/(%)	19	11	4	6	15	9	3	10

图 2.1　风向玫瑰图(间距 5%)

2)风速。风速是指空气流动的速度，通常用米每秒(m/s)来表示。风速大小可用风速玫瑰图生动地体现，绘制方法与风向玫瑰图相似，中心数字表示风速。

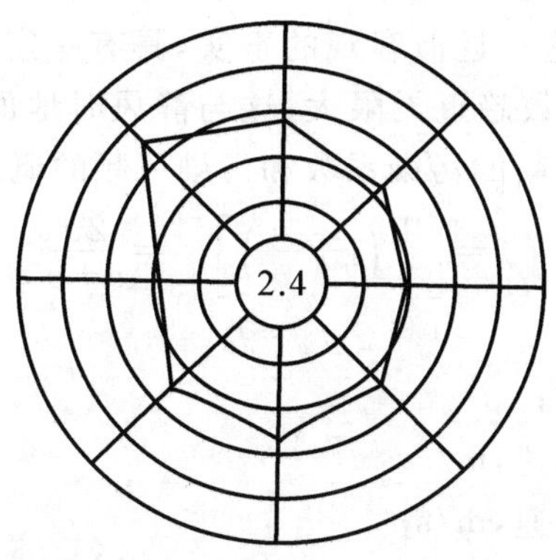

方位 / 项目	N	NE	E	SE	S	SW	W	NW
平均风速/($m \cdot s^{-1}$)	2.9	2.1	1.9	2.1	2.5	2.2	1.9	3.5

图 2.2　风速玫瑰图(间距 m/s)

3)污染系数。某一风向频率越大,其下风向受污染的机会越多,即污染程度与风频成正比。某一方向的风速越大,则稀释能力越强,污染程度与风速成反比。污染程度常用污染系数表示:

$$污染系数=\frac{风向频率}{平均风速} \tag{2.1}$$

按此公式可分别计算出各风向的污染系数,并绘制成污染系数玫瑰图(见图 2.3)。由图 2.3 可以看出,污染系数越大,其下风方向的污染就越严重。

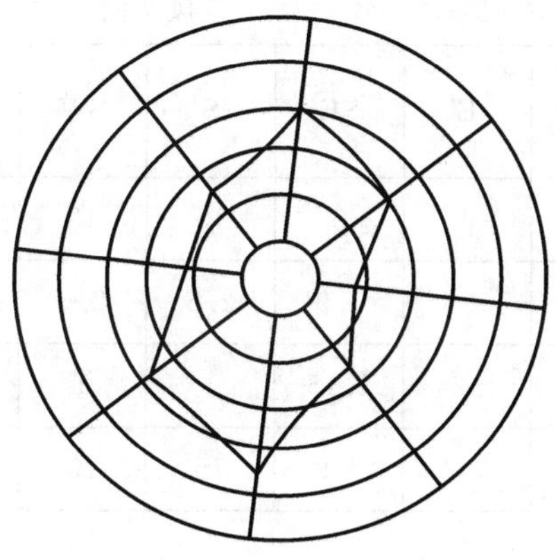

方位 / 项目	N	NE	E	SE	S	SW	W	NW
风向频率/(%)	19	11	4	6	15	9	3	10
平均风速/($m \cdot s^{-1}$)	2.9	2.1	1.9	2.1	2.5	2.2	1.9	3.5
污染系数	6.8	5.2	2.1	2.9	6.0	4.1	1.6	2.9

图 2.3　污染系数玫瑰图

式(2.1)中污染系数的概念是20世纪50年代从苏联引入的。此式反映了污染程度与风频成正比,与平均风速成反比这一近似客观的事实,具有一定的参考价值。但它的量纲不明确,且当平均风速接近零时,系数趋近无限大,这与静风时地面相应的污染程度是不相符的。因此,采用我国学者研究提出的新的污染系数和污染风频的概念与计算方法是完全必要的,即

$$\lambda=\left[\frac{1}{2}\left(1+\frac{\upsilon}{v}\right)\right]^{-1}=\frac{2v}{v+\upsilon} \tag{2.2}$$

$$f_p=f\lambda \tag{2.3}$$

式中 λ——某方向的污染系数;

v——全年各风向平均风速,m/s;

υ——某风向全年平均风速,m/s;

f_p——某风向的污染风频,%;

f——某风向的风向频率,%。

式(2.2)、式(2.3)除保留了式(2.1)污染浓度与风速一次方成反比这一共同特点外,其主要差别是:λ 值的界限为 $0<\lambda<2$,当 $\upsilon=v$ 时,$\lambda=1$;当 υ 趋于0时,λ 趋近于2。具体应用时,将比式(2.1)更接近于实际,在规划布局中可取代原污染系数的概念和计算。举例如下:

从表2.2某城镇多年风象累计统计资料可以看出:全年有两个盛行风向,北风风频为16%,南风风频为15%,最小风频东风为3%。如不考虑风速,规划布局中生活居住区应布置在西侧,生产区应布置在东侧。现将风速考虑在内,由式(2.2)、式(2.3)求出污染系数与污染风频。不难看出:该城镇的污染风频与风向频率总的趋势是一致的,其不同点是,根据污染风频,南风成为第一盛行风向,北风退居第二,最小污染风频由东风变为西风。根据这一差异,生活居住区应布置在东侧,这样对环境最为有利。

表2.2 某城镇风象分析表

项目	风向									
	N	EN	E	SE	S	SW	$\overline{W}$	$\overline{NW}$	C	全年平均
风向频率/(%)	16	9	3	6	15	13	4	11	22	
平均风速/(m/s)	3.2	1.4	1.5	1.9	2.6	2.6	3.5	4.1	0	2.6
λ	0.89	1.04	1.24	1.15	1	1	0.85	0.63	2	
污染风频/(%)	14.2	9.4	3.7	6.9	15	13	3.4	6.9	44	

在规划布局中,往往将风频、风速和污染系数玫瑰图合并绘制在一张坐标图上,即风玫瑰图(见图2.4)。

(2)盛行风向及规划布局的典型图式。在气候学中,将某地风向频率最多的风向称为盛行风向。有时会出现两个或两个以上方向不同但风频均较大的风向,它们都可视为盛行风向。以往规划布局中采用的主导风向的概念是从苏联引入的,实际上是只有单一优势风向的盛行风向而已。由于我国所处的地理位置及风带不同,主导风向的概念不适用或不完全适用。

欧洲位于欧亚大陆西岸,地势平坦,西濒大西洋。其地理位置、气压场分布以及地貌条件,

决定了大部分地区处于盛行西风带，全年无论冷暖季节，普遍盛行西风和西南风，许多地区偏西风的频率占全部风频的 40%～50%，显然，在欧洲把西风视为主导风向，并按上述原则进行规划布置，是同它的地理气候条件基本相符的。而我国位于欧亚大陆东部，地形复杂，冬季受西伯利亚、蒙古高压的影响，全国大部分地区盛行偏北风；夏季情况相反，受太平洋高压的影响盛行偏南风。这种季风气候的特点，使我国许多城市和地区拥有两个风频相当、风向大体相反的盛行风向。如分属南方、北方的上海、广州、北京、沈阳 4 个处于不同纬度地带的城市，虽然纬度相差很大，但每个城市均具有偏南和偏北两个盛行风向（见图 2.5）。这样，采用主导风向概念进行规划布局就有了问题：因两个盛行风向的风频相当，一个在寒季起控制作用，一个在暖季起控制作用，但均不能在全年各季起主导作用；又因两个盛行风方向基本相反，不论将居住区布置在哪一个盛行风向的上风侧，在一年中有相当时间要受另一盛行风向的影响，无法避开严重污染。

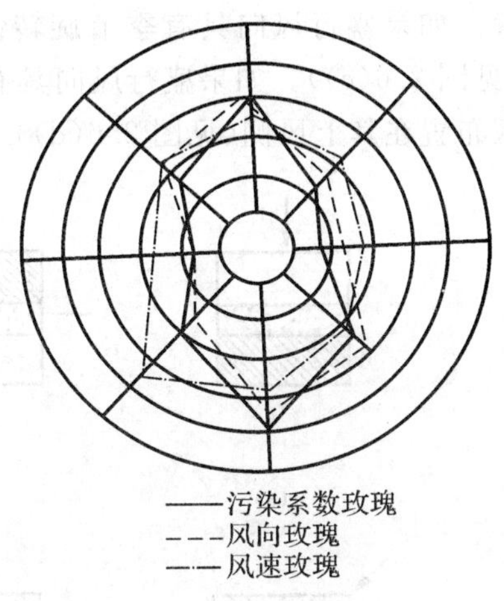

图 2.4　风玫瑰图

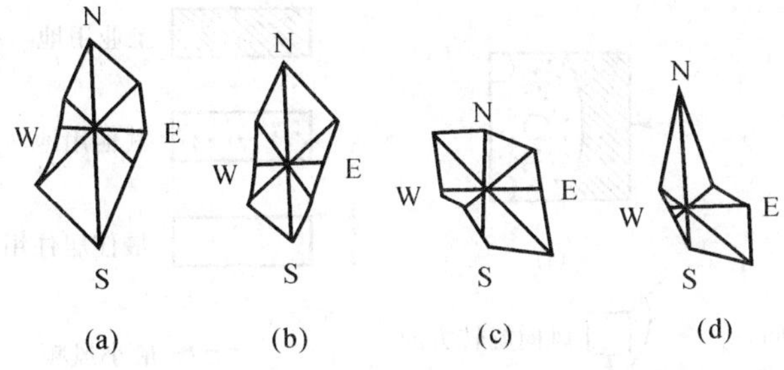

图 2.5　中国东部几个城市风向玫瑰图

(a)沈阳的风向；(b)北京的风向；(c)上海的风向；(d)广州的风向

上述风向具有季风特点，风向随季节变化而改变方向，特别是有两个大小基本相等、方向相反的盛行风向者更为明显。我们将风向随季节而改变方向称为风向的过渡。如若风向的改变随季节的变化而逐步过渡，称为风向旋转。盛行风向由偏北转为偏南，或由偏南转为偏北，在转换期间，如果主要风向为偏东风，称为右旋；如果主要风向为偏西风，称为左旋。盛行方向的风向改变若无逐步过渡的过程，则是直接交替。

为了在规划布局中正确运用风象，确定工业区与居住区，企业的排污区与相对要求洁净区的位置，每个地区应结合当地的气候条件，分析全年占优势的盛行风向、最小风频方向、静风率及盛行风向的过渡形式，选择或确定合理的布局方案。

考虑盛行风向、风向旋转、最小风频等气象气候因素的影响，可作出规划布局的典型布置图式（见图 2.6）。

1）全年只有一个盛行风向，则功能区应沿盛行风向作纵列布置。居住用地占上风，工业用地占下风（见图 2.6(a)），也可在考虑最小风频的条件下作横列布置（见图 2.6(b)）。

2）全年具有两个方向基本相反，呈 180°的盛行风向，则各种用地应顺应风向轴作横列布置。如果盛行风向具有季节旋转性质，则居住区应布置在风向旋转一侧，厂区布置在其对侧(见图 2.6(c))。如果盛行风向具有直接交替性质，则居住区应布置在最小风频的下风侧，厂区布置在其上风侧(见图 2.6(d))。

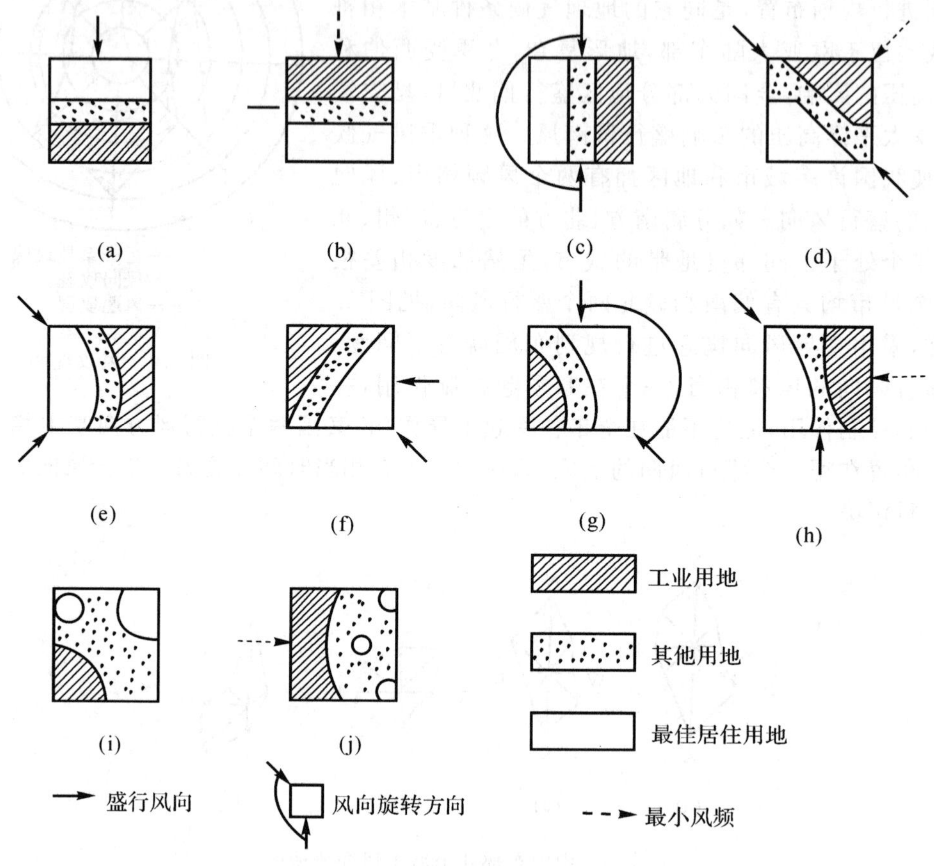

图 2.6　规划布局的典型布置图式

3)全年两个盛行风向呈 90°夹角，则各种用地应与两风向作斜交布置，居住区位于夹角内侧，工业区位于夹角外侧(见图 2.6(e))。

4)全年两个盛行风向呈 45°夹角，其布置图式如图 2.6(f)所示；两盛行风向呈 135°夹角，其布置图式如图 2.6(g)、(h)所示。

5)全年静风率超过 30%，则规划布局可考虑下述原则：工业用地宜于集中，以减少污染的周边地带；居住用地必须与污染源保持足够距离，用防护地带隔开；考虑到除静风外的相对最大风频，使居住区较集中地布置在其上风侧(见图 2.6(i))；考虑到最小风频，使工业区更集中地布置在其上风侧(见图 2.6(j))。

(3)风向对规划布局的影响。风向对城镇、工业区及一个企业的规划布局都有直接影响。就工业区或一个工业企业来说，工业区的工厂与工厂之间，一个企业的车间或设施之间，都存在着生产中排放的有害烟尘的相互影响和干扰，它们之间的临靠关系就有复杂的风向问题。

工业区内各类工厂的地域组合及布局，按照大气污染的因果关系，可将各类企业综合归纳为以下几大类：

1)散发大量烟尘的工厂，如钢铁、有色冶炼、水泥、火电等；

2)嫌忌大气污染的工厂，如精密机械、仪表、纺织、电子、食品等工业；

3)既不大量散发，也不绝对嫌忌烟尘的工厂，如重型和通用机械、塑料、橡胶加工等；

4)易燃易爆的工厂，如炼油、制氧、化工、棉花加工厂等。

各类工业部门向大气排放的主要污染物如表 2.3 所示。

表 2.3　各工业部门向大气排放的主要污染物

工　业	企业名称	向大气排放的污染物
电　力	火力发电厂	烟尘、二氧化碳、氮氧化物、一氧化碳等
冶　金	钢铁厂	烟尘、二氧化碳、一氧化碳、氧化铁、粉尘、锰尘
	炼焦厂	烟尘、二氧化硫、一氧化碳、硫化氢、酚、苯、烃类
	有色金属冶炼厂	烟尘(含有各种金属如铅、锌、镉、铜……)、二氧化硫、蒸气
化　工	石油化工厂	二氧化硫、硫化氢、氰化物、氮氧化物、氯化物、烃类
	氮肥厂	烟尘、氮氧化物、一氧化碳、氨、硫酸气溶胶
	磷肥厂	烟尘、氟化氢、硫酸气溶胶
	碱酸厂	二氧化硫、氮氧化物、一氧化碳、氨、硫酸气溶胶
	氯碱厂	氯气、氯化氢
	化学纤维厂	烟尘、硫化氢、氨、二硫化碳、甲醇、丙酮、二氯甲烷
	农药厂	醇、氯、农药
	冰晶石厂	氟化氢
	合成橡胶厂	丁间二烯、苯乙烯、乙烯、异丁烯、二烯、丙烯、二氯乙烷、二氯乙醚、乙硫烷、氯化钾
机　械	机械加工厂	烟尘
	仪器仪表厂	氰化物、铬酸
轻　工	造纸厂	烟尘、硫酸、硫化氢
	玻璃厂	烟尘
建　材	水泥厂	烟尘、水泥尘

在规划布局工业区时，应尽量使 1)～3)类工业企业不在一个独立工业区内，不能用协作来代替各类企业地域组合在风向上的要求。

如果 1)～3)类工业企业邻近布置，则一定要使 2)类企业占最有利的风向地段(如单一盛行风向的上风侧，对应盛行风向旋转侧或最小风频的下风侧)；1)类工厂占据最不利的风向地段；3)类工厂居于二者之间。4)类工厂与其他工厂相邻布置，必须首先符合风向要求，并同时满足防火、防爆间距的要求。

正确运用风向确定厂区与居住区的合理位置，厂区及居住区是构成企业总体的两大组成部分。要为职工创造一个良好的居住和生活环境，就要考虑风向的影响。

根据当地的气象资料，参照图 2.6 所示的规划布局的典型图式，选择和确定厂区与居住区位置合理的布局方案。下面再通过工程实例进一步说明风向对确定厂区与居住区合理位置的重要性。

如图 2.7 所示是我国某企业厂区与生活区布置示意图。该区全年盛行风向为西北风及南风。主要污染源是钢铁厂的烧结、焦化、炼铁及电厂的烟囱。甲、乙两居住区分别位于南风和西北风的上风侧，但分别在寒季和暖季受到污染，正确的布置应将居住区布置在盛行风轴线侧方，如图中丙位置所示。

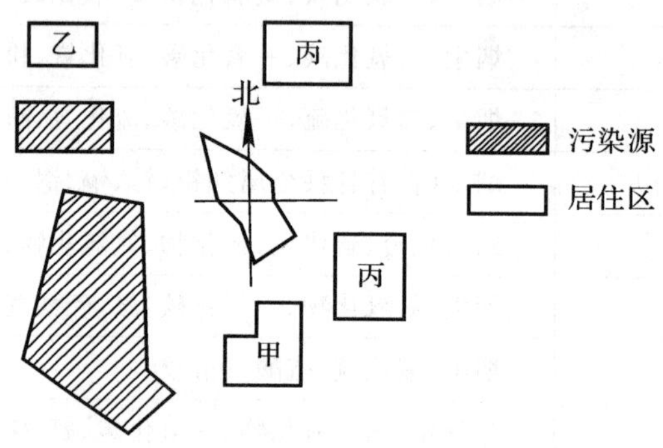

图 2.7　某企业厂区和居住区相对位置示意图

上海市金山石油化工总厂是总体规划布局较为成功的一个例子。它具有比较合理的功能分区，厂区与居住区的相对位置考虑了盛行风向的影响，中间保留了一定宽度的卫生防护地带。在厂区内各分厂的组合和相对位置关系不仅考虑了风向的影响，而且有利于生产协作。远离居住区的一端(厂区的西端)布置污染较为严重的第一、第二化工厂；接近居住区的一端，布置机修、仓库等污染轻微的部门。由于总的布局合理，工厂投产以来，居住区空气质量基本符合国家标准。不足之处是热电厂离生活区较近，医院布置在防护地带内，均对居住和医疗环境不利(见图 2.8)。

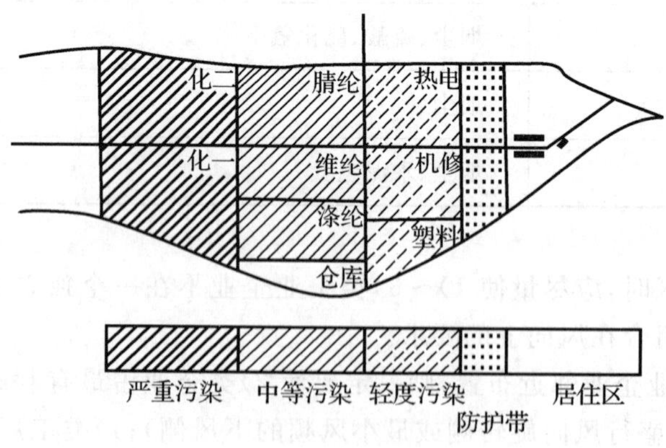

图 2.8　上海市金山石油化工总厂功能区位图

厂区和居住区合理位置的确定还应考虑因地形、地势影响而产生的局地环流的影响，如山谷风、海陆风的影响。海陆风是沿海地区特有的地方环流。白天陆地比海面增温快，因而形成热力环流，近地面属风向由海洋吹向陆地，称为海风。晚上因陆地降温比海上快，出现相反的环流，风由陆地吹向海面，称为陆风（见图 2.9）。

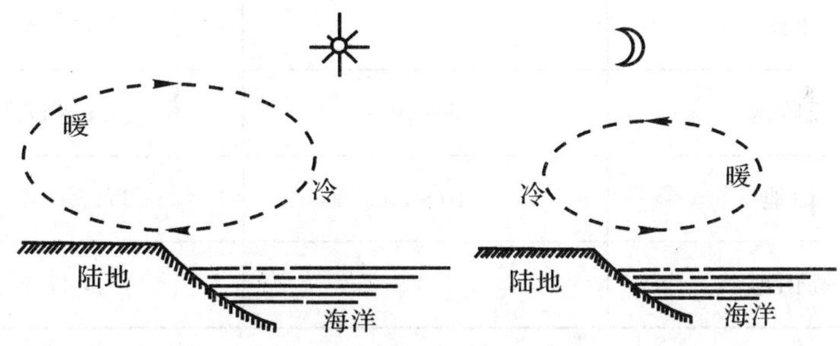

图 2.9　海陆风形成示意图

海陆风对工业布局及企业的厂区与居住区的相对位置有一定的影响。例如，日本是一个岛国，在沿海建厂，为取得方便的运输，将工业沿海岸线布置，居住区布置在与海相对的山上（见图 2.10(a)），在海风的吹拂下，沿海厂区工业生产中排放的有害物被传播至居住区，造成严重污染。正确的布置应如图 2.10(b)所示。

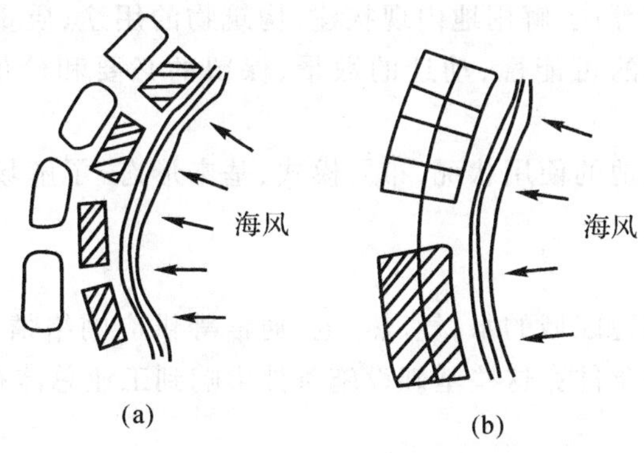

图 2.10　沿海地区工业与居住用地布置示意图

(a)居住区受污染；(b)正确的布置方法

4. 地形条件分析

工业企业各类设施的建设用地要布置在适宜的地形上，不同类型的工业生产工艺对地形的要求是不同的。大多数主要生产设施由于工艺的连续性较紧密，它对场地地形的平整性要求较高，因此生产厂区一般要求较平坦的地形。由于居住建筑的联系性较弱，居住区对地形的适应程度较高，居住区可以布置在地形起伏较大的场地上。而排渣场要求场地有一定容积来堆存废渣，一般情形下多选择在沟谷内或低洼场地上。

从地形坡度方面划分地形的类型，主要有平地、丘陵地、山地与高山地 4 类，如表 2.4 所示。不同类型的工业企业由于对工艺要求和采用运输方式的不同，对场地自然地形坡度的要求也不同。一般将生产设施场地布置在平地和丘陵地，而辅助、动力、居住场地可根据自身要求，布置在场地地形坡度较大的地段，如丘陵地、山地等地区。

表 2.4 地形分类表

分类名称	地面倾角/(°)	约相当坡度/(%)
平地	<3	<5.5
丘陵地	3～10	5.5～17.5
山地	10～25	17.5～47.5
高山地	>25	>47.5

2.2.2 工业企业用地建设条件分析

1. 用地建设现状

首先根据国家标准确定的《土地利用现状分类》划分该企业用地属于哪一类用地。

其次了解规划用地内现有村、镇分布以及有何重大工程设施，如灌溉设施，通信光缆，石油、天然气管道，军用设施等；了解用地内现状建、构筑物的用途、质量、层数、结构形式和建造时间以及对其迁建、拆除的可能性、动迁的数量、保留的必要和价值、可利用的潜力等进行评估。

最后了解相邻场地土地的使用状况、布局模式、基本形态，了解场地内的绿化植被类型及分布。

2. 基础设施

了解用地范围内及周边区域的水、气、热、电、通信等供应网络情况，周边的交通条件如铁路、公路、港口码头等设施条件。这些基础设施条件影响到工业总体布局形式以及企业的建设经济和建设周期。

3. 土地利用总体规划

了解本用地所属土地管理部门制定的土地利用总体规划，对该用地用途的规定及调整的可能性。

4. 生态环境

了解所在地区自然环境背景以及自身自然基础和环境质量。同时，分析作为工业用地可能对现存环境产生的正面和负面影响。

5. 文化遗存

了解用地范围及周边地区的地上、地下是否存在文化遗址、文物古迹。如果存在，还应了解相关部门对文化遗址、文物古迹的保护和规定。

6. 社会问题

了解用地的产权归属，熟悉本地的社会习惯、民俗风情、地方传统等，分析工业企业用地是否涉及动迁原居民，是否影响到当地的民俗风情等。

2.3　工业企业用地规划布置

2.3.1　总平面布置形式的确定

总平面布置形式(或称总平面布置系统),是指企业的主要生产车间(设施或装置)因相对位置不同而构成的不同的总平面布置形式。由于企业的部门和性质不同,生产工艺流程及车间组成也不一样,因此,总平面布置形式的名称和含义也各不相同。

1. 钢铁企业总平面布置形式

钢铁企业的主要生产车间指炼铁、炼钢和轧钢,由于这些主要生产车间的位置和相互关系不同,也就组成了不同的总平面布置形式。20 世纪五六十年代厂内物料运输以铁路运输方式为主,由铁路连接各主要生产车间形成总平面布置形式,其组成示意如图 2.11 所示。

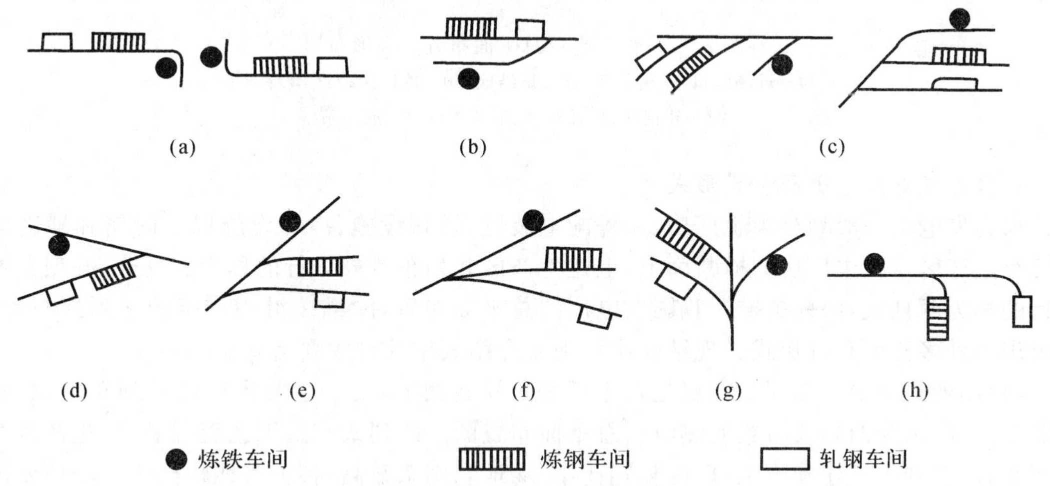

图 2.11　钢铁企业总平面布置形式

(a)串联;(b)平行串、并联;(c)并联;(d)人字形串、并联;
(e)人字形并联;(f)、(g)斜角成组并联;(h)直角并联

21 世纪以来,胶带、汽车、机械、管道等运输方式的兴起,大量替代铁路的运输方式使得总平面布置更为灵活,常以物流流向作为确定总平面布置形式的关键因素,总平面布置形式也以 L 形、U 形、一字形等为代表。如图 2.12 所示为某钢铁厂一字形布置。

我国工业建设的经验和生产实践表明,企业的总平面布置对其建设、运营、发展有着重大的影响。在工业场地规划中,选择和确定合理的总平面布置形式对减少用地、保证生产、降低建设和生产成本等方面,起着至关重要的作用。

从我国以往新建、改建钢铁企业的总平面布置形式的总结、归纳和分析研究中可以看到,其布置形式是多种多样的,关键是要充分分析和研究影响确定总平面布置形式的各种因素,以其对环境的影响、建设和运营的成本、远期的发展作为评价的核心,从而不拘一格地确定合理的布置形式。

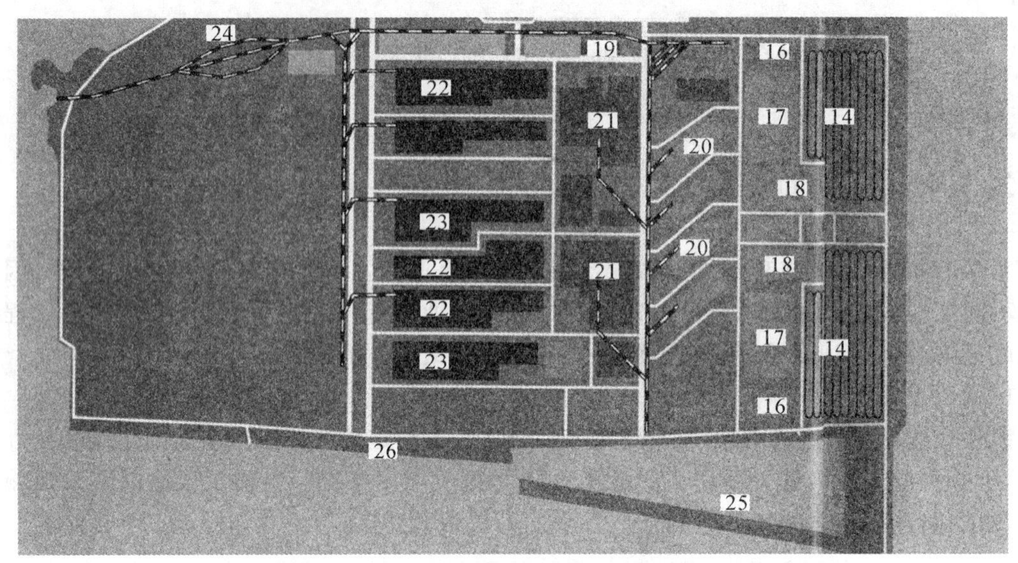

图 2.12 钢铁企业总平面布置一字形布置

14—堆场区；17—焦化区；18—烧结区；20—炼铁区；21—炼钢区；
22—轧钢区(1)；23—轧钢区(2)；24—成品站

2. 火力发电厂总平面布置形式

火力发电厂一般划分为主厂房、屋外配电装置、燃料设施、冷却设施以及附属和辅助建筑等几个生产区。在主厂房的横断面上，上述生产区并列布置成三行的称为三列式，并列布置成两行的称为两列式，由此类推。我国发电厂的总平面布置，除继续沿用传统的三列式布置外，又出现多种多样的布置形式。现结合实例扼要介绍其中几种主要形式。

(1)四列式布置。四列式布置是在主厂房的横断面上，几个主要生产区并列布置成四行。如图 2.13 所示为四列式布置的热电厂总平面布置图。四列式布置工艺流程顺当，生产区并列四行布置，有利于扩建和施工；厂区长宽比小，场地利用系数高，各种管线短捷。但场地要求方正，接近正方形。

(2)三列式布置。由于主厂房固定端、锅炉房及汽机房与水源的相对位置关系不同，三列式布置又分为主厂房固定端朝向水源、锅炉房面向水源及汽机房面向水源等不同类型。如图 2.14 所示为固定端面向水源的三列式电厂总平面布置图。厂区与城市相距约 18 km。厂址位于河流的东北侧，以河流水作为冷却水源，取、排水条件较好。厂址地形平坦，土方工程量少，因而采用比较典型的三列式布置。全厂分区明确，大多数辅助及附属建筑集中布置在厂区固定端。三列式布置和四列式布置基本相同，其优点亦是工艺流程顺畅，有利于扩建和施工，但也要求比较方正的场地外形。

(3)二列式布置。由于电厂的几个生产区并列布置成两行，必然使布置生产设施的场地拉长，使其成长方形或长条状。因此，二列式适用于场地外形狭长或主厂房靠近水源的情况。如图 2.15 所示为汽机房面向水源的二列式电厂总平面布置图。煤场布置在主厂房固定端靠锅炉一侧，辅助及附属生产建筑布置在厂区固定端，屋外配电装置布置在另一侧，厂区占地12.2 ha。

全厂生产区“一”字形排开成为一行的一列式布置，仅在发电厂一次建成、不再扩建、地形比较困难时采用，在我国比较少见。

3.化肥厂总平面布置形式

化工企业门类很多，产品繁杂，不同类型的企业的主要装置(车间)各不相同，因而总图布置形式多种多样。化肥工业也分很多种类，现就我国 20 世纪 70 年代从美国、法国、日本、荷兰等国引进的设备，在 12 个省市建设的 13 套大型化肥厂为例，介绍其总图布置形式。

这些装置从不同国家引进，但其生产规模基本一样，日产合成氨 1 000 t，日产尿素1 620 t。

在这类大型化肥厂中，将所有装置分为三个界区，即将转化、变换、脱炭、压缩、合成、快装锅炉布置在一块，组成合成氨界区；将尿素主框架、造粒塔组成尿素界区；将水处理、冷却塔、循环水泵组成水界区。由于三个界区的相对位置不同而构成不同的布置形式。这些大化肥厂综合划分为 A,B,C 三种类型的布置形式，如图 2.16 所示为总平面布置图。

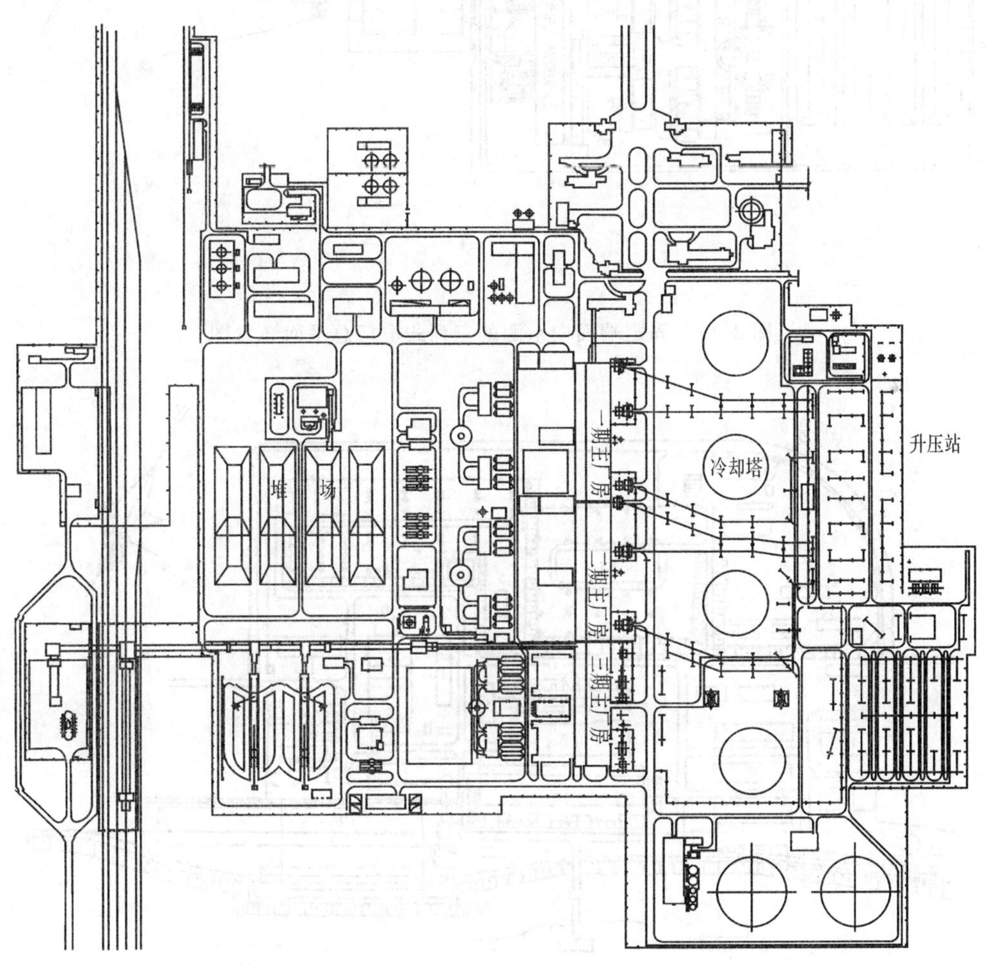

图 2.13　四列式布置的热电厂总平面布置图

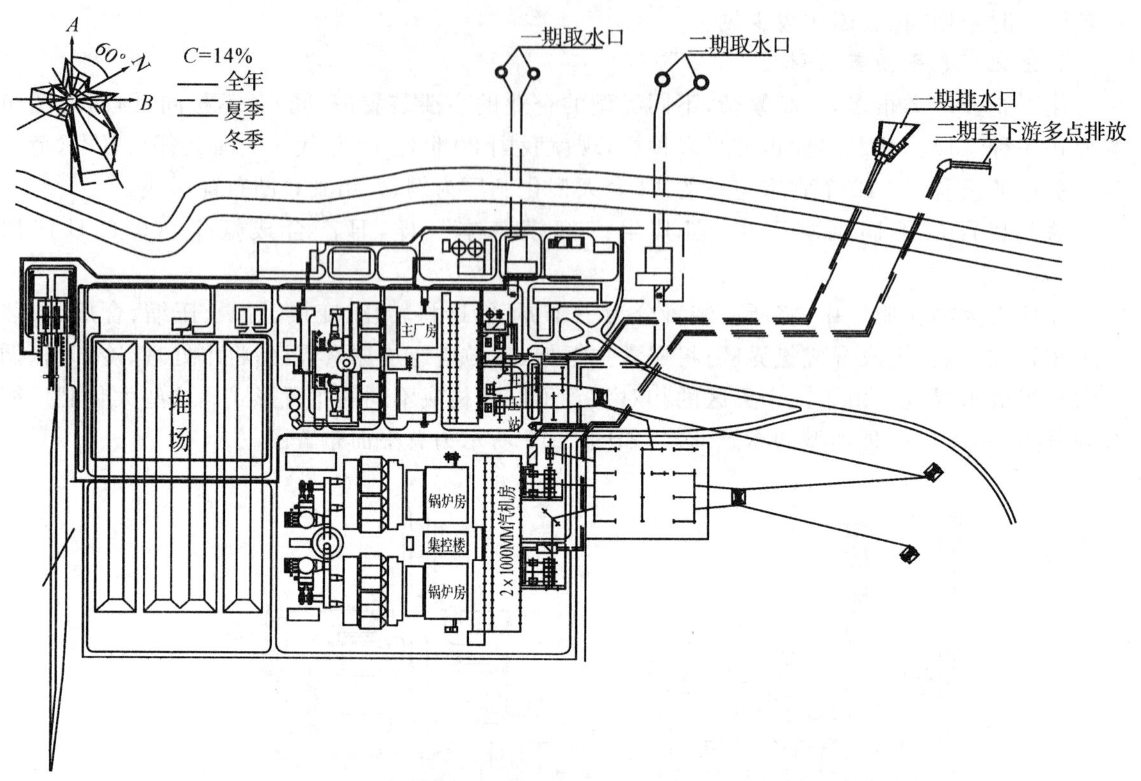

图 2.14　固定端面向水源的三列式电厂总平面布置图

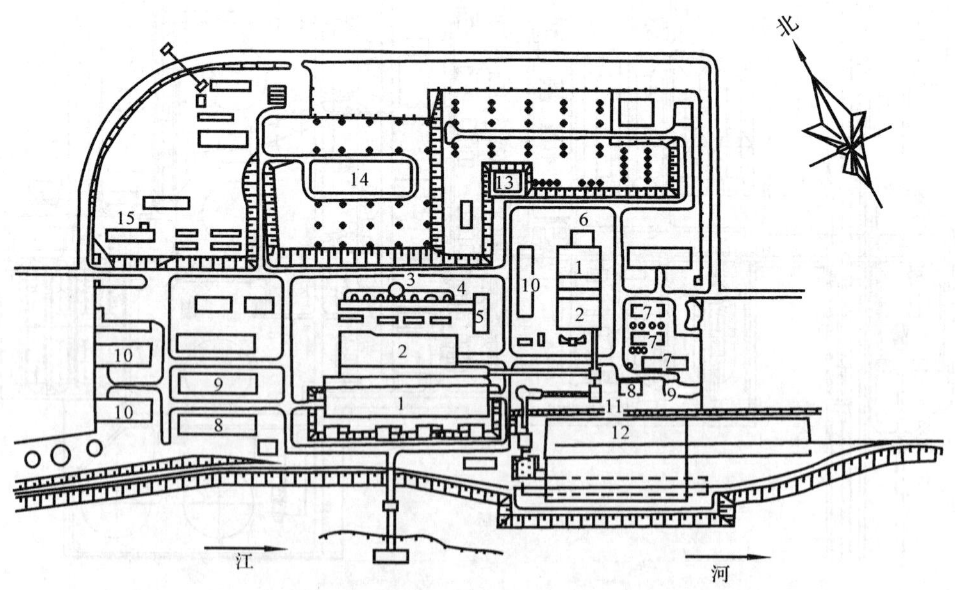

图 2.15　汽机房面向水源的二列式电厂总平面布置图

1—汽机房；2—锅炉房；3—烟囱烟道；4—灰浆泵房；5—检修间；6—主变压器；7—化学水处理室；8—铸工车间；9—金工车间；10—材料库；11—碎煤机室；12—干煤棚；13—主控制室；14—屋外配电装置；15—生产及通信楼

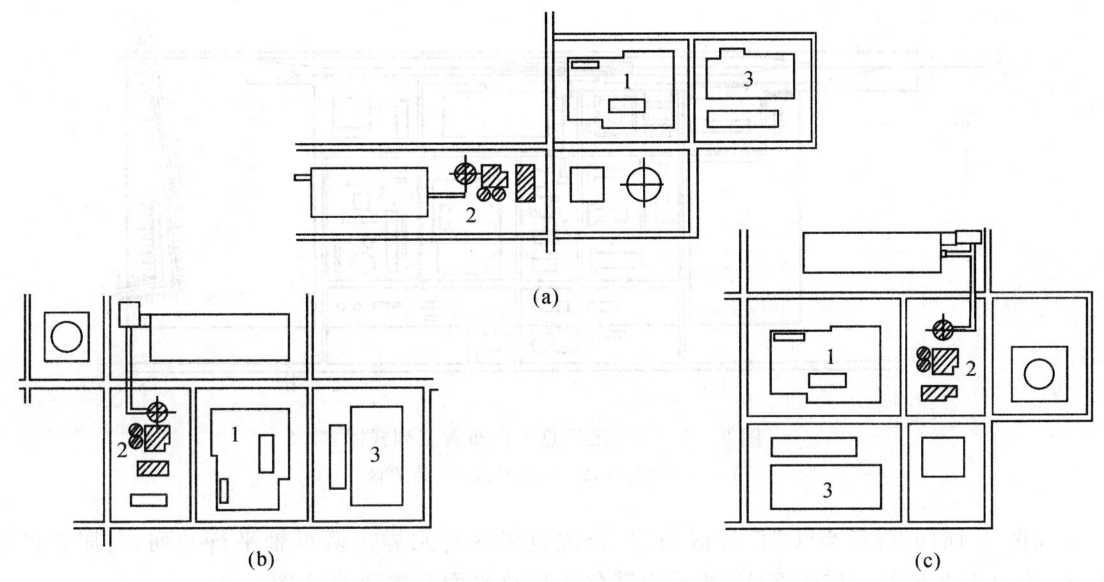

图 2.16　三种形式布置总平面布置图

(a)“A”厂界区布置；(b)“B”厂界区布置；(c)“C”厂界区布置

1—合成氨界区；2—尿素界区；3—水界区

如图 2.16(a)所示为“A”厂界区布置，合成氨和水界区纵轴相连，与尿素界区纵轴平行，称为二列式布置。如图 2.17 所示为某天然气化工厂总平面布置二列式图。

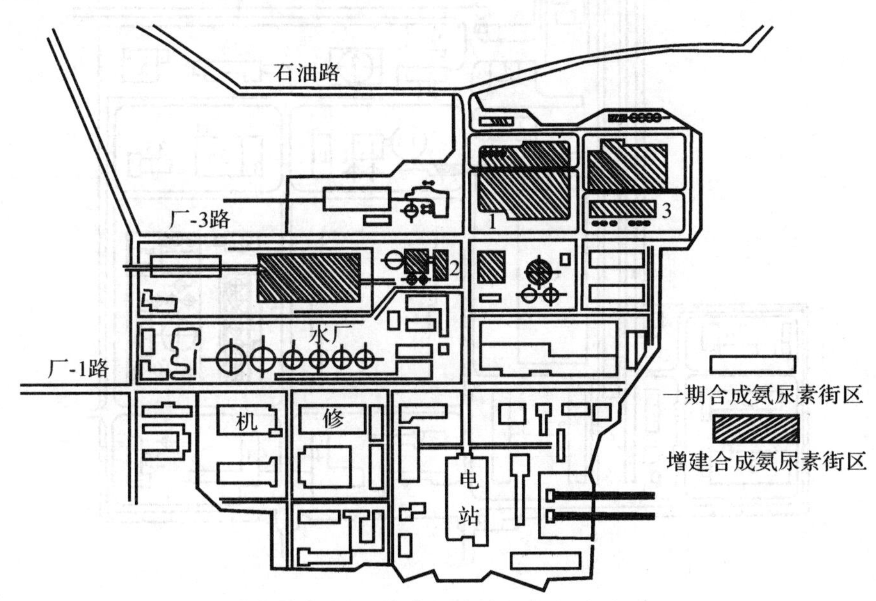

图 2.17　某天然气化工厂总平面布置图

1—合成氨界区；2—尿素界区；3—水界区

如图 2.16(b)所示为“B”厂界区布置，合成氨、尿素、水三界区纵轴平行并列，称为三列式布置。如图 2.18 所示为某化肥厂总平面布置三列式图。

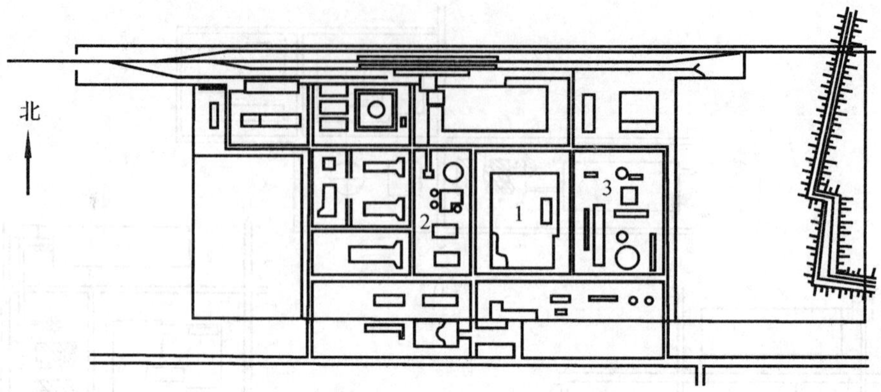

图 2.18 某化肥厂总平面布置三列式图

1—合成氨界区；2—尿素界区；3—水界区

如图 2.16(c)所示为“C”厂界区布置，合成氨界区与水界区两纵轴平行并列，与尿素区界垂直，称为垂直布置。如图 2.19 所示为某化肥厂总平面布置垂直式图。

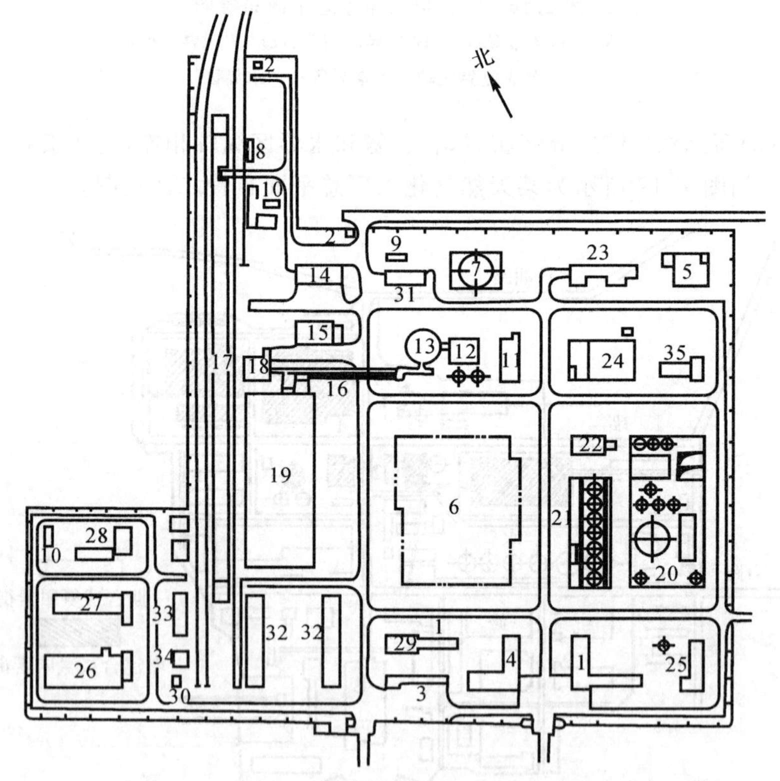

图 2.19 某化肥厂总平面布置垂直式图

1—厂部办公楼；2—警卫室；3—汽车库；4—中央化验室；5—配电站；6—合成氨生产装置区；7—氨储罐；8—液氨装车站台；9—氨水制备；10—硫酸站；11—二氧化碳压缩、控制、分析室；12—尿素工艺厂房；13—造粒塔；14—零担库；15—空袋库；16—尿素输送栈桥；17—尿素装车站台；18—包装厂房；19—尿素散装库；20—水处理场；21—水塔；22—水气车间办公室；23—总变电所；24—快装锅炉；25—氮氧站；26—金工车间；27—铆焊；28—锻造；29—电镀；30—防腐；31—化学品仓库；32—备件、综合库；33—棚库；34—淋浴室；35—电溶析这些化肥装置技术先进，自动化程度高，容量大，单系列单机运转，高度露天化，布置紧凑，占地省。

由于设备性能好，自动化水平高，安全可靠，无须频繁检修，不须预留大的检修场地，故各生产单元之间间距小。这类化肥装置，年产合成氨 30×10^4 t，厂区占地一般为 18.6～18.9ha，每吨氨占地指标为 0.62～0.63m^2，约为我国以往大中型厂占地指标的 1/10。

高度露天化是这些大化肥厂的又一显著特点。露天化不仅节省了大量建筑材料，大大降低了基建费用，大大减少了工厂占地，而且使易燃易爆气体迅速扩散，不易造成燃烧、爆炸事故，同时也减少有害气体对人体的损害。

将功能性质、危险等级相同的设备，如炉类(一、二段转化炉，快装锅炉)，机类(氢、氮压缩机，二氧化碳压缩机)，器类(冷却器、热交换器)等集中布置，是欧美国家和日本都遵循的布置原则。这样有利于生产管理和消防，同时，也为简洁明快的总图布置提供了前提条件。

4. 机械制造厂总图布置形式

机械制造门类和产品很多，根据生产流程的完整性和专业分工，可分为三类：第一类生产流程完整，包括各主要生产车间及辅助车间；第二类属于备料性质，供给其他厂半成品，如铸件厂、锻件厂等；第三类是由机械加工和装配车间组成的专业装配工厂或配件、附件厂。

机械制造厂一般将生产性质相近的车间和设施组织在一定的区域内，以使合理地组织生产。厂区一般划分为备料车间区、加工车间区、木材加工车间区、辅助车间区、仓库区、动力设施区、厂前区等。

备料车间区又称热加工区或冶炼加工区，主要由铸造、锻造等车间组成。加工车间区为金属冷加工车间，由金工、冲压、油漆、电镀、热处理、机械加工及装配等车间组成。辅助车间区由工具、机修、电修等车间组成，主要为加工和备料车间服务。木材加工车间区由制材、木工、木模制造、木材干燥、木材堆场及干锯材仓库等组成。仓库区由油料、化学品、电石、材料、燃料及成品等各类仓库组成。动力设施区由热电站、煤气站及锅炉房等组成。厂前区则包括办公、中央实验室等。

机械工厂厂区总图布置形式及各功能区与铁路线的关系如图 2.20 所示。

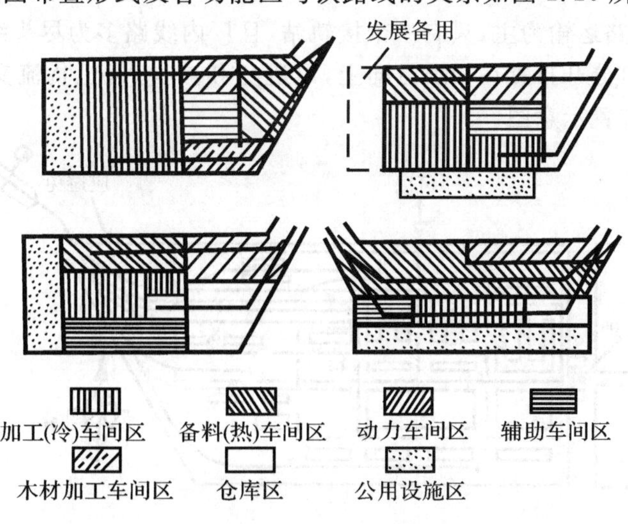

图 2.20　机械工厂总平面布置图

2.3.2 厂区用地面积确定

在对厂区用地规划布局时，要确定厂区用地面积的大小。厂区用地具体地说，是指工厂从原料准备、加工、半成品运送以及成品储存外运等一系列生产设施所构成的有机整体所占用的场地。厂区用地面积与企业的规模成正相关的关系，企业规模越大，用地越大。确定工业企业的用地面积可以根据企业的规模进行估算。用地面积的大小可以依据我国颁发的《工程项目建设用地指标》和相关规范标准规定的用地标准进行估算。《工程项目建设用地指标》涉及机械、钢铁、建材、电力、纺织等 22 个行业 26 项工程项目的建设用地指标，是进行审核建设项目用地规模和合理确定工业企业用地面积的重要依据。附表 1～6 列举了部分企业的用地参考值。

2.3.3 厂区方位及出入口布置

厂区是工业企业主体，是用地的主体部分。厂区方位是厂区纵轴与北方向的夹角。厂区方位不仅受到自然地形、外部交通线路的影响，还受到居住区、城镇等方位因素的影响。厂区方位的确定首先与城镇或工业区的总体规划相统一，并且在综合考虑建设条件以及厂区、居住区、公用工程设施、渣场的相对位置关系的基础上来确定。

厂区出入口是工厂内外联系的门户，起着组织人流、货流、安全保卫等作用。按其使用功能不同，厂区出入口可分为人流出入口和货流出入口。人流出入口按其位置和作用不同，又分为主要人流出入口和辅助人流出入口；货流出入口按通过的运输方式不同，又分为铁路运输出入口和道路运输出入口。

工业场地出入口的多少、方位与企业规模、铁路接轨、道路连接、居住区及其与城镇的相对位置有关。在规划出入口时，既要考虑生产需要，又要考虑使用方便与安全，合理地组织人流与货流。

(1)当货物以铁路运输为主，只有一个接轨站，且厂内线路多为尽头线时，应将主要的人流出入口和货流出入口分开布置在相反方向上，以避免和减少人流、货流交叉。如图 2.21 所示为某机械厂出入口布置示意图。

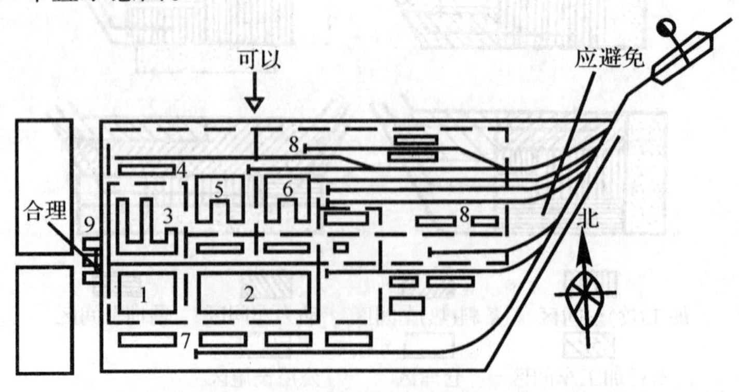

图 2.21 某机械厂出入口布置示意图

1—发动机车间；2—装配车间；3—锻工车间；4—备料间；5—铸铁车间；6—铸钢车间；7—机修区；8—原料库区；9—厂前区

(2)当企业以铁路运输为主,有两个接轨站,厂内是贯通式线路布置时,工厂至少有两个货流出入口,主要人流出入口应尽可能设在厂区中间与铁路线路垂直的方向,并应根据居住区的方向和位置多设几个人流出入口,以分散高峰人流并方便职工上下班。如图 2.22 所示为我国某大型钢铁联合企业出入口布置示意图。

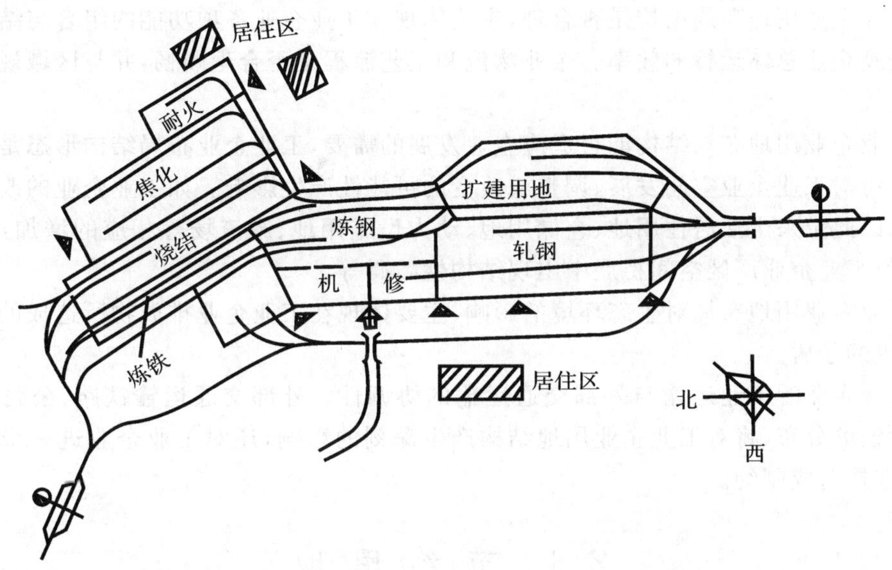

图 2.22　某大型钢铁联合企业出入口布置示意图

(3)当企业以汽车运输为主时,人流与货流的方向最好相反且相互平行布置,将货运出入口与主要人流出入口分开,以避免彼此交叉干扰,如图 2.23 所示。

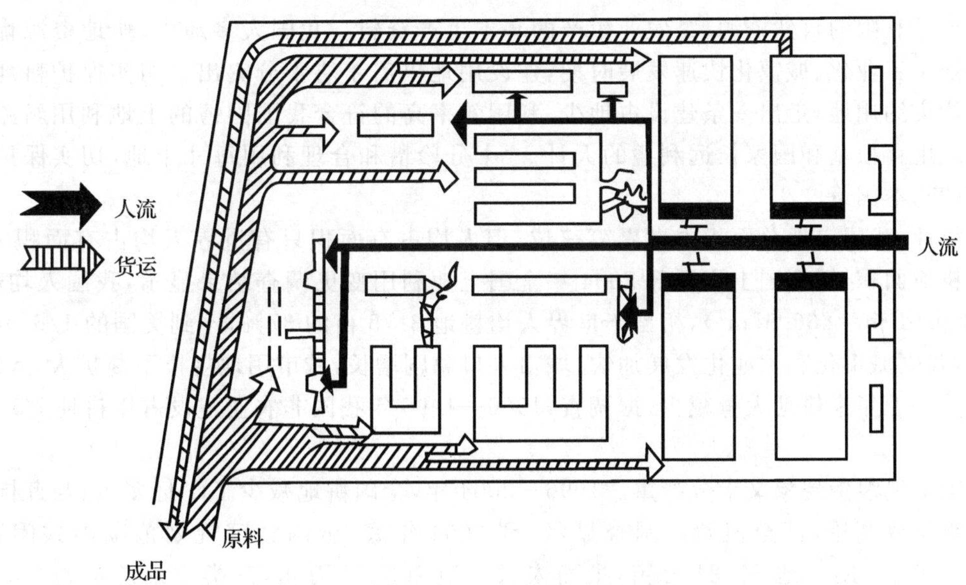

图 2.23　出入口及人流货流布置

2.3.4 工业企业用地总体布局综合评价

在对工业企业用地总体布局进行综合评价时，着重从以下几个方面分析：

(1)工业企业用地布局结构是否合理，主要体现在工业企业各项功能的组合与结构是否协调，能否提高企业总体运行的效率。企业物流和工艺流程是否合理顺畅，并与区域规划的整体性是否统一。

(2)工业企业用地布局结构能否适应企业发展的需要，工业企业布局结构形态是封闭的还是开放的，将对工业企业空间发展、调整或改变的可能性产生影响。如工业企业的改造或者规模的扩展，以此带来生活居住用地、仓储用地、动力设施用地、废渣场等相应的增加，是否会在各项用地与工业企业厂区空间扩展中出现结构性障碍等。

(3)工业企业用地布局对生态环境的影响，主要体现在工业企业排放物所造成的环境污染与周边环境的矛盾。

(4)工业企业的工业运输与外部交通运输的协调性。外部交通运输铁路、公路、水路、航空、管线运输的分布，将对工业企业用地结构产生深刻的影响，还对工业企业进一步扩展的方向和用地选择造成制约。

2.4 节 约 用 地

2.4.1 节约用地的重要性

土地是有限的自然资源，是农业生产的基本生产资料。我国人多地少，耕地资源稀缺，当前又正处于工业化、城镇化快速发展时期，建设用地供需矛盾十分突出。切实保护耕地，大力促进节约集约用地，走出一条建设占地少、利用效率高的符合我国国情的土地利用新路子，是关系民族生存根基和国家长远利益的大计。“十分珍惜和合理利用每寸土地，切实保护耕地”是我国的基本国策。

据统计，我国土地总面积占世界第三位，但人均占有面积只有世界人均占有面积的1/3。特别是耕地面积，根据国土资源部2004年全国土地利用变更调查结果显示，我国人均耕地只有1.41亩(1亩=666.67m^2)，相当于世界人均耕地3.75亩的37%，不到美国的1/6。改革开放以来，我国城市化和工业化发展加快，城市人口急剧增长，城市用地规模不断扩大，人地矛盾更加突出。近年来耕地大量减少，据调查，1986—1995年我国非农业建设占用耕地7 500万亩左右。

我国土地浪费现象又十分严重。1996—2004年，全国耕地减少了1亿多亩；与此同时，大量土地被粗放利用，甚至浪费。调查显示，到2004年底，全国城镇规划范围内共闲置土地107.93万亩，空闲土地84.24万亩，批而未供土地203.44万亩，三类土地总量为395.61万亩，相当于现有城镇建设用地总量的7.8%。由此可见“十分珍惜和合理利用每寸土地，切实保护耕地”的重要性和迫切性。

2.4.2 节约用地的措施

合理利用和节约每寸土地，提高土地利用率已是当务之急，就工业企业的建设来说，合理利用和节约用地应注意以下几个方面。

(1)规划、设计和建设中要切实贯彻“十分珍惜和合理利用每寸土地，切实保护耕地”的基本国策。厂址选择中不占或少占良田、好地及经济效益高的土地，充分利用荒地和劣地，并符合国家有关土地管理和水土保持等法规的规定。

(2)妥善处理企业前期建设用地与预留发展用地的关系。工业企业不论是一次规划分期建设还是按照设计规模一次建成，其产品品种的增加、产量的提高是必然的。因此，企业，特别是大中型企业，适当预留扩建发展用地是完全必要的。据 1988 年先后对不同部门近百个工矿企业调查，所调查企业自建成后都有发展，而且 90%以上有较大发展。如武钢 20 世纪 50 年代建厂，设计规模为钢产量 150×10^4 t/a，远期目标为年产钢 250×10^4 t。1960 年就实现了年产钢150×10^4 t 的目标，到 1971 年完成了年产 200×10^4 t 钢的配套建设；继而，又再度扩建，进行了双 400×10^4 t（钢、铁）规模的配套建设，引进了 1.7 mm 轧钢工程。到 1985 年已实现了年产 400×10^4 t 铁和 400×10^4 t 钢的计划指标。在此基础上，2005 年武钢铁、钢产量双双突破达到双 $1\,000\times10^4$ t 的生产能力。该厂之所以能够逐步完善扩大规模，就是在选厂和规划中留有较好的发展余地。在原有的基础上经改扩建与新建同样规模的厂相比，不仅节约用地，而且投资也省得多。当然，预留发展扩建用地，应根据不同建设期限，一次规划、分期使用、分期购地，严防早购晚用、购而不用。

(3)合理规划，精心设计，采用方案合理、布置紧凑的先进总图布置形式。选择确定能够满足生产工艺要求和经济合理的总图布置形式，是节约用地、合理使用土地的重要途径。

(4)厂房联合、集中是节约用地的又一有效措施。联合厂房或在满足生产要求的条件下采用多层厂房，不仅可以大大节约用地，而且也可给生产工艺上的联系提供方便条件。如武钢 1.7 mm 热轧厂房为 12×10^4 m^2，冷轧厂房为 14×10^4 m^2，宝钢集团公司无缝钢管厂主厂房为 22×10^4 m^2，苏联的菲亚特汽车制造厂联合厂房达 70×10^4 m^2。

(5)公用和公共设施集中设置，如采用集中料场，不仅可大大减少堆场的用地面积，还给原料的整粒、混匀、储用合一、储运合一创造了条件。供热、供汽(气)等设施集中设置，也是节约用地的有效措施。

(6)根据场地及其外部条件，使厂区有适宜的外形，以提高场地的利用率，对节约用地、合理使用每寸土地也有重要意义。

(7)在沿海临河地区建厂，围海、改河造地，或在条件许可和技术、经济论证可行的情况下，移土(山)填海(沟)造地，其节约用地的效果更为明显。

2.5 施工用地规划

施工用地是企业建设用地中不可缺少的部分，是总体规划中应考虑的内容之一。施工用地的大小、位置与企业的建设有着密切的关系，并直接影响工厂的建设进度。因此，规划中处理得好，会促进和加快建设进度；否则，施工用地会与工厂用地发生矛盾，相互影响。

工厂建设用地是永久性的，施工用地多为临时性的。施工用地一般包括如下内容：金属结构、锻工、电焊和施工机械修理等车间；混凝土搅拌和预制构件厂(场)、施工机具停放场、大型设备组装场、设备及材料仓库、各类建筑材料堆放场地；宿舍、办公、食堂以及为施工人员服务的文化娱乐和生活福利设施等用地。

虽然施工用地多为临时性的，但一般占用时间较长。一个大中型企业的一期工程建设少则3～5年，多则7～8年，若有续建、扩建工程往往要近10年甚至更长的建设时间。

施工用地在各类用地中所占的比例相当大。施工用地在总体规划中要一并考虑，统一安排，才能有利建设，方便施工，加快进度，节约建设费用。否则，会因规划不当，考虑不周，使企业建设用地和施工用地发生矛盾，临时性的施工用地影响企业建设。总结实践中的经验教训，在规划施工用地时应注意以下几点：

(1)施工中的临时设施和建、构筑物可利用企业永久性建、构筑物，这些建、构筑物可先建，由施工单位暂用，如施工用的设备和材料仓库、施工单位的办公用房及一些生活福利设施等。

(2)企业厂区与居住区或与其所在城镇之间应设防护地带或防护林带，在施工期间，可利用这些地带作施工用地。

(3) 施工用地应与厂区界限保持适当的距离，以免在施工过程中设计方案稍有变动就发生矛盾。

(4)工厂二期规模的发展用地，可作为施工用地，但以不影响二期建设为原则。

(5)砖、瓦、砂、石等建筑材料堆场的布置，要有利于现场流水作业，减少干扰，多余及排弃的土石方堆置场地要有着落，并尽量缩短其运距。

2.6 防洪工程

防洪排涝是确保企业正常生产、国家财产及职工生命安全的重要措施。防洪排涝工程是企业公用设施的重要组成部分。不论是在平原地区、丘陵地带、沿江河或山区建厂都必须注意防洪工程的规划和布置。特别是山区建厂，在总体规划时，一定要注意山洪、泥石流淹没厂区、冲刷场地的危险。沿江河的平原地带要特别注意暴雨带来的内涝危害，采取可靠的防洪排涝工程措施。

2.6.1 厂区防洪的一般要求

(1)防洪工程应根据总体规划、洪水历情、地质、气象、地形条件等作出全面规划。根据需要，远近结合、分期施工，通过全面技术经济比较确定合理的方案。

(2)防洪工程应与当地农田灌溉、水土保持相结合，避免影响农业，并与厂区排水、平面及竖向布置统一考虑。节约用地，不占或少占良田、好地及经济效益高的土地，支援农业。

(3)满足工业企业防洪标准的要求。

2.6.2 防洪标准

防洪标准与工程本身或防洪保护对象的重要性、洪水灾害的严重性及其影响直接有关，并与国民经济的发展水平相联系。国家根据需要与可能，对防洪标准用规范予以规定。在防洪工程的规划设计中，一般按照规范选定防洪标准，并进行必要的论证。对特殊情况，例如洪水泛滥可能造成大量人口死亡等严重后果的，在经过充分论证后可采用比规范规定更高的标准。如因投资、工程量、移民等因素的限制一时难以达到规定的防洪标准时，也可以分期达到。各类防护对象的防洪标准，应根据防洪安全的要求，并考虑经济、政治、社会、环境等因素，综合论证确定。有条件时，应进行不同防洪标准所可能减免的洪灾经济损失与所需的防洪费用的对比分析，合理确定。

工业企业的防排洪工程设计标准确定，应根据工厂性质、规模、生产年限、受淹损失和修复难易程度等因素，并结合地形、汇水面积综合分析考虑。工矿企业建在受江河湖海洪水威胁的地段时，必须具有可靠的防洪措施，防洪建构筑物应高出计算洪水位 0.5 m 以上，当直接受到波浪和壅水影响时，尚应增加波浪侵袭和壅水高度。

(1)冶金、煤炭、石油、化工、林业、建材、机械、轻工、纺织等工矿企业，应根据其规模分为 4 个等级，各等级的防洪标准按表 2.5 的规定确定。

表 2.5　工业企业防洪标准

等　级	工矿企业规模	防洪标准(重现期/a)
Ⅰ	特大型	200～100
Ⅱ	大型	100～50
Ⅲ	中型	50～20
Ⅳ	小型	20～10

注：(1)各类工矿企业规模，按国家现行规定划分。

(2)如辅助厂区(或车间)和生活区单独进行防护，其防洪标准可适度降低。

(3)各类企业防洪标准可参照各行业的设计规范和标准。

(2) 滨海的中型及以上的工矿企业，当按表 2.5 的防洪标准确定的设计高潮位低于当地历史最高潮位时，应采用当地历史最高潮位进行校核。

(3) 工矿企业在遭受洪水淹没后，损失巨大、影响严重且恢复生产所需时间较长的，其防洪标准可取表 2.5 规定的上限或提高一级。

工矿企业在遭受洪灾后，损失和影响较小、很快可恢复生产的，其防洪标准可按表 2.5 规定的下限确定。

地下采矿业的坑口、井口等重要部位，应按表 2.5 规定的防洪标准提高一等进行校核，或采取专门的防护措施。

(4) 当工矿企业遭受洪水淹没后，可能引起爆炸或会导致毒液、毒气、放射性等有害物质大量泄漏、扩散时，其防洪标准应符合下列的规定。

1)对于中、小型工矿企业，其规模应提高两级后，按表 2.5 的规定确定其防洪标准。

2)对于特大、大型工矿企业，除采用表 2.5 中 Ⅰ级的最高防洪标准外，尚应采取专门的防护措施。

3)对于核工业与核安全有关的厂区、车间及专门设施，应采用高于 200 年一遇的防洪标准。对于核污染危害严重的，应采用可能的最大洪水校核。

4)工矿企业的尾矿坝或尾矿库，应根据库容或坝高的规模分为五个等级，各等级的防洪标准按表 2.6 确定。

表 2.6 尾矿坝或尾矿库的防洪标准

等级	工程规模		防洪标准(重现期/a)	
	库容/(10^8 m^3)	坝高/m	设计	校核
Ⅰ	具备提高等级条件的Ⅰ,Ⅱ级工程			2 000～1 000
Ⅱ	≥1	≥100	200～100	1 000～500
Ⅲ	1～0.10	100～60	100～50	500～200
Ⅳ	0.10～0.01	60～30	50～30	200～100
Ⅴ	≤0.01	≤30	30～20	100～50

5)当尾矿坝或尾矿库一旦失事,会对下游的城镇、工矿企业、交通运输等设施会造成严重危害,或有害物质会大量扩散时,应按表 2.6 确定的防洪标准提高一级或二级。对于特别重要的尾矿坝或尾矿库,除采用表 2.6 的最高防洪标准外,尚应采取专门的防护措施。

(5)工矿企业的附属设施,其防洪标准应与该工矿企业的防洪标准相适应。

2.6.3 防洪设施的布置

企业场地有被山洪冲袭的危险时,应设置一条或数条截(防)洪沟,使山洪沿截(防)洪沟排入自然水系(河流、池塘、水库或山涧),其位置应选在地形平缓、地质稳定的地带,并循最短通路排至自然水系,如图 2.24 所示。防洪沟靠厂区一侧应在沟壁顶上筑防洪堤(见图 2.24 中Ⅰ-Ⅰ断面)。原有经过厂区的河沟应截流改道,并使改变后的河沟与厂区边界有一定的安全距离。

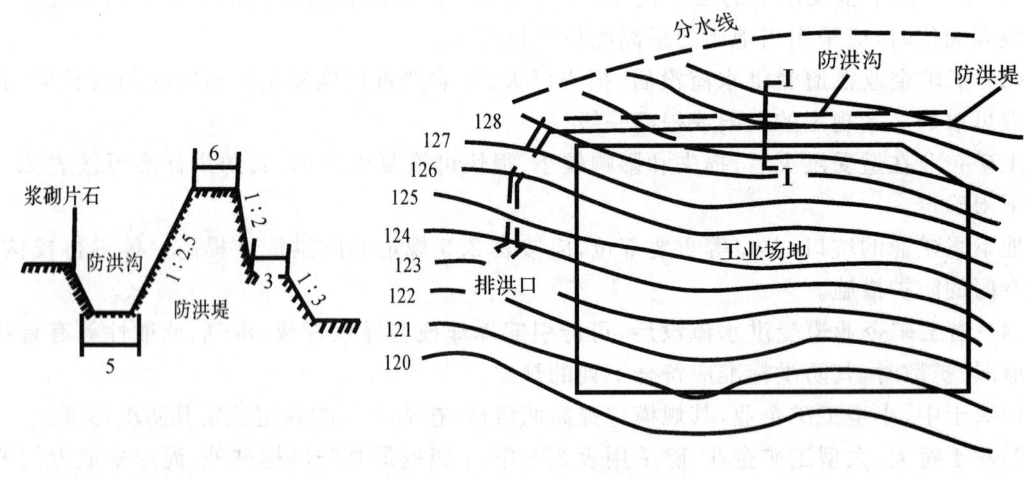

图 2.24 防洪沟布置

1. 防洪设施的布置原则

(1)宜避不宜穿。排洪沟尽量布置在厂外,不宜穿过厂区。

(2)宜利不宜新。排洪沟尽量利用原有沟渠排洪,而将其部分沟渠填塞填充,作为建筑基底时,应特别注意沟渠截断处的防水措施,以防止水流沿原有沟渠潜入建筑物的基础,造成危害。

(3)宜明不宜暗。为了使排洪沟通畅无阻,一般采用明沟排洪,不宜采用暗沟,以免堵塞。

(4)宜直不宜弯。排洪沟的线型及走向以直线为最好,少弯曲,利于排泄顺畅。

(5)宜顺不宜挡。排除洪水宜因势利导,顺其自然,排泄至天然水体或水库。

(6)宜分不宜集。泄洪水,宜采用"截洪分流"的原则,将厂外流域的洪水,在流到厂区前即采用最小的汇水面积汇水、多渠道排水的截洪措施分流至场外天然水体,避免洪水汇集成高峰而威胁工厂安全。

2. 截洪沟和排洪沟的布置

(1)截洪沟的布置要求。

1)截洪沟应布置在地质条件较好的平缓地段。

2)保证截洪沟的稳定性,切坡的坡顶与截洪沟应保持3～5 m的安全距离。

(2)截洪沟的布置。厂区布置在山坡上或凹地上,或离分水岭大于100～150 m时,为了防止厂外雨水侵入厂区,必须在厂区周围设置排水沟,此种排水沟是由一个或若干截水沟组成,为了不使厂区排水沟超负荷,应尽量将截水沟的出水口设置于厂外。若将工厂布置在冲沟地段是不利的,会将厂区一分为二,对交通运输不利;若洪峰量设计不足,中间的次排水沟断面过小易引起暴涨,影响厂区的安全。

(3)一般主排洪沟的布置形式。在山区、丘陵地区常见的布置形式有如下几种:

1)顺山沟坡脚一侧布置主排洪沟(见图2.25)。厂区布置在较宽敞的沟内平坡地里,有利于总体布置,避免生产路线跨沟、桥,管理方便。

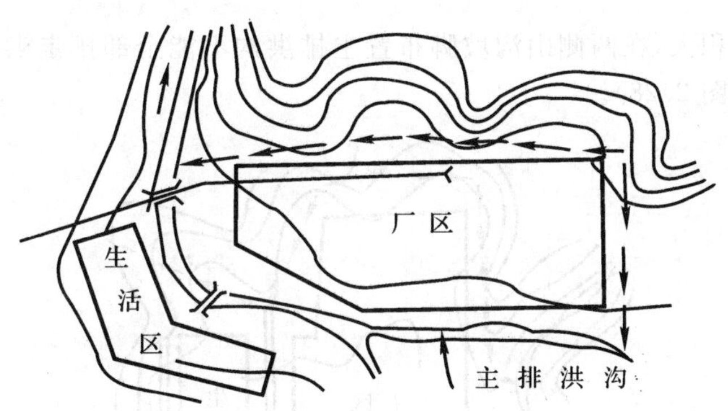

图2.25 主排洪沟在山沟坡脚一侧布置

2)顺山沟坡脚两侧布置主排洪沟(见图2.26)。当山沟面积较大汇水面积较多,在山沟一侧布置排洪沟不能将全部洪水排走时,则采取分流排泄的方法,从两侧将洪水排走。其优点同一侧布置相同。

3)顺原有河沟布置主排洪沟(见图2.27)。利用原有河沟加以整治,作为主排洪沟也是常见的,因为原有河沟地势低,通过洪水都是由河沟排走的。其特点是工程量及投资少,建设快也易于排走洪水。

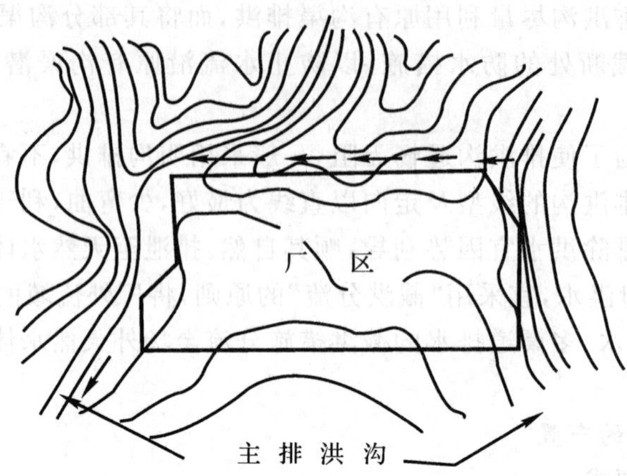

图 2.26 主排洪沟顺山沟坡脚两侧布置

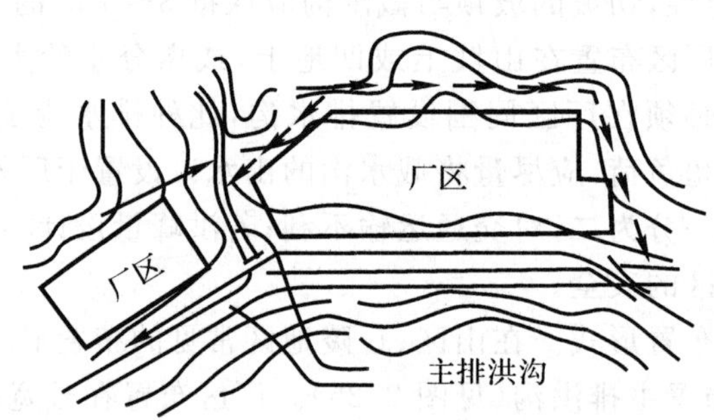

图 2.27 利用原有河沟布置主排洪沟

(4)山洪汇水面积大,在两侧山沟坡脚布置主排洪沟不能全部排走洪水时,就得在沟内另布置一条排洪沟(见图 2.28)。

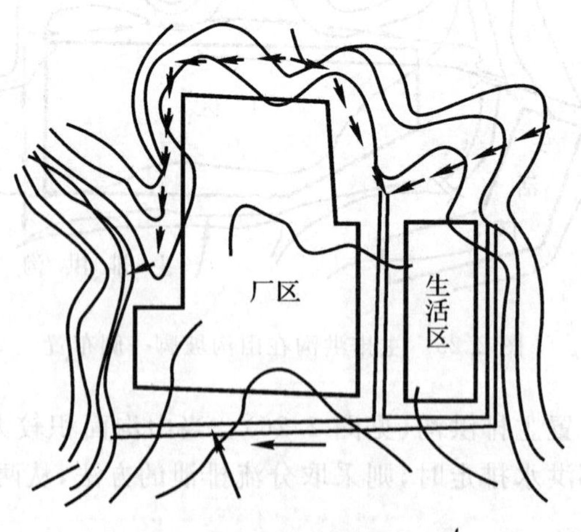

图 2.28 主排洪沟分流布置

(5) 坡地上游布置截洪沟。厂址布置在一侧坡地上,须设置截洪沟,把山坡上的洪水截入主排洪沟,如图 2.29 所示。

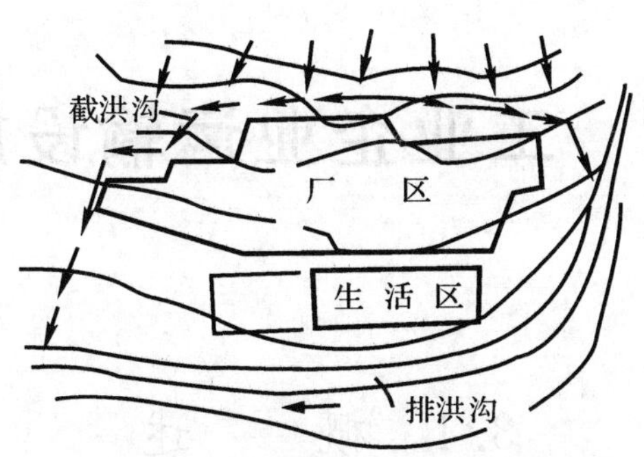

图 2.29　在坡地上游布置截洪沟

（6）沟地上游布置截洪沟。若沟地较长，厂址布置在山沟中段或沟口处，也必须设置截洪沟，将上段洪水截至排水沟排走，才能保证厂址安全，如图 2.30 所示。

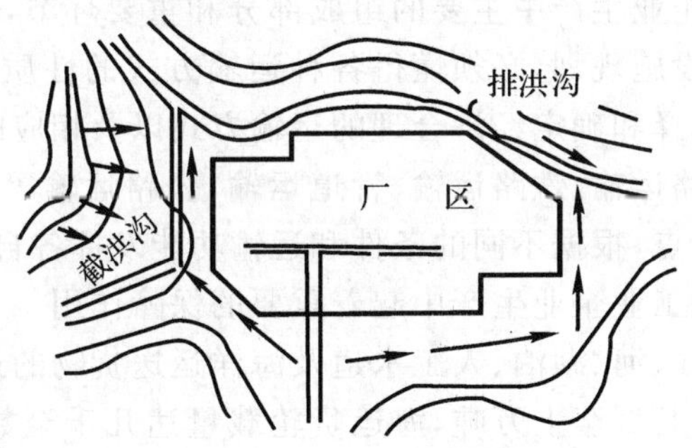

图 2.30　在沟地上游布置截洪沟

第 3 章　工业企业运输设施规划

3.1　概　　述

3.1.1　工业企业运输的分类、特点及适应情况

工业企业运输是工业企业生产中主要的组成部分和重要环节，是总图运输规划设计的重要内容。要进行总图运输设施规划，必须懂得各种运输方式的性质、特点和适用范围，在此基础上，进行技术经济比较选择和确定经济合理的运输方式以及相应的运输设施。

企业的运输方式有水路运输、铁路运输、管道运输、公路运输等。它们承担货流的集散与交流，在技术经济上各具特点，根据不同的条件和运输功能发挥各自优势，相互分工、联系和合作，取长补短、协调发展，在工业企业生产中起着重要的保障作用。

水路运输是以船舶在江、河、湖泊、人工水道及海洋运送货物的运输方式。它的特点是：①载运量大，内河单船载量达几百至上万吨，海运货轮载量达几千至数万吨，且适宜进行长途运输及特大件货物运输。②耗能小，成本低。③投资省，尤其在节约土地方面，比铁路和道路运输经济效益更加明显。④劳动生产率高。⑤不足之处是受到通航水道与航线的制约，受气象因素影响，航行速度慢。

铁路运输是利用列车运送货物的运输方式。它的特点是：①运量大，尤其适宜大宗、笨重货物长距离运输。②运输速度快，火车时速一般高于船舶和汽车，特别在长途运行中发挥充分。③一般不受气候和季节影响，连续性强，高速、准时，可靠性强。④运输成本不高。⑤不足之处是固定成本高，短距离运输不经济，装卸次数多，难以实现“门对门”的服务。

道路运输，广义上说，指货物借助一定运输工具（机动车）沿道路某个方向，作有目的的移动过程；狭义上说，指汽车在道路上有目的的移动过程。它是交通运输的重要组成部分，特点是：①运输具有广泛性、机动性，充分深入到生产领域各个方面，与国计民生联系密切。②投资少，见效快，经济效益高。③运送方便，适应性强，流通周期短，周转快，可实现“门到门”运输，且运输损耗少。④不足之处是运量小，运输成本高，运行持续性差，安全性较低，环境污染大。

管道运输是利用封闭管道，以重力或气压动力，连续运送特定货物的运输方式。其特点是：①运量大，连续不间断，一条输油管道的运量相当一条铁路全年的运量。②运距短，占地少，因埋设于地下，线形灵活性较大。③耗能与费用低，接近于水运。④受气候和季节影响小。⑤无噪音污染，安全性好。⑥可远程控制，自动管理，维修量小，劳动生产率高。⑦货物类型单一，一般为流体或气体物质。不足之处是调节运量及改变方向的幅度小，运输对象较为单一。

胶带运输是通过皮带输运送货物的运输方式。其特点是：①可输送的物料种类繁多，既可输送各种散料，也可输送各种纸箱、包装袋等单件质量不大的货物，用途广泛。② 结构形式多

样，有槽形胶带输送机、平型带式输送机、爬坡皮带式输送机、侧倾皮带输送机、转弯皮带输送机等多种形式，满足各种工艺要求。③输送带有橡胶、帆布、PVC、PU 等多种材质，除用于普通物料的输送外，还可满足耐油、耐腐蚀、防静电等有特殊要求物料的输送。④输送平稳，物料与输送带之间没有相对运动，能够避免对输送物的损坏。⑤皮带输送机结构简单，便于维护，能耗较小，使用成本低。⑥运量大，连续不间断。

3.2　工业企业铁路运输规划

3.2.1　概述

铁路具有运输能力大，长距离运输成本低，不受气候及地理条件影响，能昼夜行车，安全、迅速、准确、可靠，单位运量的能耗较低，事故率较低，污染较小等优点。20 世纪 80 年代以来，由于高速铁路、重载货运铁路、电气化铁路有了较大的发展，铁路的运输效率不断提高，铁路可直接引用电能，便于组织最优的运输过程，最大限度地实现自动化。铁路特别适用于大宗货物的中、长途运输，对我国这样的一个大陆性国家，铁路是交通运输的骨干，也是工业企业运输的主要方式。

铁路是我国内陆大中型企业厂外运输的主要运输方式。之所以被广泛采用，是由于它具有运量大、运价低、连续性强、受气候变化影响小等优越性，但和其他运输方式相比，造价高，对地形条件适应性差，当其作为厂内的主要运输方式时，占地面积大。

工业铁路根据轨距不同有准轨和窄轨两大类，准轨铁路轨距为 1 435 mm，窄轨铁路轨距为 600 mm，762 mm，900 mm 等。准轨铁路多用于国家铁路接轨的运量较大的工业企业，或运量虽然不大，但接轨条件好、工程简易、取送车方便、路厂运输作业均甚方便的企业，以及有特殊需要的企业，如有特重、危险、易燃、易爆、液态物品及其他特种运输的企业。窄轨铁路多用于运量较小的工业企业内部物料运输，有的运量较大的老工业企业内部尚保留有窄轨铁路。

3.2.2　厂外铁路线路规划

1. 厂外铁路线路分级、分类

(1)分级。国家铁路分为 4 级(见表 3.1)，工业企业铁路分为 3 级(见表 3.2)，主要根据修建或改建后的意义和年输送能力或年运量的不同，对线路强度、桥涵荷载、洪水频率、行车速度等有不同的规定标准，对工程投资有较大的影响。

(2)分类。铁路线路分为正线、站线、段管线、岔线及特别用途线。正线是指连接车站并贯穿或直股伸入车站的线路。站线是指站内除正线以外的到发线、调车线、牵出线、货物线及站内指定用途的其他线路。段管线是指机务、车辆、工务、电务等段专用并由其管理的线路。岔线是指在区间或站内接轨，通向路内外单位的专用线路。特别用途线是指安全线和避难线。按照管理部门的不同铁路线路又可分为国家铁路、地方铁路、合资铁路、专用铁路和铁路专用线。

表 3.1　国家铁路等级划分(GB50090—2006)

铁路等级	国家(路网)铁路
Ⅰ	铁路网中起骨干作用的铁路,或近期年客货运量大于或等于 20Mt 者
Ⅱ	铁路网中起联络、辅助作用的铁路,或近期年客货运量小于 20Mt 且大于或等于 10Mt 者
Ⅲ	为某地区或企业服务的铁路,近期年客货运量小于 10Mt 且大于或等于 5Mt 者
Ⅵ	为某地区或企业服务的铁路,近期年客货运量小于 5Mt 者

表 3.2　工业企业铁路等级划分

铁路等级	重车方向年货运量/Mt
Ⅰ	≥4
Ⅱ	1.5～4
Ⅲ	<1.5

2.厂外铁路线路布置

(1)铁路专用线。工业企业铁路专用线一般指工业企业与国家铁路、码头、原料基地相连接,进行工厂货运的铁路线。铁路专用线按其年货运量大小分为三级,如表 3.3 所示。

表 3.3　铁路专用线等级划分

铁路等级	重车方向年货运量/(万吨/a)	列车设计运行速度/(km/h)
Ⅰ	≥400	70
Ⅱ	150～400	55
Ⅲ	<150	40

(2)布置原则。

1)专用线应根据沿线地形、地质、水文等自然条件,使线路短、工程量小。地形条件是主要因素,例如山区铁路地形复杂、坡陡弯急等,在保证运营安全的前提下,注意使线路的曲线半径与周边地形相适应。适当地选取较小半径的曲线,既可避免破坏山体,影响环境,也可减少工程量,节约投资。

2)尽量避免与人流、货流频繁的道路交叉,以便利交通和保证运输安全。交通事故的发生往往是在人流、货物频繁的交叉路口,尤其是在城镇附近地区,线路选线应尽量避让主要道路,减少交叉。

3)避免修建大中型桥及隧道等人工构筑物,为加速铁路施工创造有利条件。铁路线为了避免跨越大中型桥梁而要延长线路增加工程量时,则应通过全面的技术经济比较后确定。

4)考虑企业规划容量发展的要求。铁路专用线的运输能力应考虑到企业进一步发展的要求，避免由于企业的进一步扩建而要对厂外铁路专用线进行全线技术改造，既影响运输，又增加企业投资。

5）专用线不应穿越居民密集居住区。

(3)厂外铁路线路布置。

1）平面及纵断面。铁路专用线路平面设计应符合《工业企业标准轨距铁路设计规范》的要求，有关要求汇总于表 3.4 中。

表 3.4　标准轨距铁路平面设计技术要求

厂外线路等级			Ⅰ	Ⅱ	Ⅲ	备　注
重车方向货运量(万吨/a)			400 以上	150～400	150 以下	
区间正线曲线半径/m	一般采用		4 000,3 000,2 500,2 000,1 500,1 200,1 000			在特别困难的条件下，可采用上列半径间 10m 整倍数的曲线半径
			800,700,600,550,500,450,400,350,300			
				250,200		
区间正线曲线半径/m	最小曲线半径	一般地段	600	350	250	限期使用的铁路按 III 级标准
		困难地段	350	300	200	
		特别困难	300	250	—	
		不通行路网机车	≥150	≥150	≥150	
站内曲线半径/m	站内正线	困难	≥600	≥600	≥500	
		特别困难	≥500	≥500	≥400	
	牵出线	困难	≥600	≥600	≥600	
		特别困难	≥500	≥500	≥500	
		供转线作业	≥300	≥300	≥300	
设置缓和曲线长度/m	$v \leqslant 30$ km/h,$R \geqslant 700$ m		可不设缓和曲线			
	$v \leqslant 30$km/h,$R < 700$m		20	20	20	
两相邻曲线间最小夹直线长度/m	一般		50	45	40	限期使用的铁路按 III 级标准采用。站线可不设缓和曲线。站内两相邻、曲线间最小夹直线长度为 10m
	困难		25	20	20	
线间距离 m	区间直线并行地段		4.0	4.0	4.0	
	曲线加宽 mm	曲线地段如外侧线路外轨超高 h_1 不大于内侧线路外轨超高 h_2 时	$d=84\ 500/R$(mm)			
		h_1 大于 h_2 时	$d=84\ 500/R+2.4(h_1-h_2)$(mm)			

铁路专用线路纵断面平面设计应符合《工业企业标准轨距铁路设计规范》的要求，有关要求汇总于表 3.5 中。

表 3.5　专用线纵断面设计技术要求

<table>
<tr><th colspan="3">厂外线路等级</th><th>Ⅰ</th><th>Ⅱ</th><th>Ⅲ及限期使用铁路</th></tr>
<tr><td rowspan="2">最大纵坡度/(‰)
(内燃、电力机车)</td><td colspan="2">单机牵引</td><td>20</td><td>25</td><td>30</td></tr>
<tr><td colspan="2">加力牵引</td><td>30</td><td>30</td><td>30</td></tr>
<tr><td>厂外线进站、进厂
信号机前纵坡度</td><td colspan="5">在不小于远期到发线有效长度的坡道上，保证列车起动</td></tr>
<tr><td rowspan="5">站内正线、到
发线纵坡度</td><td colspan="2">一般</td><td colspan="3">应在平道上或≤1.5‰的坡道上</td></tr>
<tr><td colspan="2">不办理调车、甩车或
摘下机车作业</td><td colspan="3">可设在陡于 2.5‰坡道上，但不应陡于 6‰</td></tr>
<tr><td colspan="2">改建无调车作业</td><td colspan="3">≤8‰</td></tr>
<tr><td rowspan="2">乘降所</td><td>一般</td><td colspan="3"><8‰</td></tr>
<tr><td>困难</td><td colspan="3">应保证列车的起动</td></tr>
<tr><td rowspan="3">线路最小
坡段长度/m</td><td colspan="2">一般</td><td colspan="3">不短于远期货物列车长度的一半</td></tr>
<tr><td colspan="2">最小</td><td colspan="3">必须满足设置竖曲线的要求</td></tr>
<tr><td colspan="2">位于分坡平段、改建线、立体交叉，车站及桥梁引线等</td><td>200</td><td>200</td><td>100</td></tr>
<tr><td colspan="3">两相邻坡段的坡度代数差</td><td colspan="3">不得大于重车方向的限制坡度值</td></tr>
<tr><td rowspan="3">设置竖曲线标准</td><td colspan="2">设置竖曲线的
坡度代数差 Δi</td><td>4‰以上</td><td>4‰以上</td><td>5‰以上</td></tr>
<tr><td colspan="2">竖曲线半径/m</td><td>5 000</td><td>5 000</td><td>3 000</td></tr>
<tr><td colspan="2">长度/m</td><td>$2.5\Delta i$</td><td>$2.5\Delta i$</td><td>$1.5\Delta i$</td></tr>
</table>

2）横断面。线路横断面形式与地貌形态、工程地质、水文气象等相关，选定线路时，应尽量避免高堤深堑、长大隧道、河流改道、坍塌地段，这种地段易使工程量加大。

一般地段的路基横断面及占地范围，根据《工业企业标准轨距铁路设计规范》有关规定，如图 3.1、图 3.2 所示。

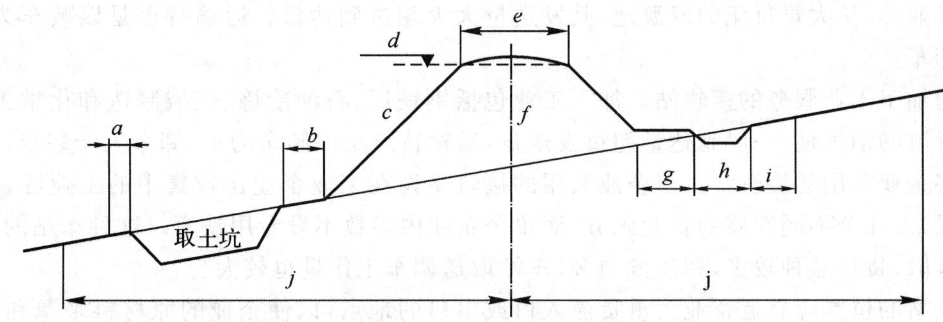

图 3.1　路堤横断面

a—有取土坑时，用地界为 1.0 m；*b*—有取土坑时，护道宽不小于 1.0 m；

c—路堤边坡：石块筑堤为 1∶1.3，土质筑堤为 1∶1.5，砂质筑堤为 1∶2.0；

d—路肩标高：设计水位＋波浪高＋壅水高；洪水频率Ⅰ，Ⅱ，Ⅲ级线 1/50，观测水位大于 1/100 时，按 1/100；

e—路基宽，岩石地带为 4.6 m，土质地带为 5.7 m；*f*—路堤高：风砂地区不小于 0.6 m；

g—排水良好或经济作物和高产田地带为 1.0 m；

h—排水沟：深度为 0.5～0.6 m，底宽不小于 0.4 m，沟边坡为 1∶1.5；

i—排水沟至用地界为 1.0 m；j—林区用地界为 50 m

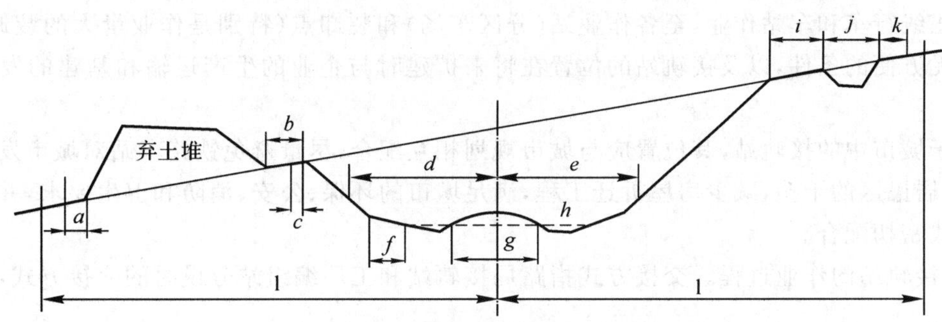

图 3.2　路堑横断面

a—有弃土堆时用地界 1.0 m；*b*—弃土堆坡脚至路堑顶 2～2.5 m；

c—无弃土堆时路堑顶至用地界不小于 1.0 m；*d*—自轨枕底面计算不小于 3.5 m；

e—自轨枕底面计算不小于 2.8 m；

f—侧沟平台宽度：风砂地区不小于 2.0 m，砂类土、风化石、黄土、不良土地带为 0.5～1.0 m；

g—路基宽度：岩石地带为 4.6 m，土质地带为 5.7 m；

h—侧沟：深度为 0.5～0.6 m，底宽不小于 0.4 m，边坡视土质为 1∶1～1∶1.5；

i—视土质、边坡高度、渗漏情况为 2～5 m，但湿陷性黄土地带不小于 10 m；

j—天沟：沟深为 0.5～0.6 m，底宽不小于 0.4 m，边坡为 1∶1～1∶1.5；

k—天沟至用地界为 1.0 m；l—林区用地界为 50 m

3. 接轨站

企业铁路线或车站与国家铁路车站或附近企业铁路连接，把国家车站或企业车站称为该企业的接轨站。

(1)接轨站的分类。接轨站按服务对象可分为以下三类：

1)为采掘工业服务的接轨站。采掘工业包括煤炭、铁矿、原油、森林采伐和其他金属、非金属采掘工业等，是大量货流的发源地，其发送量大大超过到达量。运输特点是以装车为主，装车大于卸车。

2)为加工工业服务的接轨站。加工工业包括钢铁厂、石油冶炼、机械制造和化学工业等，是大量货流的消失地，一般到达量超过发送量，运输特点是以卸车为主，卸车大于装车。

3)多企业共用的接轨站。多企业共用的接轨站设在工业企业比较集中的工业区，衔接多条专用线，为几个不同性质的企业服务，而单个企业内多数不设专用铁道。这种车站的车流往往比较零散，货物品种较多，到发方向多，车站取送调车工作量也较大。

接轨站的位置应靠近企业大量货流入口或出口的地点，以使企业的原材料来源和产品流向与总布置图生产流程相适应，尽量避免车流在铁路线上或厂(矿)内部的折角和迂回运输。

(2)接轨站的位置。接轨站的位置可设在国家铁路上或靠近企业。当企业距国家铁路较近或该站须担当路网车流的作业等情况时，应设在国家铁路上，否则应尽量靠近企业大量货流入口或出口的地点，并使原料或空车来源和产品去向适合于企业内部的总图布置和生产流程，尽量避免车流的折角和迂回运输。例如，煤炭企业的接轨站应尽量设在矿区出口处产煤集中的地点；石油企业的接轨站应靠近油田或炼油厂的装卸点。

在选择接轨站的位置时，应考虑铁路专用线接轨方案的合理性，包括其修建长度、工程投资的大小、平剖面技术条件是否与企业的运量和运输要求相适应，该线在接轨站内接轨是否干扰铁路正线行车和车站作业，至各作业站(分区车场)和装卸点(特别是作业量大的装卸点)取送车有无方便的条件，以及接轨站的位置在将来扩建时与企业的生产运输和基建的发展有无矛盾等。

位于城市中的接轨站，其位置应与城市规划相互配合，尽量避免铁路车站对城市发展和城市道路、居民区的干扰，减少房屋拆迁工程，满足城市的环保、公安、消防和卫生要求，并与其他运输方式密切配合。

(3)接轨站的作业过程。交接方式指路局接轨站和工厂编组站分设时的交接方式，它分以下两种：

1)在接轨站交接场(线)上办理交换作业。在接轨站上设有若干条交接线，在厂区附近设工厂编组站，联络线将工厂编组站与接轨站的交接线连接，联络线一般属接轨站管理，但也有属工厂编组站管理的。工厂编组站的接轨站设有联络室，由驻站联络员与路局方面办理局车到发的交接作业。

入厂(矿)车流由接轨站机车从到达场转到交接线办理交接作业(有的则在接轨站的到发场办完交接后再转到交接线)，然后由企业机车从交接线取回工厂编组站解编。到发专列或大组车在接轨站的到发线上办理交接作业后，企业机车直接进到发线取送车列。中、小型企业一般采用此种交接方式。

2)在工厂编组站交接线上办理交接作业。在工厂编组站设有交接线，接轨站在工厂编组站设有驻站员，负责办理路、厂(矿)间的交接作业，入厂(矿)车流由接轨站机车送到工厂编组站的交接线上，双方办理路、厂(矿)交接作业，交接完后，由工厂编组站的机车牵出进行解编，再发往厂内。同样，出厂(矿)的车流，由厂(矿)机车送到工厂编组站的交接线上办理双方交接，交接完后，由接轨站机车取回到接轨站后再解编，然后发往路网干线。因此，当接轨站与工厂编组站之间的联络线上有几个不同种类的厂矿企业，且其他几个厂矿企业的取送车作业也都由接轨站担当时，采取在工厂编组站进行交接较为有利。

4.接轨点

接轨点位置的选择应根据衔接处铁路的运量大小、货流和车流的密度及其运行方向、厂址位置、总平面布置及具体地形条件进行全面比较后确定，并应使重车不改变其运行方向即能通过接轨点，避免在接轨点产生折角运输，不必要地改变列车头尾的作业，在接轨站内应减少干扰干线接发列车和调车作业。

(1)接轨点的选取。

1)在到发线、调车线及牵出线接轨。当铁路货运量较大或有大组或整列车时，可接入接轨站的到发线，即接入道岔咽喉区并与到发场有直接进路，以便于大组和整列车进出工厂专用线。当货运量较小时，一般均须进行解编作业。为了不影响到发线作业，专用线可在调车线、指定的其他线或不繁忙的牵出线上接轨。

2)区间正线接轨。新建工厂专用线一般不应在路网铁路的区间线路上接轨。不在区间与路网铁路接轨是因为道岔是轨道的薄弱环节，区间线路行车速度高，铺设道岔就增加了区间线路的不安全因素，而且影响区间通行能力，也不便于管理。

3)安全线。当企业专用线必须在区间接轨或与站内正线、到发线接轨时，为保证行车安全，应在接轨线路上设置安全线。铁路线与到发线接轨时，如其间的行车须办理闭塞且道岔联锁时，能保证正线行车的安全，可不设安全线，如能利用其他工业企业线、岔线及到发线以外的其他线路(停放和装卸易燃、易爆危险品货物等车辆的线路除外)作为站内正线及到发线的平行进路，或有连锁装置的隔开道岔(防护道岔)时，工厂调车作业的列车不会与站内的到发列车冲突，可不设安全线。

(2)接轨方式。

1)专用线接轨要与原燃料运输的流向或主要流向一致，如图3.3所示。

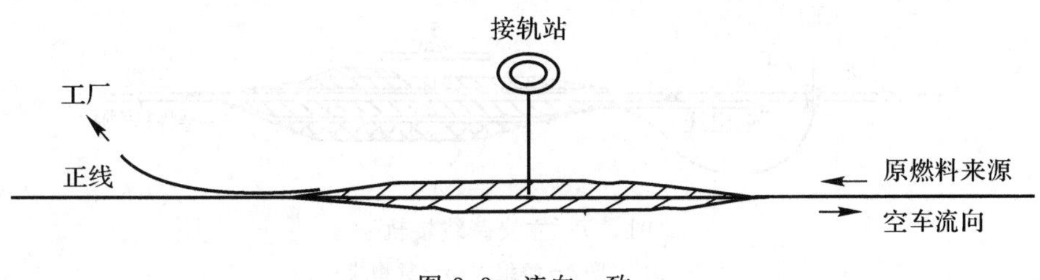

图3.3　流向一致

2)在特殊情况下，可折角接轨运输。如工厂侧邻车站较近，或受地形地物控制而须展线爬坡时，可折角接轨运输(见图3.4)，但应避免折角过多。

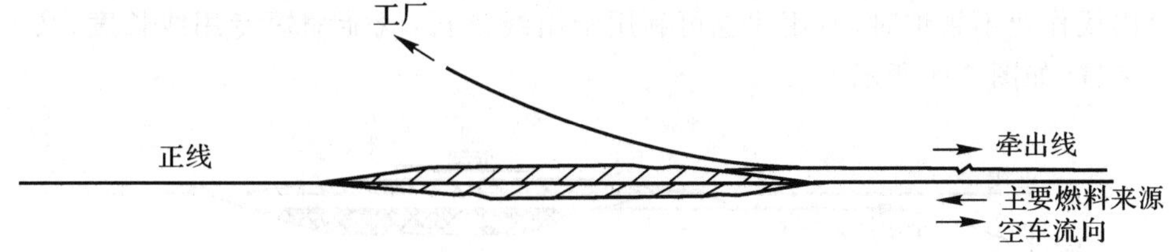

图3.4　折角两次

接轨方式与厂内作业方式有关，要相互配合确定。例如，在一般情况下折角运输是不利的，但当工厂内停车线为尽头线时，到站的原燃料列车不必摘换机车位置，即可推送入厂，这样可减少摘换机车转线走行作业（见图 3.5）。

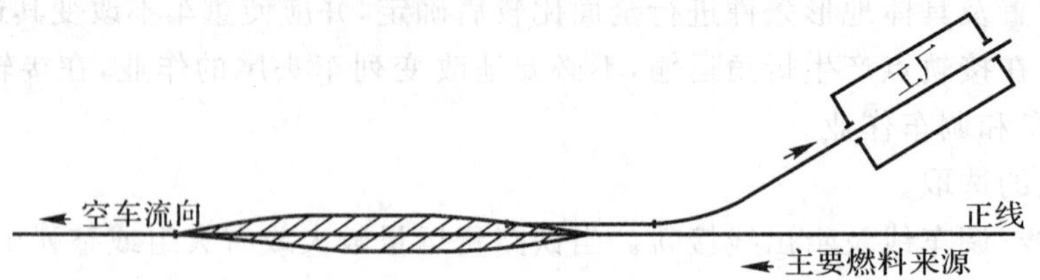

图 3.5　折角推送入厂

3)专用线应与车站货线接轨，厂址应与货线同侧，避免干扰客运线路（客运线通常与站房同侧），如图 3.6 所示。当车站规模不大，或原燃料运量较小，车站无单设的货线时，也可与到发线接轨。

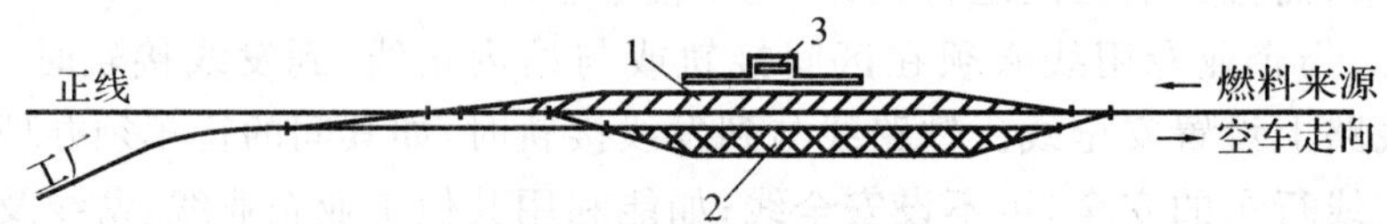

图 3.6　专用线与车站货线接轨

1—到发线；2—货线；3—站房

大型工厂，当厂址不与货线同侧时，为避免切割正线，视地形条件可考虑设立交桥跨越或穿越正线，尤其当正线为复线时，设立交桥尤有必要，如图 3.7 所示。

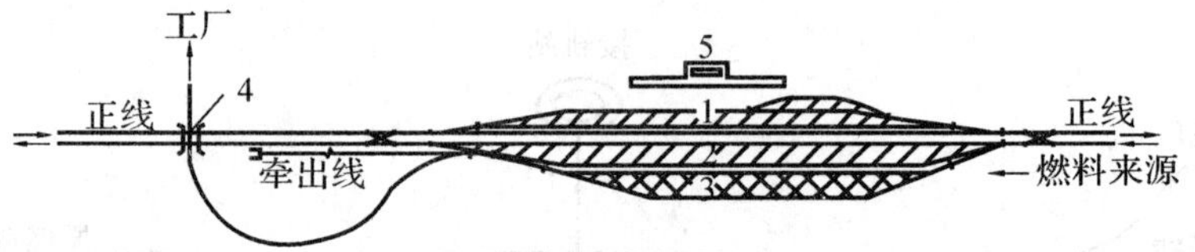

图 3.7　立交跨线接轨

1—到发线；2—解编线；3—货物线；

4—立交桥（上立交或下立交由地形和施工条件确定）；5—站房

4)当车站设有牵出线时，应与牵出线接轨，以不增加车站的开口，避免因接轨而改变咽喉区布置。牵出线对应的进路较多，与之接轨取送车作业方便灵活。

当牵出线作业不繁忙时，专用线也可利用牵出线延长，既能缩短专用线长度，又不增设道岔和信号装置，如图 3.8 所示。

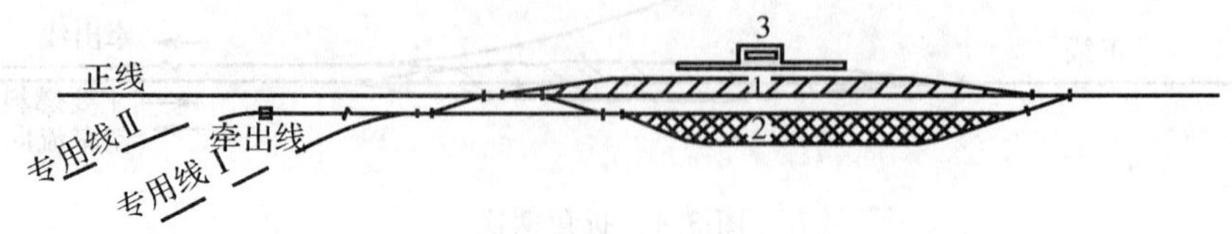

图 3.8　利用牵出线接轨

1—到发线；2—货物线；3—站房

5)专用线在工业站、货运站、区段站、编组站等大型车站接轨时,应与货场线、到达场、到发场、编组场接轨,接轨点尽量设在有大量车流出入的另一端,最好在车场的牵出线上接轨,如图 3.9 所示(以区段站接轨为例)。

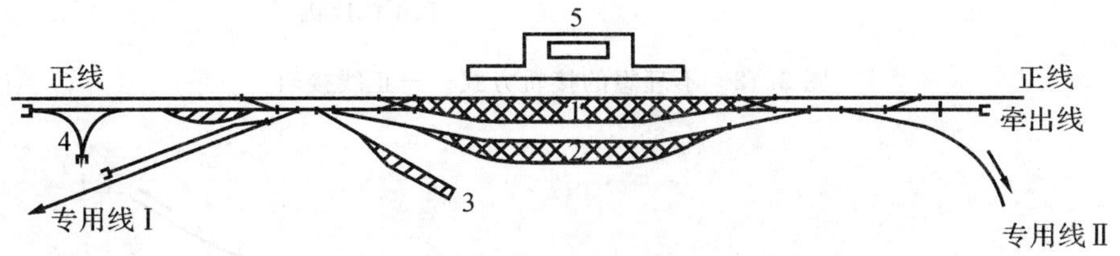

图 3.9　区段站接轨

1—到发场;2—编组场;3—货场;4—机务段;5—站房

6)当接轨站有为工厂设置的交接线,取送车作业由工厂自备机车承担时,专用线应从交接线接轨,或与有密切关系的车场线接轨。如图 3.10 所示,专用线Ⅰ既接通编组场又接通交接线,工厂回空车可直接送入编组场,但对编组调车作业可能有所干扰,而专用线Ⅱ只接通交接线,不干扰其他线作业,但回空车辆不能直接送入编组场。

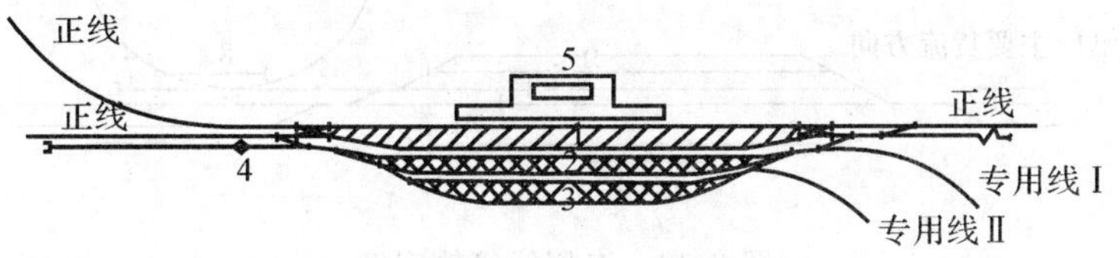

图 3.10　工业站接轨

1—到发场;2—编组场;3—交接场;4—驼峰;5—站房

7)当厂址与接轨站并列,上下行两方向均有供工厂的原燃料时,厂内配线可与车站配线并列贯通布置,如图 3.11 所示,行车由车站统一指挥,列车可直接进厂,直接向原燃料发送空车。简化交接程序,减少铁路配线。

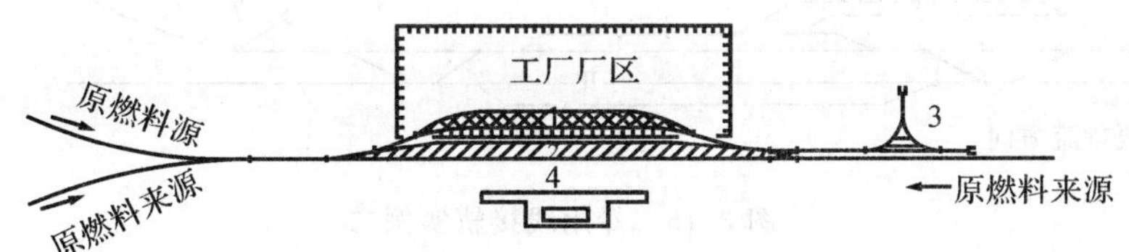

图 3.11　厂内配线与接轨站双向接轨

1—工厂到发场;2—接轨站到发场;3—牵出线(三角线、整备线);4—站房

8) 专用线不宜在下列情况下接轨:专用线不宜与车站正线接轨,因与正线接轨,工厂取送车作业要干扰道岔咽喉区,影响其他列车到发和通过,有碍行车安全(见图 3.12)。

专用线接轨不宜切割正线。如图 3.13 所示接轨方式易堵塞其他列车进路,并且工厂取送车作业也易受其他线路进、发车闭塞限制,延误站厂间作业,并存在不安全因素。

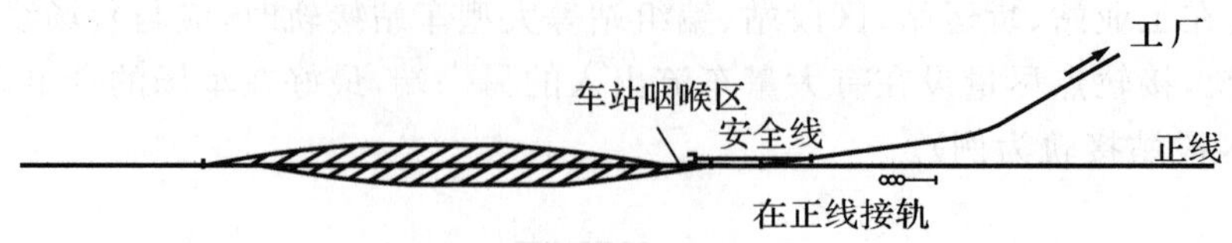

图 3.12　不理想的接轨方式——正线接轨

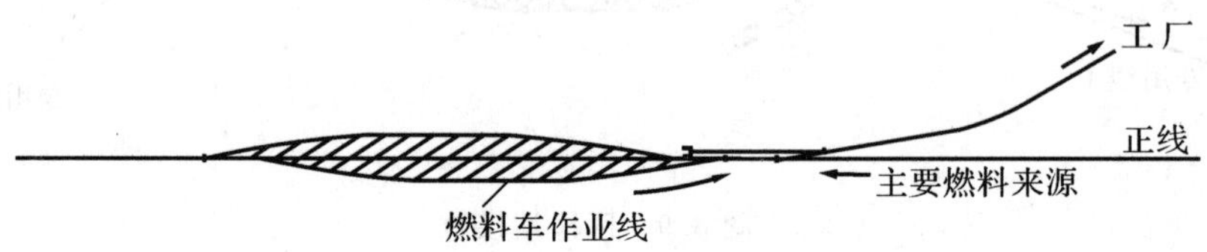

图 3.13　不理想的接轨方式——切割正线

(3)接轨实例。

1)实例一:电厂与货场同侧(见图 3.14)。

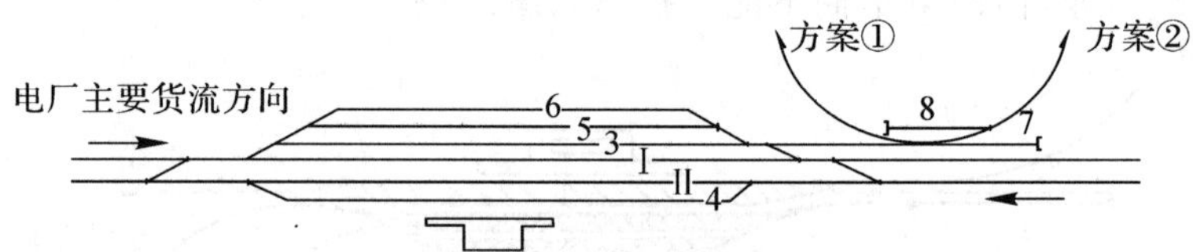

图 3.14　专用线接轨实例一

Ⅰ,Ⅱ—正线;3,4,5—到发线;6—货物线;7—牵出线;8—安全线

方案①——干线货流方向与进厂方向相反,取送车作业须经牵出线。

方案②——干线货流方向与进厂方向一致,小运转机车可直接进入电厂,但厂内应有机车调头的地方。

2)实例二:电厂与货场位于车站正线的同侧(见图 3.15)。

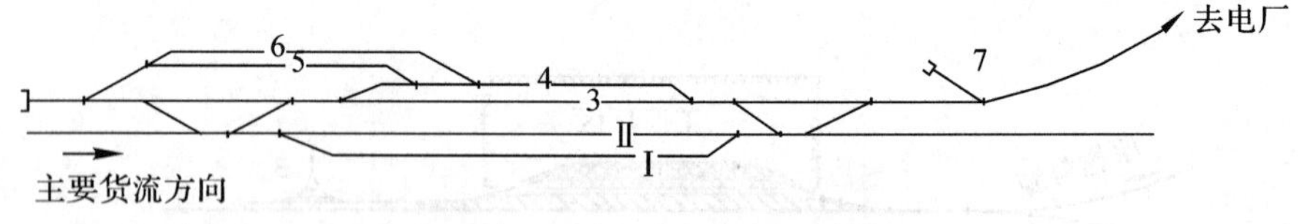

图 3.15　专用线接轨实例二

Ⅱ—正线;Ⅰ,3,4—到发线;5,6—货物线;7—安全线

干线货流到达方向与去电厂方向一致,货物列车可直接进入电厂。电厂与货场位于车站正线的同侧,避免了调车作业的交叉,电厂取送车与到发线 3 线有干扰,电厂接发车必须等 3 线腾空。

3)实例三:专用线在车站到发线前的梯线上接轨(见图 3.16)。

专用线在车站到发线前的梯线上接轨,电厂取送车对 4 线、6 线有干扰,电厂发车必须等 4 线、6 线腾空,受到的制约过大。

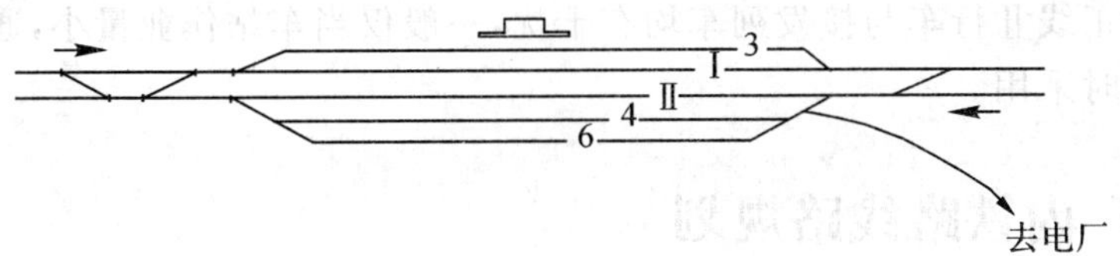

图 3.16 专用线接轨实例之三

Ⅰ,Ⅱ—正线;3,4,6—到发线

4)实例四:电厂铁路由牵出线上接轨(见图 3.17)。

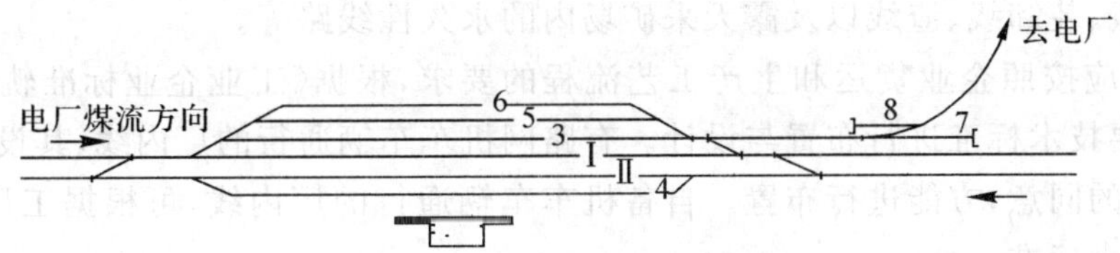

图 3.17 专用线接轨实例之四

Ⅰ,Ⅱ—正线;3,4,5—到发线;6—货物线;7—牵出线;8—安全线

该厂的接轨特点:干线货流方向与进厂方向一致,小运转机车可直接进入电厂,但厂内应设机车调头线。

5)实例五:多个电厂在一个车站接轨(见图 3.18)。

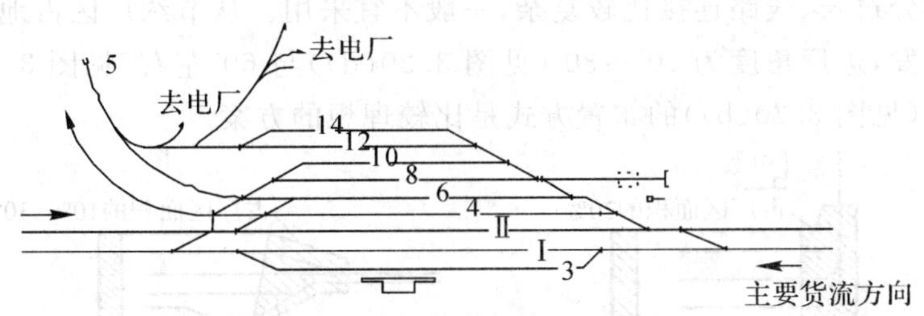

图 3.18 专用线接轨实例之五

Ⅰ,Ⅱ—正线;3,4,6—车站到发线;6,8—工厂用到发线;10,12,14—编组线;5—牵出线

由于 8 线为电厂专用到发线,电厂取送车作业一般不影响车站接发列车。6,8,10,12,14 线上的列车均可直接进入专用线。

数个电厂的专用线集中设置在车站的一个区域内,又为电厂设置了专门的 12,14 编组线,便于电厂调车作业,对车站作业干扰小。

6)实例六:不理想的接轨示例(见图 3.19)。

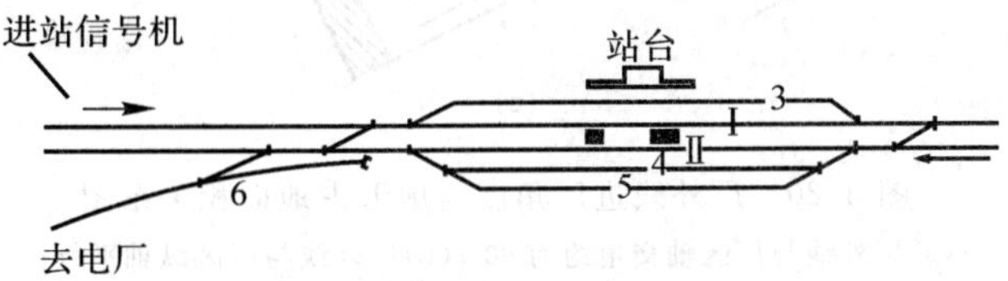

图 3.19 专用线接轨实例之六

Ⅰ,Ⅱ—正线;3,4—到发线;5—货物线;6—安全线

电厂车辆对正线Ⅱ行车与接发列车均有干扰，一般仅当车站作业量小，通过列车对数不多且工厂运量较小时采用。

3.2.3 厂内铁路线路规划

1. 进厂铁路线路角度选择

厂内线路是专为工业企业内部用来转运厂外线运来的原料、燃料、半成品或向厂外转运成品以及运送废渣等的线路，包括联络线（通行路网列车的线路或厂内运输的通行干线）、站线、码头线、仓库线、装卸线、渣线以及露天采矿场内的永久性线路等。

厂内线路应按照企业货运和生产工艺流程的要求，根据《工业企业标准轨距铁路设计规范》规定的主要技术标准进行布置与设计。有路网机车车辆通行的厂内线，其设计标准应征得铁路主管部门的同意，方能进行布置。自备机车车辆通行的厂内线，可根据工厂的实际情况，采用适当的技术标准。

厂内线进厂角度的选择：有铁路引进的厂区，常常由于布置进厂线而形成较大的扇形地带，不仅影响总平面布置，而且涉及厂区的占地面积。厂外线进厂角度与扇形地带占地面积有着直接的关系。图 3.20(a)(e)布置方案扇形地带的占地面积约为厂区总占地面积的 20%，而图 3.20(b)(c)(d)则分别为 10%～13%，11%～16%，7.5%左右。所以，厂外线进厂角度为 90°和 15°～20°的布置方案不仅扇形地带占地面积很大，给总平面布置带来不利影响，而且由于线路的曲线部分过长、线路连接比较复杂，一般不宜采用。从节约厂区占地面积和有利于线路连接等条件出发，进厂角度为 20°～30°(见图 3.20(d))与 60°左右(见图 3.20(c))和厂外线与厂区纵轴平行(见图 3.20(b))的布置方式是比较理想的方案。

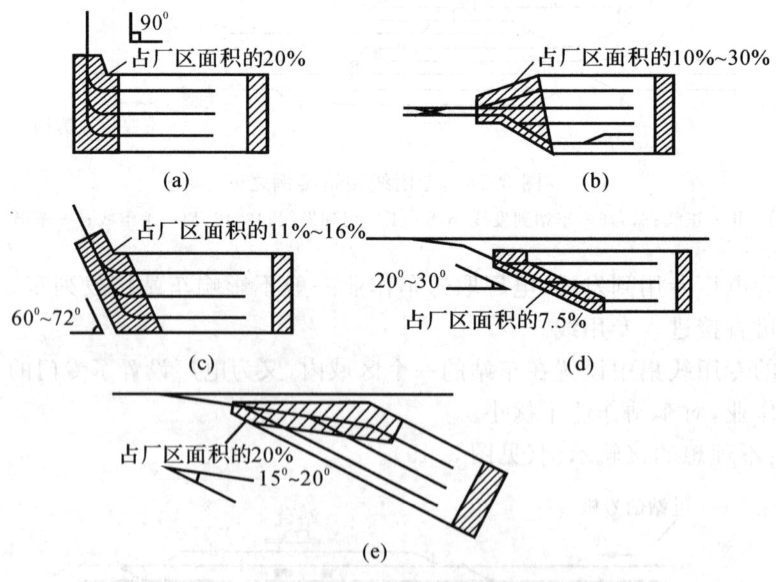

图 3.20 厂外线进厂角度与扇形占地面积关系图

(a)厂外线与厂区轴交角约为 90°；(b)厂外线与厂区纵轴平行；

(c)厂外线与厂区轴交角约为 60°；(d)厂外线与厂区纵轴交角约为 20°～30°；

(e)厂外线与厂区纵轴交角为 15°～20°

2. 厂内铁路线路布置形式

(1)厂内线路布置原则。

1)厂内铁路线路布置应和厂区总平面统一考虑；

2)厂内铁路线路布置应满足生产工艺要求；

3)厂内铁路线路布置应满足企业生产对运输能力的要求；

4)厂内铁路线路布置应尽量减少交叉和货流干扰；

5)厂内铁路线路布置应综合考虑平面和纵断面；

6)厂内铁路线路布置应考虑节约用地 。

(2)厂内线路布置形式。

1)尽端式:铁路自厂区铁路一端引入,分岔在厂区另一端终止,如图 3.21(a)所示。这种布置形式具有车辆走行距离短,且转弯所需要的扇形占地面积较小,因而可提高场地的利用系数;由于另一端线路不做封闭连接,可使相邻线路布置在高差不同的台阶上,并可避免人流与铁路的交叉和厂内道路与铁路的交叉。但由于铁路线为尽头式,取送车作业不太方便,车辆调动不够灵活,而且作业集中在一个咽喉区,使咽喉道岔负荷很大,故仅适用于运量较小的一般中、小型工厂,如机械、化工、水泥厂等。

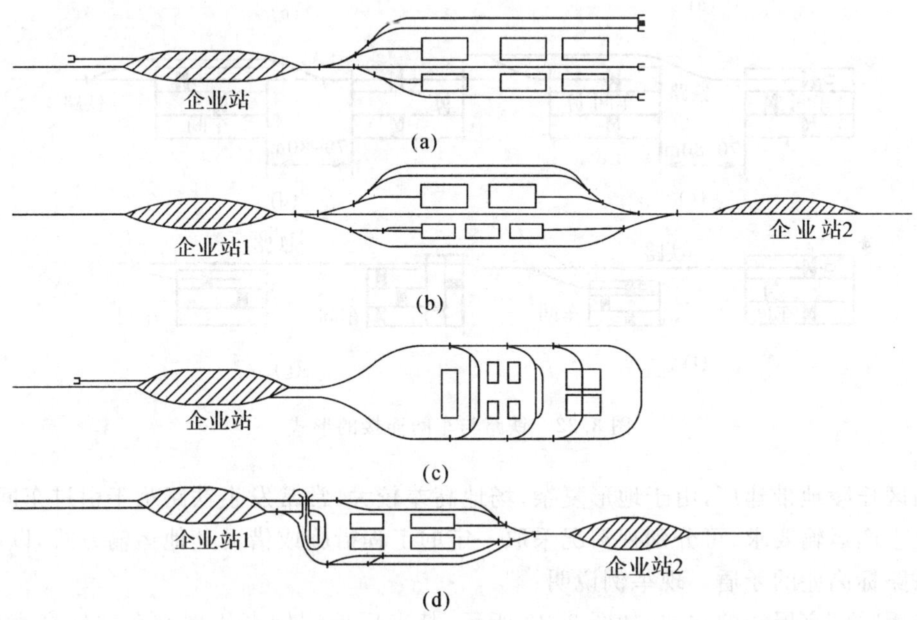

图 3.21　厂内线路布置形式图

(a)尽端式;(b)贯通式;(c)环状式;(d)混合式

2)贯通式:线路贯通厂区,如图 3.21(b)所示。当有两个厂外接轨点时,原料、燃料从一端运入,成品从另一端运出,互不干扰,通过能力大,没有或很少有对向运输。咽喉道岔负荷减少,车辆取送作业灵活。这种布置形式适宜于运量较大的大型企业或地形窄长的建厂场地。但由于这种布置形式有两个咽喉区,故占地面积较大,会增加铁路线长度和建设投资。

3)环状式:厂内线路成环状布置,如图 3.21(c)所示。取送车作业组织简单,能连续进行,不必折角运转。但由于铁路线连接的技术条件要求要有较大的厂区面积,故一般工厂不宜采用，仅适用于多企业共用一个编组站的工业区。

4)混合式：图 3.21(d)为环状与贯通混合的布置形式。为了进出运输互不干扰，可设置有立体交叉的环状线路，当运输原料、燃料的车辆不能用来装运成品时采用此种环线较为合适。

上述各种布置形式的选择，应根据工厂生产工艺流程的特点，货运量的大小，工厂总平面布置，厂外线接轨方向与数量，需要铁路引入的车间，仓库或其他设施的数量和方位，厂区占地面积和地形条件，以及与其他运输方式的配合等因素来决定。

(3)厂内线路与车间的连接形式。厂内铁路进入车间的形式主要根据生产工艺流程和厂房平面布置要求，尽量做到一线多用。根据运输要求、车间平面与竖向关系，可将铁路线布置成如图 3.22 所示各种形式。图 3.22(a)为与主车间跨或露天跨互相平行布置；图 3.22(b)为与主车间跨或露天跨互相垂直布置；图 3.22(c)为与车间外墙在同一直线上分别进线；图 3.22(d)为与车间外墙在同一直线上布置有越行线；图 3.22(e)为两车间宽度不等，分别进线；图 3.22(f)为两车间分别进线，其中一个车间铁路进入垂直跨内。

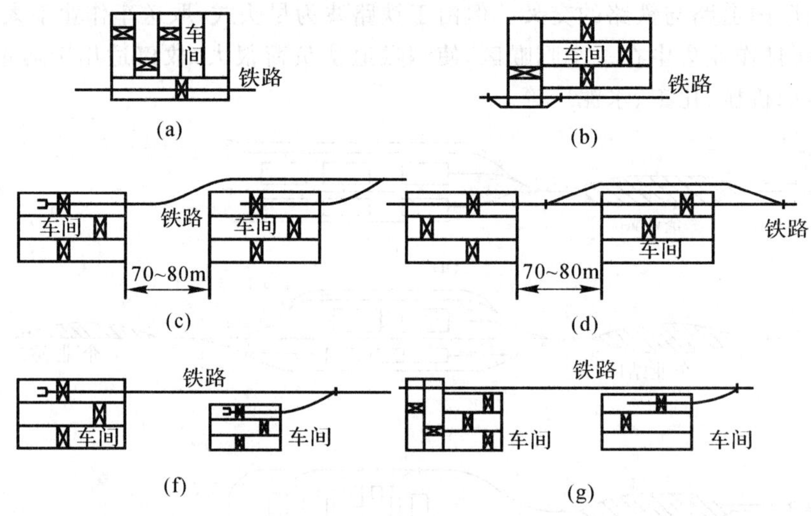

图 3.22　铁路与车间连接的形式

在山区丘陵地带建厂，由于地形复杂，场地高差较大，常常发生铁路难于引进车间的情况。为了满足生产运输要求，可分别视情况采取一定的工程措施或借助其他运输方式，以解决车间地坪与铁路标高差的矛盾。现举例说明：

1)采用“之”字展线的方式：如图 3.23 所示，某工厂地坪标高比现有车站标高高出 11 m，采用“之”字展线方式，在高于铁路接轨站 8 m 处设置企业站，使多数车间和仓库引进了铁路线。

2)将车间地坪局部提高或降低的方式：如图 3.24(a)所示，将加工车间和钢板库右端的标高提高；如图 3.24(b)所示，将车间右端的标高降低，以便铁路引入。

3)采用其他运输方式，使高差不同的车间引进铁路。例如，某厂三个联系密切的车间分别布置在三个台阶上，铁路只能通过一个台阶，在三个车间的左端修建跨三台阶的露天跨，采用露天吊车转运铁路货物，如图 3.25(a)所示。如图 3.25(b)所示为某锅炉厂铁路线比钢板库高约 14 m，采用了缆车和露天吊车运转材料。

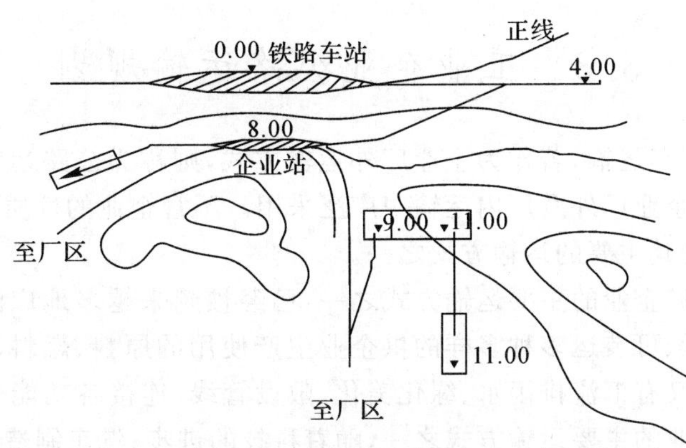

图 3.23　利用“之”字展线连接厂区

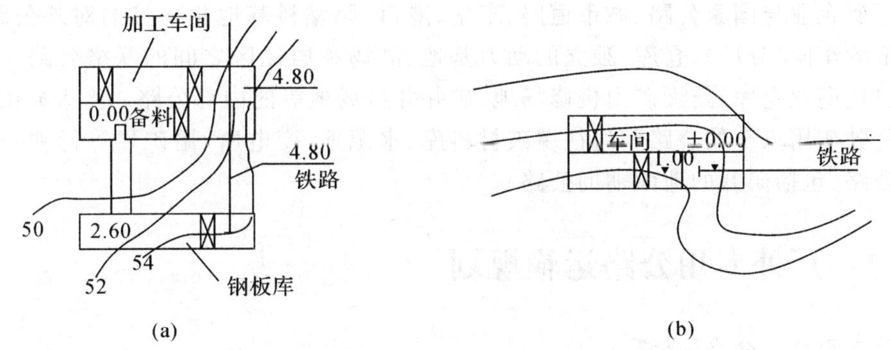

图 3.24　将车间地坪局部提高或降低以连接铁路线

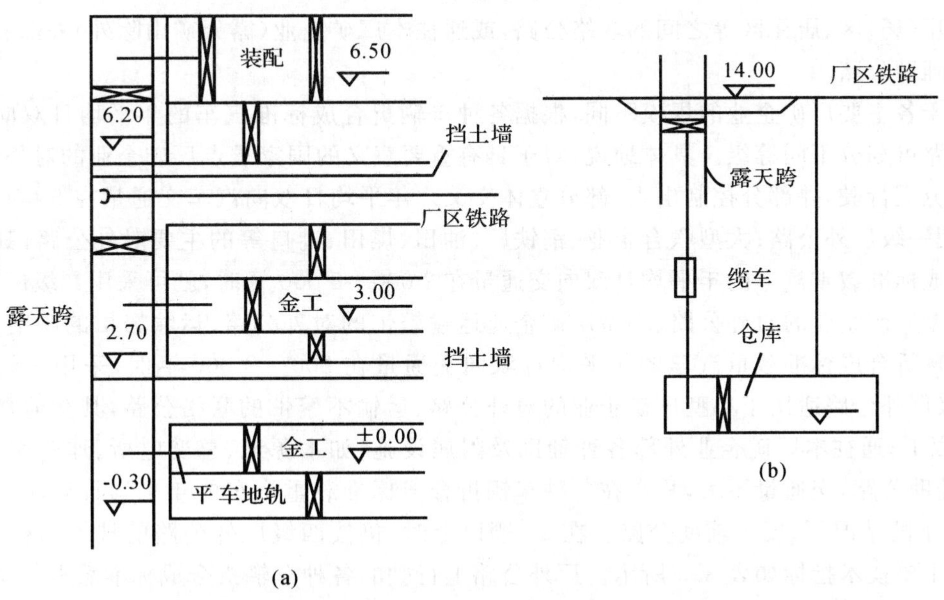

图 3.25　采用其他运输方式运转货物以连接铁路线

3.3 工业企业公路运输规划

道路运输，亦称汽车运输，若作为企业厂外运输方式，则称为公路运输。公路运输机动灵活，方便可靠，在工矿企业厂外及厂内运输中广泛采用。不管企业的性质规模及所处的位置环境如何，公路运输都是其主要的运输方式之一。

公路运输作为厂矿企业的主要运输方式之一，已经被越来越多地广泛应用。因为不仅公路运输具有方便、灵活、可装运多种多样的供企业生产使用的原料、燃料、半成品及成品，而且公路对一般企业来说又有汇流排雨水、绿化美化、敷设管线、连接各功能分区及其各主要生产设施的作用。作为企业的主要运输方式之一，随着科技的进步、汽车制造能力的提高和各种专用特种汽车的大量出现，公路运输在企业生产总运量中所占的比重越来越大。

工业企业的道路根据其任务和性质不同可分为厂外公路、厂内道路和露天矿山公路。厂外公路为厂矿企业与国家公路、城市道路、车站、港口、原燃料基地相衔接的对外公路，或与本厂矿业分散的车间(分厂)、仓库、独立的动力基地、渣场和居住区之间的联络公路。厂内道路为工厂、港口、商业仓库、露天矿山机修场地、矿井井口场地等的内部公路。露天矿山公路为露天矿经常行驶矿用汽车的公路和通往爆破材料库、水源地、变电所、尾矿坝等行驶一般载重汽车的辅助公路(包括矿井的地面辅助公路)。

3.3.1 厂外专用公路运输规划

1.厂外专用公路分类、分级

厂外公路为厂矿企业厂(场)区范围以外的公路。它包括厂矿企业与公路网、城市公路、车站、码头、港口、原料基地、其他厂矿企业等相连接的对外公路，或本厂矿企业(露天矿山除外)分散的厂(场)区、居住区等之间的联络公路，或通往本厂矿企业(露天矿山除外)外部各种辅助设施的辅助公路。

由于各主要厂矿企业的规模不同，根据各种车辆折合成标准汽车的年平均日双向交通量厂外公路可划分不同等级。具体地说，对于具有重要意义的国家重点厂矿企业的对外公路，须供汽车分道行驶，并部分控制出入、部分立体交叉。年平均日双向汽车交通量在5 000辆以上时，采用一级厂外公路；大型联合企业、钢铁厂、油田、煤田、港口等的主要对外公路，其各种车辆折合成标准载重汽车的年平均日双向交通量在2 000～5 000辆时，就可采用二级厂外公路；而大中型厂矿企业的对外公路、小型厂矿企业运输繁忙的对外公路、运输繁忙的联络公路，其各种车辆折合成标准载重汽车的年平均日双向交通量在200～2 000辆时，采用三级厂外公路；四级厂外公路适用于小型厂矿企业的对外公路、运输不繁忙的联络公路，其交通量一般在200辆以下；通往本厂矿企业外部各种辅助及附属设施(如水源地、总变电所、炸药库、总油库等)的辅助公路，交通量不大，只有在各种车辆折合成标准载重汽车的年平均日双向交通量在20辆以下的情况下，属于辅助公路。在20辆以上时，仍按四级厂外公路的技术指标设计，厂外公路主要技术指标如表3.5所示。厂外公路上行驶的各种车辆折合成标准载重汽车的折算系数如表3.6所示。

表 3.5　厂外公路主要技术指标

厂外公路等级	一		二		三		四		辅助道路
地　形	平原微丘	山岭重丘	平原微丘	山岭重丘	平原微丘	山岭重丘	平原微丘	山岭重丘	
计算行车速度/(km/h)	100	60	80	40	60	30	40	20	15
路面宽度/m	2×7.5	2×7	9(7)	7	7	6	3.5(6.0)		3.5(3.0)
路基宽度/m	23	19	12(10)	8.5	8.5	7.5	6.5(7.0)		4.5
极限最小圆曲线半径/m	400	125	250	60	125	30	60	15	15
一般最小圆曲线半径/m	700	200	400	100	200	65	100	30	
不设超高的最小圆曲线半径/m	4 000	1 500	2 500	600	600	350	600	150	
停车视距/m	100	75	110	40	75	30	40	20	15
会车视距/m			220	80	150	60	80	40	
最大纵坡/(%)	4	6	5	7	6	8	6	9	9

注:(1)一级厂外公路的路面宽度系指行车道宽度。

(2)在工程艰巨的路段,辅助道路的圆曲线半径可采用 12 m。

表 3.6　车辆折算系数

车辆类别	折算系数
载重汽车(包括大客车、重型载重车、三轮摩托车、胶轮拖拉机带挂车)	1.0
带挂车的载重汽车(包括平板挂车)	1.5
小汽车(包括吉普车、摩托车)	0.5
架子车、人力车	0.5
自行车	0.1
兽力车	2.0

2. 厂外公路布置要求

(1)厂外公路规划布置应符合区域规划、城市规划及厂矿总体规划的要求。

(2)应根据公路使用任务、性质合理利用地形地势,正确运用技术标准。

(3)公路的平、纵、横三方面应综合考虑,尽量做到平面顺直、纵坡均衡、横断面合理。

(4)路线要尽量少占耕地,少拆房屋,不得损坏重要的历史文物。

(5)应尽量避免与运输繁忙的铁路或重要公路平交。

(6)越岭线路应充分利用地形展线,尽量避免在一个山坡上布置较多的回头曲线。

(7)线路应尽量避免穿过不良地质地段、地下活动采空区,不压或少压地下有开采价值的矿藏资源，并尽可能不穿越居住区。

3. 厂外专用公路与高等级公路的衔接

厂外专用公路与高等级公路的衔接，要满足高等级公路的平面交叉的间距要求：

(1)平面交叉的间距应根据公路功能、等级，及其对行车安全、通行能力和交通延误的影响确定。

(2)一级公路、二级公路作为干线公路，应优先保证干线公路的畅通，采取排除纵、横向干扰措施，平面交叉应保持足够大的间距，必要时可设置立体交叉。

(3)一级公路、二级公路作为集散公路，应合理设置平面交叉，宜将街道式的地方公路或乡村公路布置在与干线公路相交的次要公路上，或与干线公路平行而提供有限出入口的次要公路上。

(4)一级公路、二级公路的平面交叉最小间距应符合表 3.7 的规定。

表 3.7　平面交叉的最小间距

公路等级	一级公路			二级公路	
公路功能	干线公路		集散公路	干线公路	集散公路
	一般值	最小值			
间距/m	2 000	1 000	500	500	300

3.3.2　厂内道路规划

1. 厂内道路分类

厂内道路布置应满足生产要求，使汽车运输与装卸点之间的运距短捷，联系方便；合理分散货流与人流，使货流畅通，人流方便；尽可能平行于主要建、构筑物，使与通道及管线布置相协调；原则上道路应呈正交和环形布置，当尽头式布置时应设置回车场，应与竖向布置相协调，有利于排水；照顾工厂合理分区，以道路作为协调分区的主要通道。

厂内道路按其用途可分为以下五类：

(1)主干道：主干道为全厂性的主要道路，一般为主要出入口道路，包括货流频繁的道路，人流、自行车流及载人汽车流集中的道路，以及兼有上述两种情况的道路。

(2)次干道：次干道为车间与车间、车间与仓库、车间与厂内码头等主要交通运输的道路，以及通往厂内外水泵站、变电所等地的道路。

(3)辅助道路：辅助道路为车辆和行人通行都较少的道路，如消防车、救护车或电瓶车等行驶的道路，以及通往厂内外水泵站、变电所等地的道路。

(4)车间引道：车间引道为建、构筑物出入口与主干道、次干道、辅助道路相连接的道路。

(5)人行道：人行道包括单独的只能供人行走和自行车行驶的道路以及汽车道路两边的人行道。

厂内道路按其结构形式分以下两类：

(1)城市型：设有缘石，采用暗沟排水(见图 3.26(a))，一般占地较少，有利于发挥车行道的运输功能，实现人、车分流，保证行车安全，但造价较高。当附近有雨水下水道可利用，或厂区中心地带、主要出入口行人较多的地方、某些生产区和办公室对清洁美观有要求的地方，或由于地下水位较高、铺砌明沟有困难的地方，可考虑选用。

(2)公路型：不设缘石，采用明沟排水(见图3.26(b))，施工较易，造价较低，排水沟便于清理，但占地较多，由于人、车合流，对行车安全有一定影响，当附近无雨水下水道可利用，或多雨地区采用明沟和下水道相结合时，或由于道路与铁路连续平交，人行道不能连续布置的地段，或厂区边缘地带，以及傍山地段的道路，可考虑选用。

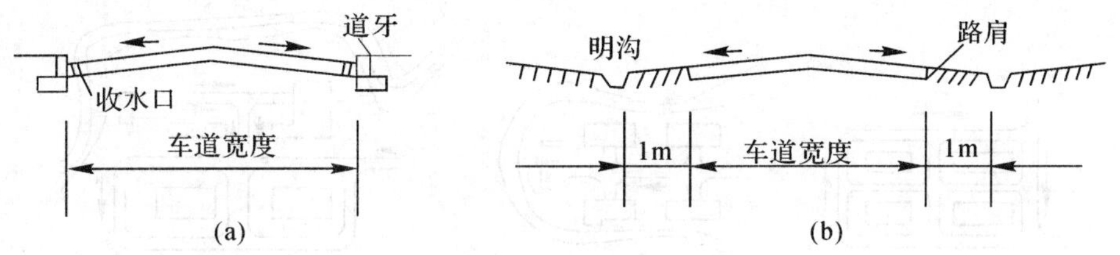

图3.26　道路基本形式

2.厂内道路布置特点

(1)厂内道路具有综合效用。厂内道路的突出特点就是道路运输作为一种运输方式，是为企业生产服务的。道路的设置及道路运输设备设施的购置都是根据企业生产要求而定的，也可以说，以运保产是它的突出特点。

(2)厂内道路短直、正交。道路正交，使厂区形成横平竖直的“棋盘式”道路网，不仅便于合理确定企业各功能分区(车间)的相互关系，给汽车提供最佳的运行路线，而且有利于采用或布置简洁明快具有先进水平的总图布置系统。横平竖直“棋盘式”的道路网是衡量是否具有当今先进水平的总图布置形式的四个条件之一。

(3)厂内道路及道路网是企业总体构成的有机部分。对厂矿企业来说，厂内道路及路网不仅是道路运输径路，而且是构成企业总体的一个有机部分。大中型企业的道路往往相互衔接构成道路网，使道路本身成为一个有机整体，而且也使沿道路敷设的各种管线相连成网。

3.厂内道路规划要求

(1)在进行厂内道路布置时，必须对全厂的货流及人流进行分析，以明确货流及人流的流向和流量，这是进行厂内道路布置的主要依据。

(2)考虑总平面布置情况。如厂区主轴方位、通道布局、功能分区，大多数建筑物朝向、工程管线铺设、厂区绿化等，以便厂区道路布置和总平面布置相协调。一般情况下，厂内主干道与主要通道，大多数建、构筑物长轴和主要出入口的位置是相适应的。

(3)考虑消防、卫生、安全等环境保护的要求。道路布置应能使消防车直接通向厂内各主要车间。

(4)尽量避免或减少与铁路的交叉，特别是与运输繁忙铁路的交叉。

(5)厂内道路布置一般为正交和环形布置。

(6)厂内道路布置要考虑艺术和美化要求。

(7)道路布置要与厂区竖向布置相协调，以利于场地雨水迅速排除。

(8)要考虑基建施工，使基建施工用的道路尽量与永久性道路相结合，以减少拆迁。

4.厂内道路布置形式

根据工厂生产工艺的特点，交通运输量的大小，总体规划，建、构筑物的相互关系，以及厂

区地形、地质等条件,厂内道路系统可布置成下列三种形式:

(1)环状式。道路围绕各车间布置,平行于主要建、构筑物(见图 3.27(a)),有利于厂内功能分区,便于货流、人流组织,有利于工程管线设置和分期建设,是普遍采用的一种形式。但由于这种道路系统要循环跑通厂区的各部分,使得道路总长度及占地面积均较多。由于地形条件要求严格,不能在山区、丘陵地区的工厂采用,故一般宜在交通运输频繁,场地条件较好的大、中型工厂内采用。

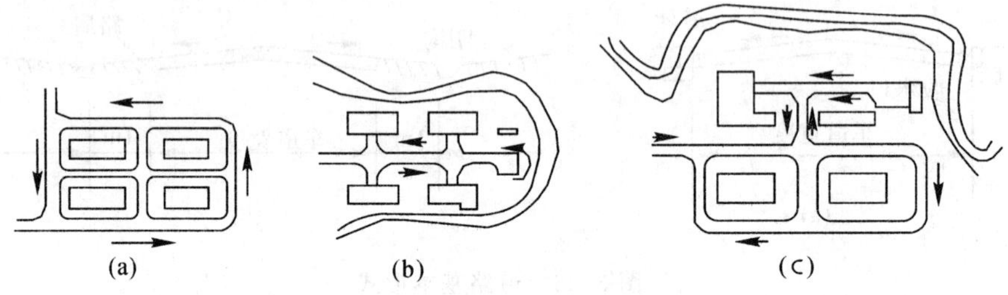

图 3.27 厂内道路布置形式

(a)环状式;(b)尽端式;(c)混合式

(2)尽端式。有的工厂受地形条件的限制,不可能使厂内道路循环跑通,或由于工艺运输线路的要求,不需要将道路环通,这时可采用尽端式布置(见图 3.27(b))。这种道路系统能适应场地的地形条件,道路的走向与坡度的升降处理比较灵活,占地面积较小,一般适于运量较小、厂区竖向高差较大、车间(或场库)较分散的企业。其缺点是运输不如环状式通畅,横向运输联系不够方便,货流、人流集中可能造成交通阻塞,在道路尽头处须设置回车场。

(3)混合式。一个工厂内部同时采用环状式和尽端式两种布置形式(见图 3.27(c)),它具有前述两种布置方式的特点,在满足生产运输要求的条件下,尚能兼顾人流、货流畅通,并能较好地适应地形条件,是一种较灵活的布置形式,适用于各种类型的工厂企业。

厂内的主干道,应根据工厂货流和人流组织分配的特点、出入口位置,因地制宜地恰当布置。一般可分为合流式和分流式两种。

合流式干道:主要出入口干道供货物和行人同时通行,或上、下班时间内限制车辆通行的干道均为合流式干道,一般中小型工厂普遍采用这种干道。单口合流式干道布置如图 3.28 所示。

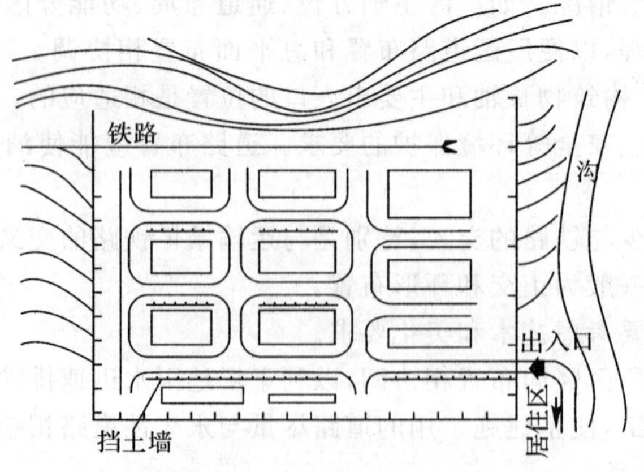

图 3.28 单口合流式道路

分流式干道：为保证货流与人流的安全与畅通，将人流、车流分开的干道，称为分流式干道。如图 3.29 所示为采用三个以上出入口，道路各口之间的距离约为 600～700 m，1 号口主要为人流干道，其他口为货流干道。一般大型工业企业在条件许可时，采用多口分流式干道较好。

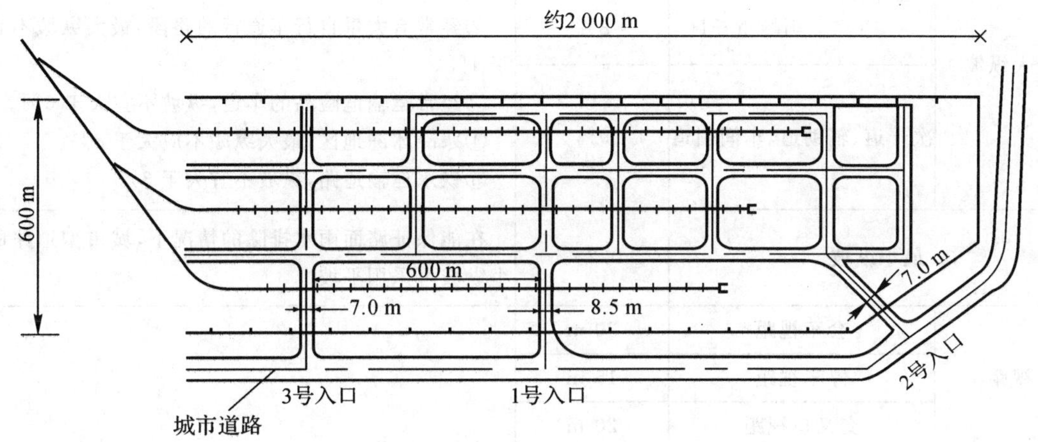

图 3.29　多口分流式干道

厂内道路主要技术标准如表 3.8 所示。

表 3.8　厂内道路主要技术标准

题　目	名　称	指　标	备　注
路面宽度	大型厂主干道	15～20 m	①城市型道路全路基宽度与路面宽度相同，公路型道路路基宽度为路面宽度与其两侧路肩宽度之和。 ②特殊车型的道路宽度依计算而定
	大型厂次干道 中型厂主干道	8～15 m	
	中型厂次干道 小型厂主干道	4.5～11 m	
	厂内辅助道路	4～4.5 m	
	车间引道		与车间大门宽度相适应
路肩宽度	主干道、次干道、辅助道	1.0～1.5 m	当经常有覆带式车辆通行时，路肩宽度一侧可采用 3m。在条件困难时，路肩宽度可减少 0.5～0.75 m
最小转弯半径	行驶单辆汽车	9 m	①最小半径值均从路面内缘算起。 ②车间引道的最小转弯半径不应小于 6m。 ③在困难条件下(陡坡处除外)，最小转弯半径可减少 3m 采用。 ④通行 80t 以上的平板挂车道路，其最小转弯半径可按实际需要采用
	汽车带一辆拖车	12 m	
	15～25 t 平板挂车	15 m	
	40～60 t 平板挂车	18 m	

续表

题 目	名 称		指 标	备 注
最大纵坡	主干道	平原微丘区	6%	①特殊困难处的最大纵坡：次干道可增加1%，辅助道可增加2%，车间引道可增加3%。 ②经常有大量自行车通行的路段，最大纵坡不宜大于4%。 ③经常运输危险品的车道，纵坡不宜大于6%。 ④寒冷冰冻地区，最大纵颇不应大于8%。 ⑤铁水运输道路，纵坡不宜大于3%
		山岭重丘区	8%	
	次干道、辅助道、车间引道		9%	
最小纵坡			0.2%	在能保证路面雨水排除的情况下，城市型道路的最小纵坡可采用平坡
视距	会车视距		30 m	
	停车视距		15 m	
	交叉口视距		20 m	
竖曲线最小半径	凸形		300 m	当纵坡变更处的两相邻坡度代数差大于2%时，设置圆形竖曲线
	凹形		100 m	
纵向坡段最小长度			50 m	

注：厂内车行道转弯处一般不设超高、加宽，不考虑纵坡折减。

3.4 企业港规划

3.4.1 概述

水路运输具有运输量大、运费低、投资少的特点，由于江河能提供优越的运输条件，一些有水运条件的国家常把运输量大、用水多的工厂沿河修建并建设企业港，甚至开挖运河引向已有的工矿区。我国河湖众多，河道纵横，随着国民经济的发展，水路运输有了很大的进步。

水路运输是一种重要的运输方式，包括海洋和内河运输。水运的特点是通过水上运输工具——船舶——进行客货运输，并以水运建、构筑物——港口——和陆上取得联系。

水运可以利用天然水面。与铁路、道路运输相比，水运占地少、投资省、运量大、运费低，是我国城乡广为采用的运输方式。我国沿海、江、河、湖建设的工矿企业，特别是大中型企业，大都采用方便的水路运输。采用水运在规划布置时必须全面考虑港址的选择和码头的布置问题。

3.4.2 工业港址的选择

港址指在通航江、河、湖、海沿岸的水域、陆域两范围内进行货物装卸，旅客上下水陆连接的地方。工业港口是工业企业水陆联运的枢纽,在这里进行原燃料等的运入和成品等的运出并转换运输方式。工业港按其所处的地理位置分为海港和河港。对工业港港址的一般要求是:

(1)工业港港址一般是工业企业厂址的一部分,应与企业所在地区的地区规划或城市规划以及企业的总体规划相适应,尽量全面考虑,统一规划。

(2)港址必须有供船舶回转及停泊的水域,保证船舶能在港内顺利作业。

(3)港址受风浪影响要小,以保持港池水面平静,便于船舶能在港内顺利作业。

(4)港址应避开淤积严重地段,使港址水域底部不受冲刷。

(5)港址水域应有足够水深,以保证在此港口作业的最大船舶顺利通行。

(6)港址岸线应有足够的长度,以保证布置需要的码头数量、码头陆域应有布置装卸、堆存设施及辅助建筑物的必要场地。

(7)港址应有良好的内陆交通条件和供电条件。

(8)港址选择应注意保护环境,防止污染。

(9)港址应具备良好的地质条件。

工业港按其所处的地理位置分为海港和河港,由于其所处地理位置不同,其港址选取的要求也不同。

1.海港选址

海港有岩岸和沙岸两种。岩岸稳定性好,但一般水深浪大,因此要注意寻求有利地形或利用海湾,以保证港内水面平稳。沙岸多水浅浪小,但泥沙多,要选择无大量沿岸泥流,并有一定水深的地段作为港址。如上述一般要求中提到的,不管岩岸、沙岸,都要使码头岸线有足够的长度;有足够的水域布置航道、停泊区和港池;有足够的陆域面积和稳定的地基以便布置库场、交通线及辅助建、构筑物。

港口水域应尽量选择有天然掩护,浪、流作用小,泥沙运动较弱的地区。在冰冻地区,应考虑冰凌对港口的影响。应尽量利用天然深槽,减少疏浚和助航设施的工程量。

选址时应充分注意港口工程与泥沙运动间的相互影响,避免造成港口严重淤积和海岸的剧烈演变。河口港应选择在深槽稳定的凹岸,避免在河床演变复杂的地段选址;对于有河流入海的海岸,当沙流排沙量较大时,应避免在主要输沙方向的下游海岸选址;天然海湾的湾口岬角,一般为较好的港址,当湾口有大规模的沙嘴时,应分析其现状及发展趋势,不宜在沙嘴发育较快的地段选址。

2.河港选址

河港港址选择应符合所在地区统一规划或企业的总体规划的要求,并便于与铁路、道路相连接及水、电供应方便的地段。

港址应选在河床稳定、水流平顺、有足够水深的水域可供布置船位和锚地的地段上,并保证在通航期内船舶能安全地进出港口、靠离码头及泊离锚地。

港口陆域应有足够的岸线长度和纵深,用以布置前方作业地带、库场、铁路、道路及生产辅助设施。港址选择在不占或少占良田,少拆迁,避免大挖大填。

港址选择应考虑现有的及规划中的水库、闸坝、桥梁、水土储水场及其他建筑物对港区航行条件和河床冲积的影响,参照有关规定使港口与上述建筑物保持适当距离。

从河流特性的角度考虑,天然河流的港址选择应注意以下几点:

(1)在平原河流顺直微弯河段(即边滩型河段,见图 3.30)上,港址应选在深槽稍下游水深较好的 A 处,不应选在边滩上,以免淤积,特别要注意上游边滩 D 向下移动,必要时应采取整治措施(如在 B 及 C 处作护岸等),以固定有利的滩型。

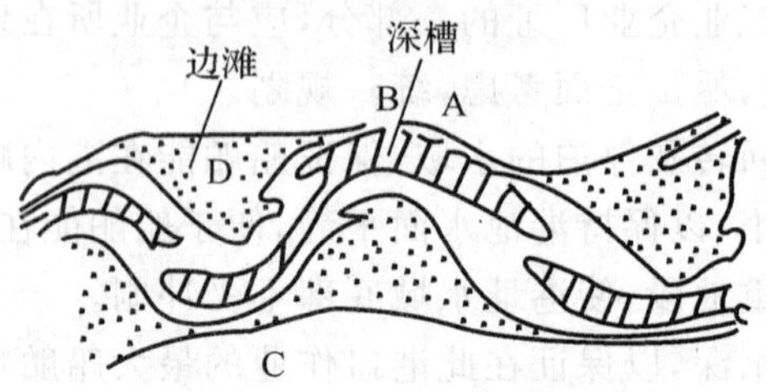

图 3.30 顺直微弯河段

(2)平原河流弯曲型河段上,港址选择可按下列两种情况分别考虑:

1)有限弯曲河段(见图 3.31)上宜于建港。港址应选在凹岸弯顶下游一些的 A 处,不应选在凸岸,以免淤积。如有顶冲崩塌的可能,应在港区及其上游河岸作护岸工程 B。

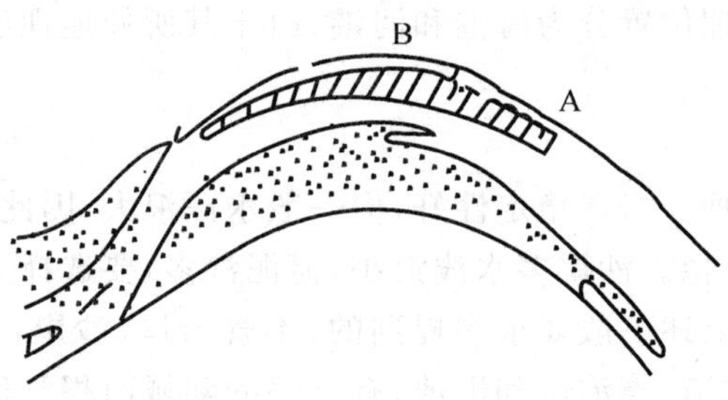

图 3.31 有限弯曲河段

2)蜿曲河段(见图 3.32)上不宜建港。如必须在此建港时,港址选择原则与有限弯曲河段相同。即在 A 处建港,B 处护岸。必要时应采取整治措施(如在曲径 C 处作护岸及横堤 D 等),以防止自然截弯或切滩的发生。

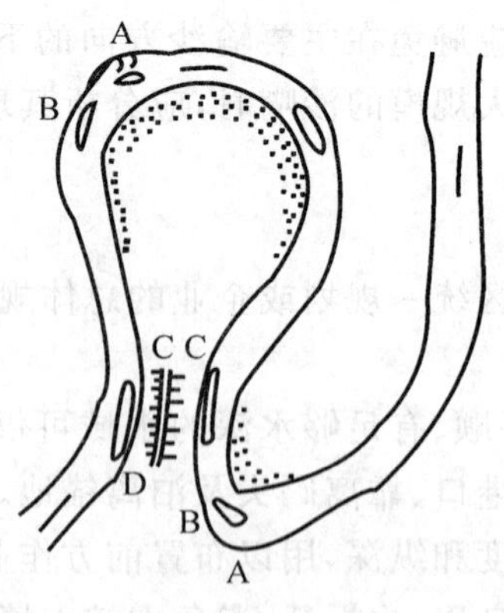

图 3.32 蜿曲河段

3)在平原河流分汊型河段上,如图 3.33 所示,港址应选在比较稳定或发展的一汊内之 A

处，但仍应注意航道整治及护岸工程B，不应选在明显处于衰亡阶段的汊道内。

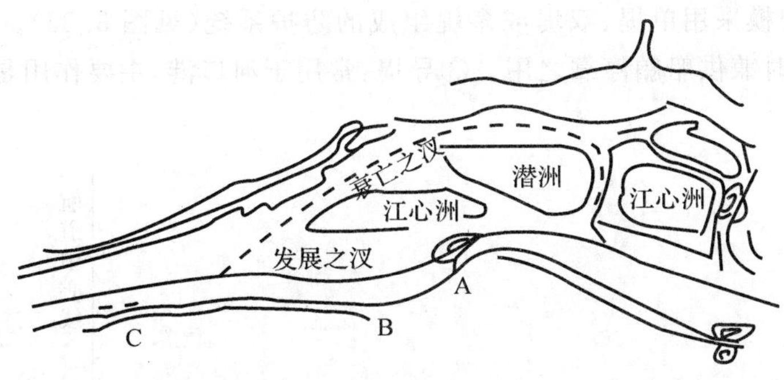

图3.33　分汊型河段

4)平原河流分汊型河段汊道上游端的单一河床处宜于建港，如图3.33的C处。但应注意上游有无边滩下移以及上下游汊道变迁的影响。如有冲刷或淤积的可能，应进行相应的整治工程。

5)对封冻河流上的港址选择，除应考虑一般河流上选址的要求外，还应考虑流水和冰坝的影响。港址不应选在经常发生冰坝的河段(河床骤然缩窄处，桥梁及其他缩窄河床的水工建筑物的上游附近)，或历年遭受流冰危害比较严重的河段。

3.4.3　港口总体规划

港口由水域(水上部分)和陆域(陆上部分)共同组成。

1.港口的水域布置

港口水域应有足够水深的水域面积，以满足船舶进出港、停靠、锚泊、水上装卸作业等的需要。如图3.34所示是某港局部平面示意图。水域包括入港航道、锚地和港池。入港航道是船舶出入的航道，可以是天然的或人工的。停泊区又称外港，是供入港船舶抛锚停泊的广大水面，在大多数情况下，内河港的停泊区都是利用天然河道的。海港的停泊区则被天然突出的海岸、海岛或人工建的堤坝所围护。

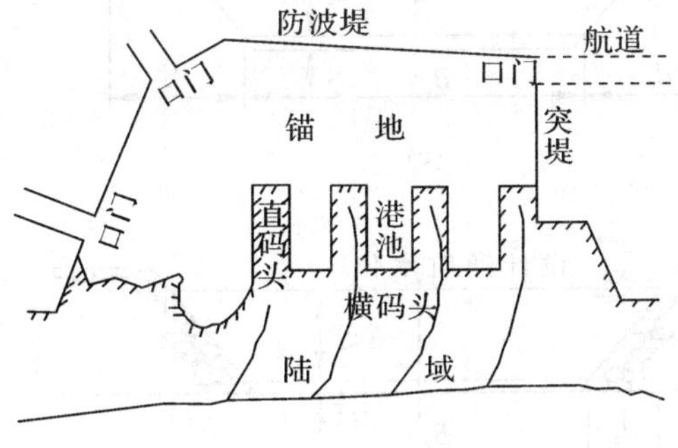

图3.34　某港局部平面

(1)外堤、口门和航道。海岸港、河口港及一些风浪较大的湖港都应修筑外堤，以防止风浪和流砂侵入港内。

外堤分为三种:①防波堤:天然岸线或人工构筑防护水面的堤坝。防波堤的布置,可根据自然条件和建设规模采用单堤、双堤或多堤组成的防护系统(见图 3.35)。②突堤:一端与岸线连接的外堤,有时兼供船舶停靠之用。③导堤:常用于河口港,主要作用是束水导流,维持航道和口门的水深。

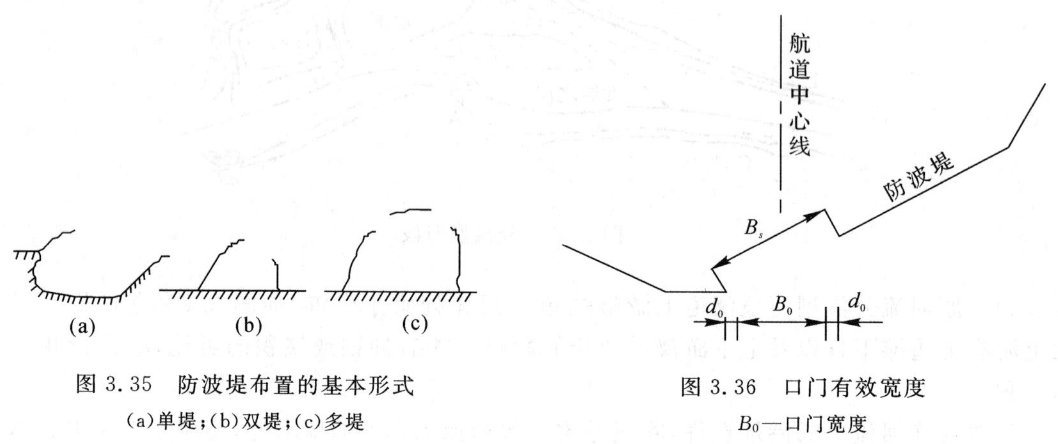

图 3.35 防波堤布置的基本形式

(a)单堤;(b)双堤;(c)多堤

图 3.36 口门有效宽度

B_0—口门宽度

口门是两外堤堤头或一外堤头与岸边之间的航路,是出入港口的门户。口门的数量,根据航舶通航密度、自然条件和总体布置要求等因素确定,一般为一个口门,有条件时可采用两个或两个以上的口门。

口门的有效宽度 B_0 为设计船长的 1.0～1.5 倍(见图 3.36)。口门有效宽度底边线至防波堤的距离 d_0 应根据堤的结构形式及其安全要求确定(见图 3.37)。

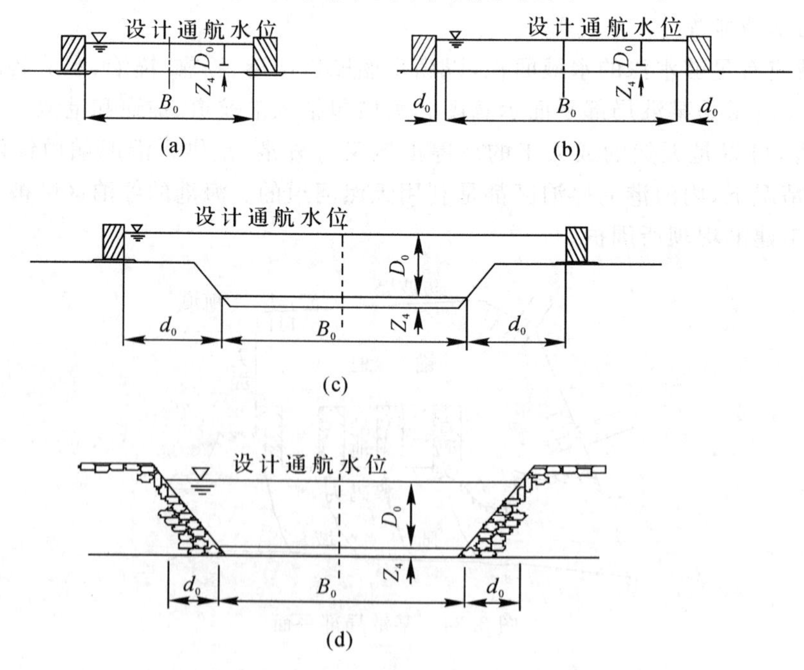

图 3.37 各种结构形式的口门有效宽度

B_0—口门有效宽度;D_0—通航水深(不包括淤积度 Z_4)

口门应尽量设在天然水深较深的位置，口门方向应与进港航道相协调，航道中心线与强浪向之间的夹角不宜过大，宜为 30°～35°。口门的平面布置形式，可根据当地自然条件和航行特点采用正向口门或侧向口门(见图 3.38)。

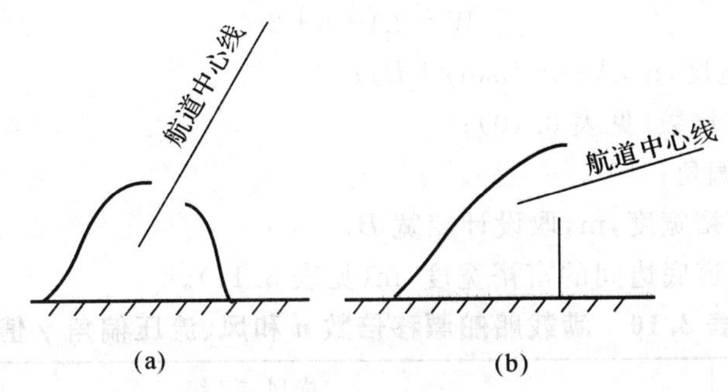

图 3.38　口门的平面形式

(a)正向口门；(b)侧向口门

表 3.9　口门航道宽和口门宽

船舶载重/t	口门航道宽/m	口门宽/m
＜50	30	50
50～500	50	80
500～5 000	100	150
5 000～10 000	150	200
10 000～50 000	200～250	300
50 000～100 000	300	400

进港航道，不管是天然的或人工开挖的，都要求短、直、宽、深，且少淤积。航道轴线应尽量顺直，避免多次转向。当受地形、地质条件限制必须多次转向时，应尽量采取减小转向角，加长两次转向间距，加大回旋半径或适当加宽航道等措施。

航道有效宽度 W 由航迹带宽度 A、船舶间富裕宽度 b 和船舶与航道底边的富裕宽度 c 组成(见图 3.39)。单、双向航道宽度分别按式(3.1)、式(3.2)确定。

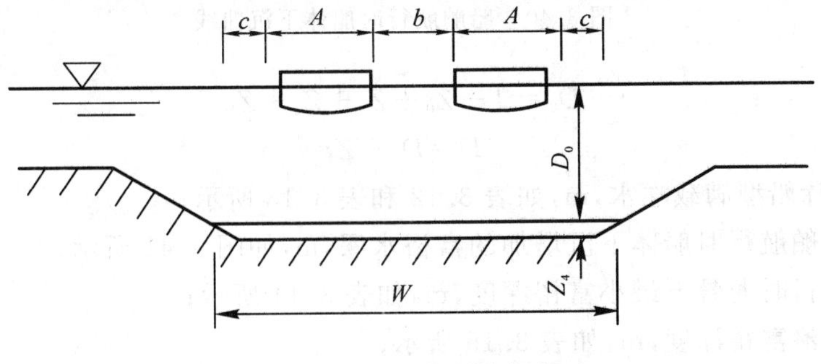

图 3.39　航道有效宽度

对于单向航道有

$$W=A+2c \tag{3.1}$$

对于双向航道有

$$W=2A+b+2c \tag{3.2}$$

式中 A——航迹带宽度,m,$A=n(L\sin\gamma+B)$;

n——船舶漂移倍数(见表 3.10);

γ——风、流压偏角;

b——船舶间富裕宽度,m,取设计船宽 B;

c——船舶与航道底边间的富裕宽度,m(见表 3.11)。

表 3.10 满载船舶漂移倍数 n 和风、流压偏角 γ 值

风力	横风≤7 级			
横流 v/(m/s)	$v\leq0.25$	$0.25<v\leq0.50$	$0.50<v\leq0.75$	$0.75<v\leq1.00$
n	1.81	1.69	1.59	1.45
γ	3°	7°	10°	14°

注:当斜向风、流作用时,可近似取其横向投影值查表。

表 3.11 船舶与航道底边间的富裕宽度

项 目	杂货船或集装箱船		散货船		油轮或其他危险品船	
航速/kn	≤6	>6	≤6	>6	≤6	>6
c/m	0.50B	0.75B	0.75B	B	B	1.50B

航道水深分通航水深 D_0 和设计水深 D(见图 3.40),分别按式(3.3)和式(3.4)确定。

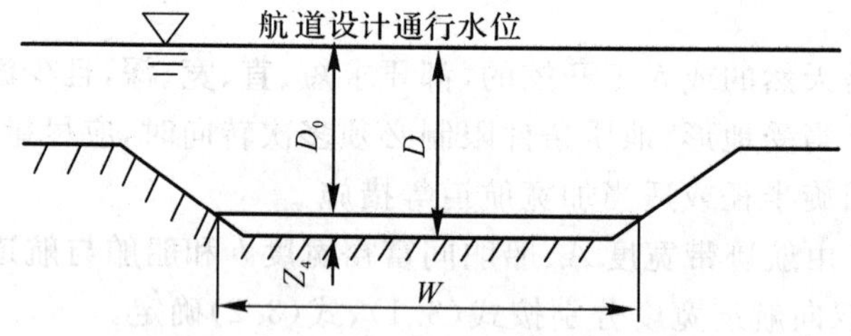

图 3.40 船舶航行时船体下沉曲线

$$D_0=T+Z_0+Z_1+Z_2+Z_3 \tag{3.3}$$

$$D=D_0+Z_4 \tag{3.4}$$

式中 T——设计船型满载吃水,m,如表 3.12 和表 3.13 所示;

Z_0——船舶航行时船体下沉增加的富裕水深,m,如图 3.41 所示;

Z_1——航行时龙骨下最小富裕深度,m,如表 3.14 所示;

Z_2——波浪富裕深度,m,如表 3.15 所示;

Z_3——船舶装载纵倾富裕深度,m(杂货船和集装箱船可不计,油轮和散货船 Z_3 取0.15 m);

Z_4——备淤富裕深度，m(应根据两次挖泥间隔期的淤积量确定，一般不小于0.4 m)。

表3.12　客船及普通货船设计船型尺度

船种	吨位/t	全长/m	型宽/m	型深/m	满载吃水/m
客船	1 000	65	10.2	5.3	4.5
	3 000	95	13.5	7.3	5.7
	5 000	113	15.8	8.8	6.8
	10 000	145	19.2	12.0	8.5
	15 000	165	21.5	13.0	8.8
	20 000	180	23.0	13.8	9.0
油轮	1 000	57	9.4	4.5	4.2
	3 000	85	12.8	6.4	5.9
	5 000	102	14.7	7.6	6.9
	10 000	139	19.0	9.9	8.1
	30 000	194	27.2	14.1	10.9
	50 000	226	32.1	16.5	12.5
	70 000	250	35.9	18.4	13.6
普通杂货船	700	52	8.3	3.8	3.6
	1 000	60	9.3	4.4	4.1
	2 000	77	11.5	5.8	5.1
	3 000	90	13.1	6.8	5.7
	5 000	109	15.3	8.4	6.7
	6 000	117	16.2	9.0	7.1
	7 000	124	17.0	9.6	7.5
	10 000	142	19.0	11.1	8.3
	12 000	152	20.1	11.9	8.8
	15 000	165	21.6	13.0	9.5
	20 000	184	23.6	14.6	10.3
	100 000	270	39.0	19.2	14.6
	150 000	291	44.2	23.0	17.9
	200 000	325	47.2	24.5	19.0
	250 000	348	51.8	25.6	20.0
矿石船	10 000	140	18.7	10.5	8.1
	30 000	192	27.3	14.5	10.6
	50 000	222	32.6	16.8	11.9
	70 000	244	37.8	18.7	13.3
	100 000	275	42.0	23.0	16.1
	150 000	313	44.5	24.7	18.0

表 3.13 驳船设计船型尺度

驳船种类	装运货种	载重量 t	排水量 t	主要尺度/m				货舱情况	造价 万元
				全长	型宽	型深	吃水		
1 000t 分节驳		1000		55～66	10.6		2.2～2.6		
2 000t 分节驳		2 000		85	10.6		3.1	敞口	
3 000t 分节驳		3 000		86	15.6		3.3	舱口驳、油驳	
2 000t 矿字驳	矿石等	2 000		82	13.5	3.5	2.8		
2 000t 货字驳	杂货等	2 270		82	13.5	3.5	2.9	4 个舱 7.2m×5m	
2 000t 煤驳	煤　等	2 000	2 500	82	13.5	3.8	2.7		64
1 000t 货驳	件杂货	1 200		62	11.0	3.5	2.6	4 个舱	
1 000t 成品油驳	汽油等	1 000	1 260	62	11.0	3.5	2.6	舱容 1 610m^3	55
500t 甲板驳	煤等大宗货	500	687	52	11.0	2.2	1.5	大舱口	25
300t 舱口驳	件杂货	350	425	45	10.0	2.2	1.1	2 个舱	14

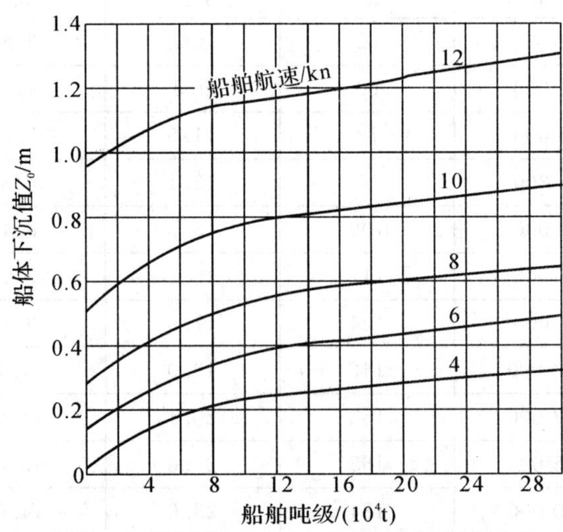

图 3.41 船舶航行时船体下沉曲线

表 3.14 航行时龙骨下最小富裕深度 Z_1/m

船舶吨级/t \ 土质特征	DWT<5 000	5 000≤ DWT<10 000	10 000≤ DWT<50 000	50 000≤ DWT<100 000	100 000≤ DWT<300 000
淤泥土	0.2	0.2	0.3	0.4	0.4
含淤泥的砂、含黏土的砂和松砂	0.3	0.3	0.4	0.5	0.6
含砂或含黏土的块状土	0.4	0.4	0.5	0.6	0.6
岩石土	0.5	0.6	0.6	0.8	0.8

表 3.15 船、浪夹角 ψ 与 $Z_2/H_{4\%}$ 的变化系数值

Ψ/(°)	0	10	20	30	40	50	60	70	80	90
比值	180	170	160	150	140	130	120	110	100	90
$Z_2/H_{4\%}$	0.24	0.32	0.38	0.42	0.44	0.46	0.48	0.49	0.50	0.52

注：(1)当 DWT<10 000 t 时，表中的数值应增加 25%。

(2)当波浪平均周期 $\bar{T}\geqslant 10s$ 时，Z_2 值应进行专门论证。

(2)锚地。锚地是供船舶停泊、避风、调头和水上作业的足够水面。锚地的位置应选在天然水深适宜，水底平坦，锚抓力好，水域开阔，风、浪和水流较小，便于船舶进出航道，并具有良好定位条件的水域。锚地内需要有一定的锚位数和回旋水域。锚地的尺度与系泊方式有关。系泊方式主要分为四类，即单锚、双锚、单浮筒、双浮筒。

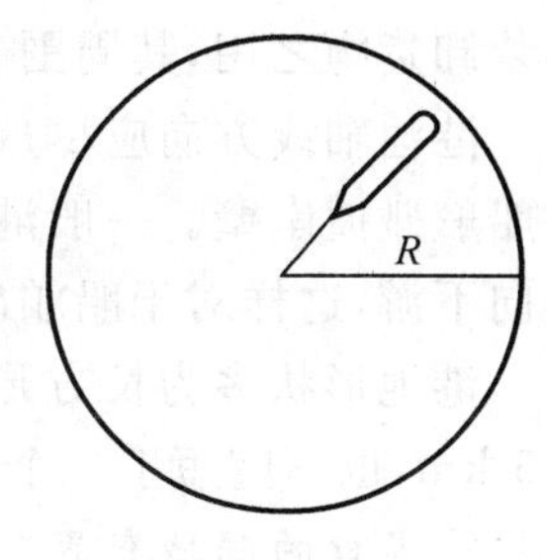

图 3.42 单锚系泊水域尺度

采用单锚系泊时，每个锚位所占水域为一圆面积(见图 3.42)，其半径 R(m)按下列公式计算：

风力≤7 级时

$$R=L+3h+90$$

风力>7 级时

$$R=L+4h+145 \tag{3.5}$$

式中 L——设计船长，m；

h——锚地水深，m。

单浮筒和双浮筒系泊的每个泊位所占水域面积分别按下述方法计算：

1)对于单浮筒，如图 3.43 所示。

$$R=L+r+l+e \tag{3.6}$$

式中 R——单浮筒水域系泊半径，m；

r——由潮差引起的浮筒水平偏位，m(每米潮差可按 1 m 计算)；

l——系缆的水平投影长度，m(DWT≤10 000 t 时一般取 20 m，10 000 t<DWT≤30 000 t 时一般取 20 m，DWT>30 000 t 时可适当增大)；

e——船尾与水域边界的富裕距离，m(一般取 0.1 L)。

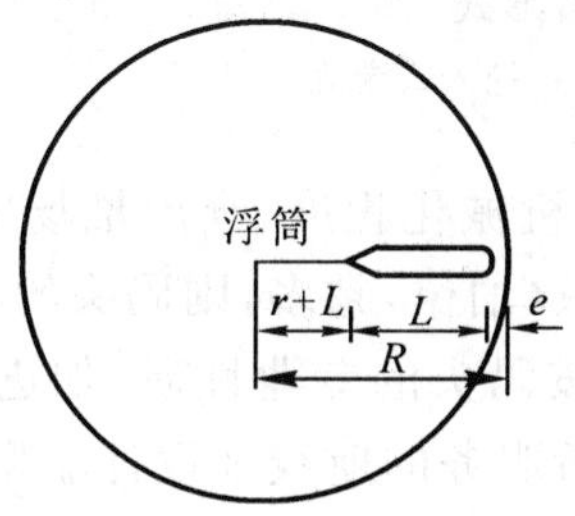

图 3.43 单浮筒系泊水域尺度

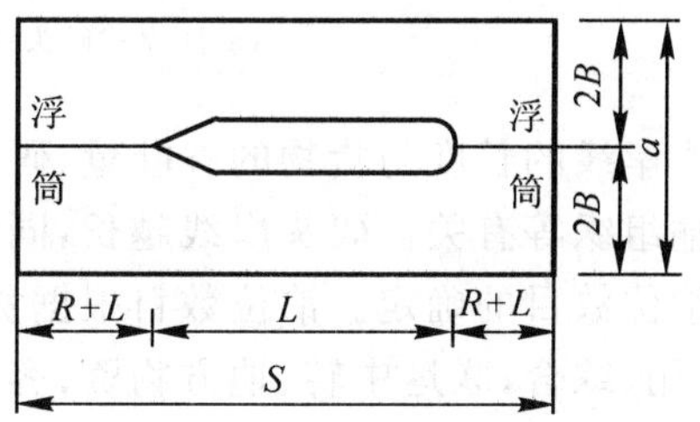

图 3.44 双浮筒系泊水域尺度

2)对于双浮筒，如图 3.44 所示。

长度为

$$S=L+2(r+l) \tag{3.7}$$

宽度为

$$a=4B \tag{3.8}$$

式中，B 为设计船宽，m。

(3)港池。港池是水域的一部分，是指港口水域内，对风浪有充分防护、形状有一定规则的狭窄水面。港池直接与码头连接，其水深应保证在低水位时最大船舶进出无阻。港池专为船舶装卸货物之用，其周围有码头线。

港池轴线方向应尽量避免与当地盛行的风向正交，以免受风力影响船舶进港不便和靠岸时船舷碰撞岸壁。一般港池轴线与盛行风向夹角应小于 30°，在江河中，港池轴线的方向一般应向下游，这样对于船舶出入港池比较便利。

港池形状多为长方形或平行四边形。其长度根据停靠船位数决定，一般不应超过 1～1.5 km，也不应短于一个船位长度，通常港池宽度应具有 1.5 倍设计船舶长度。

2. 港口的陆域布置

港口陆域部分指码头线、作业区和港口后方。陆域要有足够的面积和岸线长度，以便港口作业和布置铁路线路、站场、库房、堆场，车行道、人行道及生活福利设施等。

(1)码头线。码头是与港池毗连的陆域部分。小的港口实际上就是码头。码头上设有装卸机械、进行货物的装卸作业。旅客则在客运码头上下。

码头线是供停靠船舶的岸线。常见的布置形式有顺岸式、突堤式和挖入式港池三种，如图 3.45 所示。

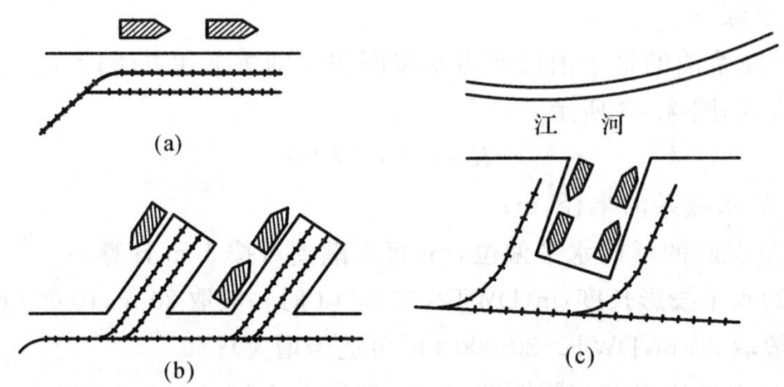

图 3.45　码头线的布置形式

(a)顺岸式码头；(b)突堤式码头；(c)挖入式港池

码头岸线的长度与货物的吞吐量、码头形式、装卸机械化程度、仓库堆场的储存能力以及车船运输组织等有关。码头岸线越长，同时作业的船只(泊位)越多，则码头的吞吐能力越大。

1)泊位数目的确定。泊位数目根据货物吞吐量，按码头的专业性质(如进、出口；散货、件杂货；专用、综合；联运中转、地方物资；客货班轮等)，所服务的航线及设计船型分别进行计算。

泊位数目 n_{cw} 按下式计算：

$$n_{cw}=\frac{Q}{P_{zh}} \tag{3.9}$$

式中　Q——根据设计任务，按码头专业分工确定的最大货物吞吐量，t，有：

$$Q=\bar{Q}K_b$$

$\bar{Q}$——按吞吐任务分布月数的月平均吞吐量，t；

K_b——货物月不平衡系数；

P_{zh}——一个泊位的月综合通过能力，t。

货物的月不平衡系数与港口吞吐量大小、货源情况、车船衔接、水文气象及生产管理等因素有关。对于新建港口可参照表 3.15，表 3.16 选定。

表 3.15　货物月不平衡系数

货种 \ 年吞吐量 10^4 t	<20	20～50	50～100	100～200	>200
煤　炭	1.60～1.45	1.50～1.40	1.45～1.35	1.35～1.20	1.20～1.15
石　油	1.50～1.40	1.45～1.35	1.40～1.30	1.30～1.15	1.15～1.10

专业性码头和综合性码头的泊位月通过能力有不同的计算方法。综合性码头的泊位月通过能力按下式计算：

$$P=P' t_{zy} T_y \tag{3.10}$$

式中　P'——泊位平均装卸效率，t/h；

t_{zy}——泊位每昼夜的装卸作业小时数（包括船舶装卸辅助与技术作业时间），在一般情况下，一班制时取 6.5～7.0 h；两班制时取 12～13 h，三班制时取 17～18 h；

T_y——泊位月工作天数，有

$$T_y=30-T_b$$

T_b——平均每月不能进行装卸的天数，一般取 3～5 d。

表 3.16　货物月不平衡系数

货种 \ 年吞吐量 $10^4 t$	<5	5～10	10～20	20～30	>30
金属矿石	1.80～1.70	1.75～1.65	1.70～1.60	1.60～1.40	1.40～1.25
钢铁及机械设备	1.80～1.60	1.60～1.50	1.50～1.40	1.40～1.30	1.30～1.20
矿物性建筑材料	1.60～1.50	1.55～1.40	1.45～1.35	1.35～1.25	1.25～1.15
水　泥	1.70～1.50	1.60～1.50	1.50～1.40	1.40～1.30	1.30～1.20
木　材	2.00～1.80	1.90～1.70	1.80～1.60	1.70～1.50	1.60～1.40
粮　食	1.80～1.70	1.80～1.60	1.70～1.50	1.60～1.40	1.50～1.35
化肥及农药	1.75～1.65	1.65～1.55	1.55～1.45	1.45～1.35	1.35～1.25
农副产品	1.80～1.65	1.65～1.50	1.50～1.40	1.45～1.35	
件杂货	1.65～1.55	1.60～1.50	1.50～1.40	1.40～1.25	1.25～1.10
综合货种	1.65～1.50	1.60～1.45	1.45～1.35	1.35～1.25	1.25～1.15

2）泊位长度。泊位长度 L_b(m) 应满足船舶安全靠离作业和系缆的要求。

i)单个泊位长度(见图 3.46(a))可按下式确定:

$$L_b = L + 2d \tag{3.11}$$

式中　L——设计船长,m;

d——富裕长度,m(按表 3.17 选取)。

表 3.17　富裕长度

L/m	<40	41～85	86～150	151～200	201～230	>230
d/m	5	8～10	12～15	18～20	22～25	30

ii)当在同一码头线上连续布置泊位(见图 3.46(b))时,其泊位长度分别按下式确定:

端部泊位

$$L_b = L + 1.5d \tag{3.12}$$

中间泊位

$$L_b = L + d \tag{3.13}$$

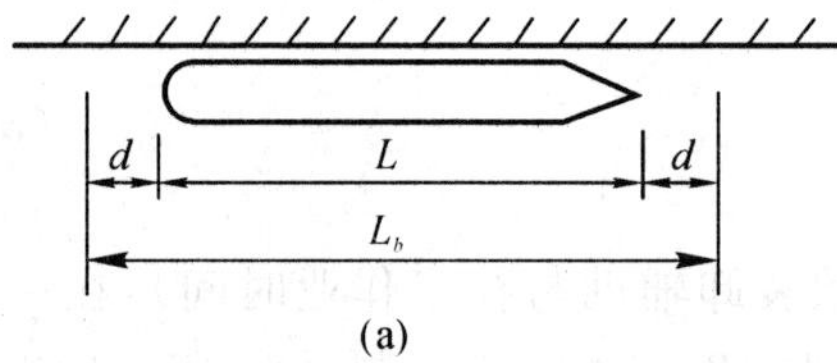

(a)

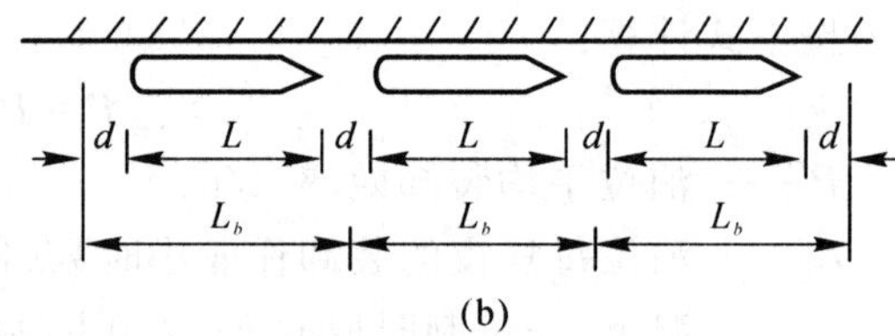

(b)

图 3.46　同一码头线泊位长度

iii)突堤码头泊位长度(见图 3.47),分别按下式确定:

顶端有泊位时

$$L_b = L + d \tag{3.14}$$

顶端无泊位时

$$L_b = 5L/6 + d/2 \tag{3.15}$$

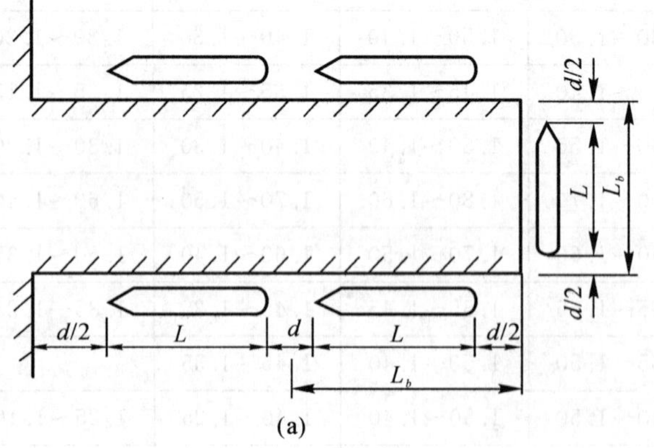

(a)

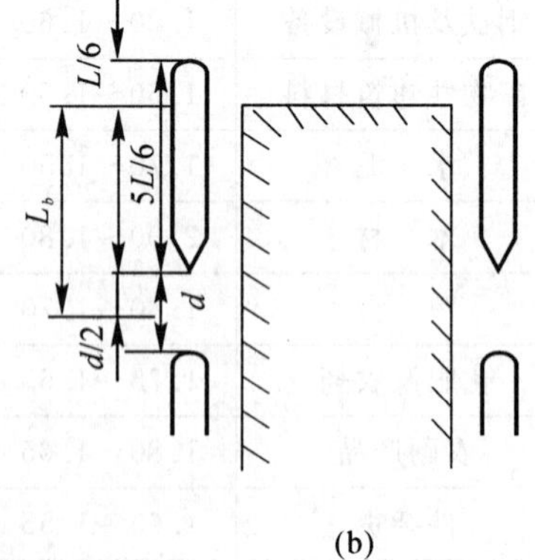

(b)

图 3.47　突堤码头泊位长度

(a)顶端有泊位;(b)顶端无泊位

(2)港口的陆域布置。港口陆域分为作业区和港口后方两部分,如图 3.48 所示。

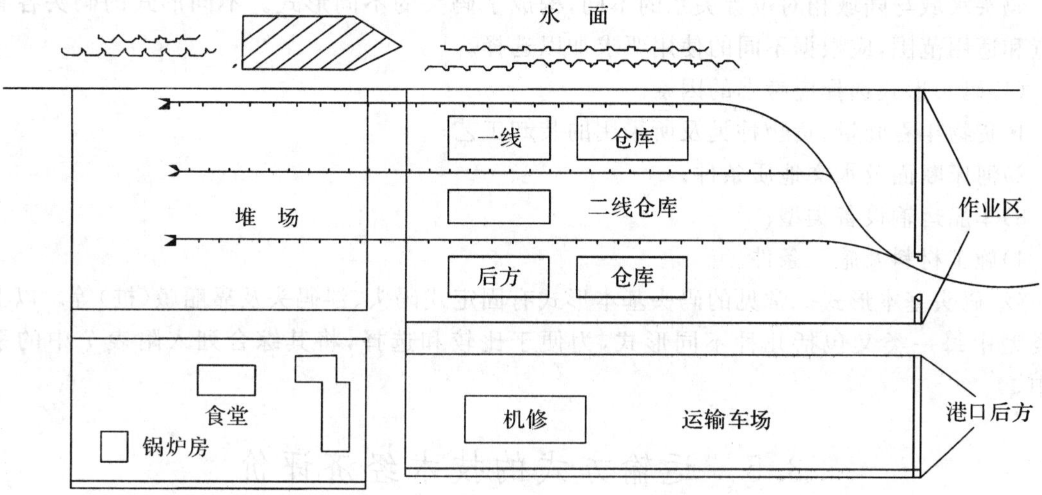

水　面
一线
仓库
二线仓库
堆　场
作业区
后方
仓库
食堂
机修
运输车场
港口后方
锅炉房

图 3.48　港区陆域布置示意图

陆域部分除上述需要有足够的岸线长度外,还必须有足够的面积,以便布置各种设施。作业区内布置各种港口设施,如装卸机械,前、后方仓库,堆场,铁路专用线,道路等。所有港内货物的装卸和运输都在作业区进行。作业区的长度即码头岸线长度,其宽度根据所采用的装卸设备、工艺流程、各库场、铁路、道路及辅助设施而定。港口后方内布置各种辅助设施,如机修间、车库、消防站、行政办公及生活服务设施等。

(3)陆域高程。陆域高程的确定应保证码头陆域不被水淹没。一般河流码头前沿高程应为设计高水位加超高。超高值一般取 0.1～0.5 m。设计高水位标准应根据港口在政治、经济及交通运输中的作用、吞吐量大小、河流水文特性、地形、装卸工艺、货种、铁路道路的连接及防洪措施等因素,综合分析,参照表 3.18 确定。

表 3.18　设计高水位标准

设计高水位(年最高水位频率) 河流类别 / 码头分类	河网地区	平原河流	山区河流
一类	1%	2%	2%～5%
二类	2%	5%	5%～10%
三类	5%	10%	10～20%

注:(1)码头分类:

一类:货物及装卸设备受淹将造成重大损失的码头;

二类:货物及装卸设备受淹将造成一定损失的码头;

三类:货物及装卸设备受淹时损失较小的码头。

(2)绘制年最高水位频率曲线,一般需要有 20 年以上的水位资料。如不足 20 年时,可根据该处洪水调查资料予以补充,并用上、下游邻近水文站资料按水位相关法予以插补、延伸。

3. 码头形式选择

码头水域与陆域相对位置关系的不同，构成了码头的不同形式。不同形式的码头各有优缺点和适用范围，应根据不同的使用要求加以选择。

(1)码头形式选择应考虑的因素。

1)货物年吞吐量、货物种类及所采用的装卸工艺；

2)河床断面及水文地质条件；

3)车船运输设备类型；

4)施工材料及施工条件。

(2)码头基本形式。常见的码头基本形式有固定式码头、浮码头及靠船墩(桩)等。以上三种类型中每一类又包括几种不同形式，为便于比较和选择，将其综合列入附表 7 中的系列表中。

3.5 运输方式的技术经济评价

工业企业的运输方式应根据不同物料分别按外部运输和内部运输进行选择。当某种物料存在多种运输方式运输的可能性时，则应进行技术经济评价，然后在此基础上进行决策。

3.5.1 评价的指标体系

衡量各种运输方式优劣的主要数量指标有货物送达速度、基本建设投资、运输成本、金属需要量、能源消耗量及劳动生产率(见表 3.19)，现分述如下：

(1)货物送达速度：指平均每吨或每批货物每天被运送的距离，可用下式表示：

$$U_{达}=\frac{L}{t}\ (\mathrm{km/d}) \tag{3.16}$$

式中 L——该种运输方式所承运的物料由产地至企业的运输距离，km；

t——物料自承运经装、运、卸至交付所需的时间，d。

货物送达速度的大小表明该种运输方式的生产效率，其取决于技术速度和旅行速度。铁路运输因其技术速度较高，故货物的送达速度较船舶尤其是拖驳船队的送达速度为高；而汽车运输由于装卸时间很短，故送达速度也高，在短途运输中显示其优越性。

速度是衡量运输效果的主要综合性指标，是与运输工具、运输条件、运货路线直接相关的技术经济指标。据研究，各种运输方式都有一个最优范围。一般道路运输的最优速度为 50～100 km/h，铁路运输的为 100～300 km/h。

(2)基本建设投资：包括固定设施(线路、车站、港口码头)的建筑费 A_1 和活动设备(机车车辆、船舶、汽车)的购置费 A_2。

$$A=A_1+A_2=C_{线}L+C_{机}M+C_{车}N\ (万元) \tag{3.17}$$

式中 $C_{线}$——修建线路 1 km 所需的费用，其中包括车站或港口码头等费用，万元；

$C_{机}$，$C_{车}$——机车、车辆(或汽车、船舶)的单价，万元；

M，N——该种运输方式运送同一种货物所需的机车、车辆(或汽车、船舶)数。

比较各种运输方式的投资时，应考虑线路的货运密度和运输工具的利用情况，以完成一定的工作量(如 10 000 t・km)的实际投资作为比较的依据。

一般而言,由于铁路的固定设施所消耗的工程费、材料和劳力等都很大,故其基建投资高;由于水运有天然河道为航道建设提供了基础条件,故其航道投资较省;而道路则介于二者之间。

(3)运输成本:表明各种运输方式经济效果的综合指标。一般水运及管道运输成本最低,其次为铁路、道路。以每年每 kt・km 所消耗的运营费表示,即

$$C=\frac{C_{年}}{\sum PL}\ [元/(kt\cdot km)] \tag{3.18}$$

式中　$C_{年}$——该种运输方式一年所需要的运营费,元;

$\sum PL$——该种运输方式一年内所能完成的货物周转量,kt・km。

运营费包括以下各项费用:

1)工资费用:为与运输方式有关的人员每年支付的工资;

2)燃料费用:运营机车车辆或船舶所消耗的燃料或能源的价值;

3)折旧费用:活动设备等的折旧费用;

4)维修费用 :各种固定设备和活动设备的维修保养费;

5)管理费:为各种运输方式组成管理运输生产所需要的管理费用和业务费用;

6)其他:未包括在以上各种费用中所需要的其他费用。

各种运输方式运输成本的构成各有其特点,其所包含的支出科目存在着某些差别,因此,在比较时应进行适当的修正,使其具有可比性。目前,我国各种运输方式的运输成本水平相对情况是:沿海和长江下游运输成本较低,其次是铁路的运输成本,地方内河的运输成本都较高,而汽车的运输成本较水运高,输油管道运输成本低于铁路和道路而高于海运。

(4)运输方便性:各种运输中,道路运输机动灵活,方便性最好,是唯一能实现"门到门"的运输方式;铁路和水运是沿铁道和航道运行,运输范围限制较大,只能是"线"的运输。

表 3.19　各种运输方式的主要技术经济指标排序表

运输方式	运输能力	最高速度	通用性	连续性	机动性	投资	成本	能耗	固定资产效率	劳动生产率
铁路	3	1	2	2	2	4	4	4	4	4
内河	2	4	3	5	3	2	2	2	2	2
海运	1	3	3	4	4	1	1	1	1	1
道路	5	2	1	1	1	5	5	5	5	5
管道	4		4	3	5	3	3	3	3	3

(5)金属需要量:各种运输方式对金属的需要量各不相同。以线路而言,水运量小,铁路最多,1 km 单线铁路共需钢材 165～200 t,而天然河道几乎不需要任何钢材。石油管道每公里约需 100 t 钢材。运输工具单位载重量的金属需要量以船舶最小,汽车最大,海运船舶和铁路车辆居中。

(6)能源消耗量:各种运输工具的运行速度、运行条件、发动机类型以及能源等不同,完成同一运输工作量的能源消耗量有着重大差别。能源消耗量以单位载重吨公里的标准燃料消耗

量计算较为适宜。例如：沿海地区完成单位运输工作量的柴油消耗量，长江拖轮最少(4.45 kg/(kt·km))，货轮次之(4.53 kg/(kt·km))，铁路机车较高(5.61 kg/(kt·km))，而汽车最高。

(7)劳动生产率：以单位运输产品所消耗的劳动力表示。各种运输方式的劳动生产率因其运输工具的载重量和运输能力不同而有显著差异。水运船舶载重量大，通过能力几乎不受限制，具有较高的劳动生产率；管道运输也与此相似；汽车运输因载重量小，占用劳动力多，因此比其他运输方式的劳动生产率都低；铁路的劳动生产率低于水运，而显著地高于公路。衡量各种运输方式的定性指标有：

1)与工厂生产工艺流程配合的难易程度；

2)运输线路的灵活性与机动性；

3)运输过程(包括装、运、卸)的自动化程度；

4)运输的安全性与可靠性；

5)对厂区环境的影响。

6)其他。

3.5.2 评价的方法

1.计算偿还期法

这是最常用和最简单的一种评价方法，适用于两种运输方式的相互比较。

设运输方式Ⅰ的基建投资为 A_1，运营费为 C_1，运输方式Ⅱ的基建投资为 A_2，运营费为 C_2，$T_{还}$ 为比较时实际计算出来的偿还期，$T_{计}$ 为规定的偿还期(按企业的不同性质、规模和生产年限而定，一般为8～10年)，则

$$T_{还}=\frac{A_1-A_2}{C_2-C_1}\ (年) \tag{3.19}$$

若 $T_{还}<T_{计}$，则采用第Ⅰ种运输方式较有利；若 $T_{还}>T_{计}$，则采用第Ⅱ种运输方式较有利。

2.成本效益法

为了对所备选的运输方式进行详细的分析比较，可采用成本效益法。在分析时将运输方式的指标分两大类：一类是消耗费用指标；一类是效益价值指标。而效益指标又可分为可计量和不可计量两种，对消耗费用指标要求越小越好，而效益价值指标则越大越好。

设 $C_{(x)}$ 和 $C_{标}$ 为现有成本和目标成本，$V_{(x)}$ 和 $V_{标}$ 为现有效益和目标效益，则当 $C_{(x)}\leqslant C_{标}$ 时，求 $\max V_{(x)}$；而当 $V_{(x)}\geqslant V_{标}$ 时，求 $\max C_{(x)}$；而当 $E_{(x)}=\dfrac{V_{(x)}}{C_{(x)}}$ 时，求 $\max E_{(x)}$。

(1)当成本水平一定时，采用效益水平最大的方案。如图3.49(a)所示，两种方案的成本效益曲线相交于点 B。当两方案的成本固定在 C_0 时，两方案的效益值相等且均为 V_0；当成本固定在 C_1 时，则效益 $V_2>V_1$，故方案Ⅱ为优；当成本固定在 C_2 时，则效益 $V_4>V_3$，故方案Ⅰ为优。综合评价，当其他条件不变时，从长远发展看方案Ⅰ较为合理。

(2)当效益水平一定时，采用成本水平为最小的方案。如图3.49(b)所示，当效益固定 V_0 时，两方案的成本相等且均为 C_0，故两方案的效果相同；当效益固定在 V_1 时，则 $C_1<C_2$，故方

案Ⅱ为优；当效益固定在 V_2 时，则 $C_3<C_4$，故方案Ⅰ为优。综合评价，当其他条件不变时，从长远发展看，采用方案Ⅰ为优。

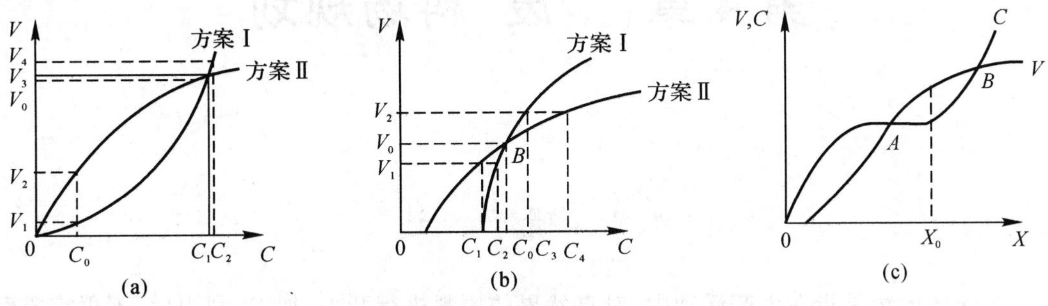

图 3.49　成本效益曲线

(3)当成本效益水平均不限定时，采用效益对成本超过额为最大的方案。如图 3.49(c)所示，成本效益随变量 X 值而变化，横轴 X 表示不同成本的选择方案，纵轴表示成本 C 和效益 V，两曲线相交于 A，B 两点。在 A 点以下 B 点以上，成本高于效益，故不在考虑之内。仅在 A，B 两点之间效益与成本之差才为正值，故决策变量为 X_0 的方案为可取方案。值得注意的是，在成本效益分析时，企图以最小的成本来达到最大的效益的方案往往是不可能的。

第 4 章 “废”料场规划

4.1 概　述

工业固体废物是指在生产活动中，对自然界的原料进行开采、加工、利用后，不再需要而废弃的东西。固体废物具有鲜明的时间和空间特征，同时具有废物和资源的二重性。从时间角度看，固体废物仅指相对于目前的科学技术和经济条件而无法利用的物质或物品，随着技术的飞速发展，昨天的废物势必成为明天的资源。

工业生产，特别是冶金工业生产和各类矿山开采过程中，生产各类产品的同时，不可避免地会产生各种各样的“废”料。因此应根据不同行业的生产特点，在积极开展综合利用的同时，对不能或者暂时不能利用的工业废料必须妥善处理，以免由于处理不当影响生产或造成危害。一个企业必须有位置合理、与其规模相适应、容量足够的废料场来放置堆存，或供短时存放“废”料之用。

一些大型矿产企业，其“废”料量多，而且储“废”料要求年限较大，废料场规划难度越来越大。所以，工业企业总体规划中“废”料场选择也应成为该工业企业总体规划的重要影响因素。一般厂区与“废”料场分开布置，即将“废”料场布置在工业厂区以外，根据不同行业的产生废料的性质，具体的布置形式有所不同。在工业发达国家，工业固体废物的产生量均以每年 2%～4%的速度增长。废物的产生量较多的为冶金、煤炭、火力发电三大行业，其次是化工、石油等工业。我国工业固体废物的增长率为 5%，按照行业划分，产生固体废物最多的是采矿业，其次是钢铁工业和热电工业。因此，本章将以钢铁厂、火电厂和矿山为例进行介绍。

4.2 钢铁厂废料场规划

2004 年，我国钢铁工业固体废物总量约为 4.3 亿吨，综合利用率为 18.03%，总体上讲，废物利用率不高。各种废料的产量及利用率如表 4.1 所示，其中高炉矿渣、化铁炉渣、铁合金渣、含铁尘泥的综合利用技术和装备水平不断提高，逐渐实现产业化。但是，尾矿、钢渣、粉煤灰以及工业垃圾的利用率较低，所以必须在目前不能综合利用的情况下，合理规划布置其废料场，以减少对环境的污染。

表 4.1　我国工业废料产量及利用率

种　类	生产量/万吨	占总量比例/(%)	利用率/(%)
尾矿	28 480	66.70	1.5
高炉渣	7 557	17.70	65.0
钢渣	3 819	8.94	10.0

续表

种 类	生产量/万吨	占总量比例/(%)	利用率/(%)
化铁炉渣	60	0.14	65.0
尘泥	1 765	4.13	98.5
粉煤灰和炉渣	494	1.16	59.0
铁合金渣	90	0.21	90.0
工业垃圾	436	1.02	45.0

4.2.1 废料场位置选择及原则

1.废料场位置选择

(1)工业企业排弃的废料,应结合当地条件综合利用,减少堆存场地。须综合利用的废料,应按其性质分别堆存。

(2)废料场应位于居住区和厂区全年最小频率风向的上风侧,防止对周围环境污染,并应符合现行国家《工业企业设计卫生标准》和国家有关环境保护的法律的规定,要求有一定的防护距离,废料场距工业场地一般为 2～4.5 km。

含有有害有毒物质的废料场,应选在地下水位较低和不受地面水穿流的地段,并应采取治理措施,避免对土壤和水体的污染。

含有放射性物质的废料场,必须位于远离城镇及居住区的偏僻地段,确保其地面和地下水不被污染,并符合现行国家《放射防护规定》。

(3)废料场应充分利用沟谷、荒地、劣地,贯彻少占耕地,不占良田,缓占晚占的方针,避免迁移村庄。严禁将江、河、湖、海水域作为废料场。当利用江、河、湖、海岸旁滩洼地堆存废料时,不得污染水体,阻塞航道,或影响河流泄洪。

(4)选址和规划时要考虑到开展综合利用的可能,最好在规划废料场的同时一并考虑综合利用设施或留有以后布置综合利用设施的可能。

2.废料场位置选择原则

(1)钢铁企业中排土场的位置选择原则如下:

1)排土场应根据采矿、剥离、运输、排土等工艺流程,综合考虑排土工艺的总体经济效益,合理选择,并最大限度地减少排土成本和节约土地。

2)排土场宜靠近采矿场非工作边帮外就近布置。条件允许的矿山,应根据采矿工艺的进度计划安排,充分利用采空区作为排土场。

3)有形成矿山泥石流条件、排水不良及整体稳定性较差的排土场,严禁布置在可能危及露天采矿场、井(峒)口、选矿厂、工业场地、居住区、村庄、交通干线等重要建、构筑物安全的上游;当采取可靠的安全防护工程措施,并征得有关部门同意时,方可布置在一般建、构筑物的上游。

4)凡堆置有害物质(酸性、硫化物、放射性物质等)的排土场,应采取必要处理措施,防止污染环境。

5)尾矿库宜选择靠近选矿厂及建坝条件好,对农田影响较小的荒山沟谷中,并应合理利用地形，力求扬程最小，为实现尾矿自流输送创造有利条件。

6)尾矿库宜位于居住区或村镇常年最小频率风向的上风侧，并应设置卫生防护地带或防护林带。

7)尾矿库应采取植被或其他覆盖措施，防止扬尘；条件允许的尾矿库，应结合表土排弃，进行尾矿库的复垦。

(2)钢铁企业冶金固体渣渣场选择原则如下：

1)充分合理利用冶金固体渣，促进清洁生产和循环经济发展的原则。

2)无害化处置冶金固体渣的原则。

3)造成环境污染者依法负责防治的原则。

4)严禁危险废物和生活垃圾混入的原则。

(3)钢铁企业冶金固体渣渣场选择的保护要求如下：

1) 所选场址应符合当地城乡建设总体规划要求。

2) 应选在工业区和居民集中区常年最小频率风向的上风侧，场界距居民集中区 500m 以外。

3) 应选在满足承载力要求的场地上，以避免地基下沉的影响，特别是不均匀或局部下沉的影响。

4)应避开断层、断层破碎带、溶洞区，以及天然滑坡或泥石流的影响区。

5) 禁止选在江河、湖泊、水库最高水位线以下的滩地和洪泛区。

6) 禁止选在自然保护区、风景名胜区和其他需要特别保护的区域。

(4)钢铁企业冶金固体渣渣场选择的一般要求：

1) 不占农田、好地，考虑分期用地。

2) 有满足储存、处理及其辅助设施和处置的建设用地。

3) 不同种类的冶金渣和工业垃圾应分开堆放，以便综合利用。

4) 有方便的外部运输条件。

4.2.2 容积及使用年限计算

废料场堆存年限，应根据废料数量、性质、综合利用程度以及当地具体条件等因素确定，废料场地宜一次规划，分期实施。

1.渣场容积

$$V_{渣}=AH \tag{4.1}$$

式中 $V_{渣}$——渣场有效容积，m^3；

A——渣场场地有效面积，m^2；

H——平均堆置高度，一般为 15～20 m。

2.堆置年限计算

$$N=\frac{V_{渣}\ \gamma}{K_{松}\ mQ_{年}} \tag{4.2}$$

式中 N——渣场有效堆置年限，年；

$V_{渣}$——渣场有效容积，m^3；

$K_{松}$——松散系数；

$Q_{年}$——产品年产量，t；

γ——渣的容重，如表4.2所示；

m——每吨产品的产渣量。

表4.2 钢渣容重表

名　称	容　重	名　称	容　重	名　称	容　重
矿渣(碎块堆放)	1.4	机车炉渣	0.6～0.7	镍渣	
高炉熔渣	1.8～2.2	湿炉渣	0.8～1.2	热渣	3.4～3.6
平炉熔渣	2.5～3.0	煤灰	0.7	水渣	1.5～1.6
高炉水渣	0.5～0.7	干煤灰	0.4～0.6	铜渣	
平炉水渣初期	2.5	工业垃圾	1.2	热渣	3.6～3.8
平炉水渣末期	3.0	建筑垃圾	1.5	水渣	1.5～1.8
干炉渣(锅炉、煤气炉)	0.6～0.9	废砂	0.6～1.5	铅锌渣	
碎砖	0.6～1.6	热渣	3.4～3.8	水渣	1.5～1.8

3.布置形式

在大型钢铁厂内，铁渣和垃圾废料数量较大，应合理设置渣场线路。渣场线路中的走行线，应设在不受移动式线路影响的位置，且不影响翻渣作业。当铁渣量较大时，空重车走行线应分开设置。

渣场线路的布置形式可分为尽头式和环形式两种。

(1)尽头式渣场线。按原始路堤形式尽头式渣场线又可分为全路堤式和半路堤式渣场线。

全路堤式渣场线适合于渣场位于低洼地带，路堤与路面等高线垂直，路堤由低至高。当渣线堆满时，线路可向两侧移动，逐步形成扇形布置，如图4.1(a)所示。由于作业不便、能力较小、土石方工程量较大，这种布置仅适用于中小型钢铁厂。

半路堤式渣场线适合于渣场位于山坡地带，路堤基本与山坡等高线平行。为便于渣线拨道，翻渣能平行作业，渣线一般应分设两处。这种布置的特点是土石方工程量较小、能力较大，如图4.1(b)所示。

(2)环形式渣场线。环形式渣场线是由尽头式渣场线多次拨道而形成的。由两个环线组成，其中一个半环拨道的同时，另一个半环可以继续翻渣。环行线半径会随拨道次数不断延长，线路也随之加长，渣罐车可沿环线走行，如图4.2所示。

环线渣场原始路堤的长度，一般不小于300 m。翻渣线通常不少于两条(翻渣线、备用线各一条)，事故渣线一条，作业量不大时也可与备用渣线合用。当采用非电动渣罐时，应另设机车吊走行线。机车转头线可根据实际需要确定是否设置。

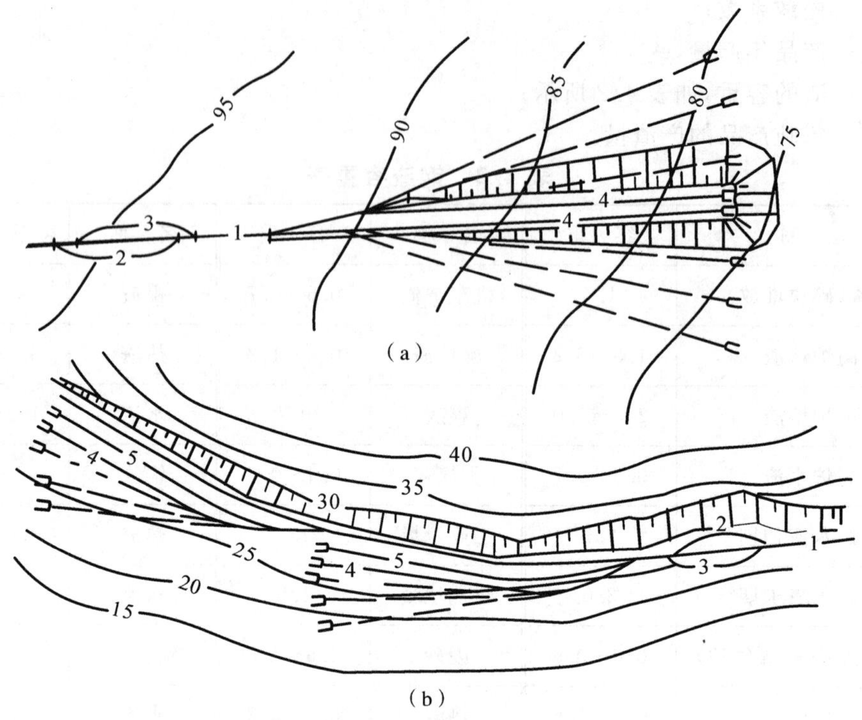

图 4.1　尽头式渣线布置图

(a)全路堤式渣线;(b)半路堤式渣线

1—走行线;2—喷灰线;3—机车转头线;4—翻渣线;5—汽吊走行线

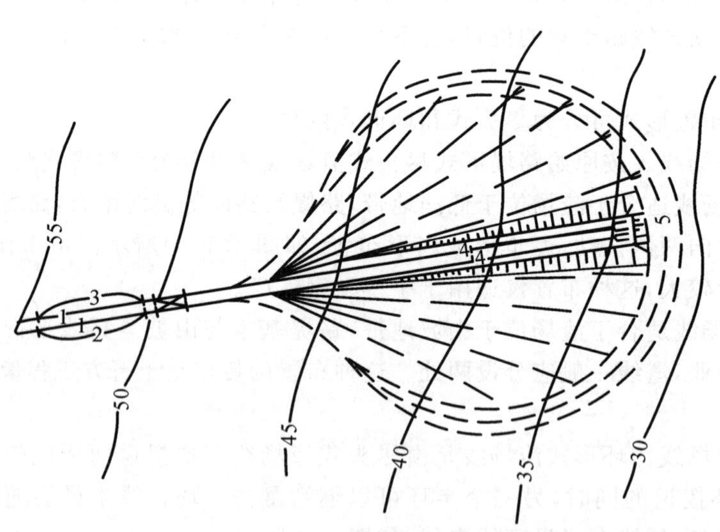

图 4.2　环形式渣线布置图

1—走行线;2—喷灰线;3—机车转头线;4—原始路堤翻渣线;5—环形翻渣线

4.3 电厂储灰场规划

在我国，以燃煤为主的火力发电厂每年都有大量的灰渣排放，因此，灰渣的排放储存与综合利用是影响火电厂选址、建设、运行、管理和投资规模的最主要因素之一，也是电厂环境保护的重点。随着我国电力建设事业的发展，火电厂废渣——灰渣——的储放和利用问题越来越突出，目前灰渣年排放量超过 7 000 万吨，每年还要递增 1 000 万吨，只有不到 2/5 的灰渣被综合利用，全国目前累积堆存 10 亿吨。由于粉煤灰占用大量宝贵的土地资源，不同程度地产生环境污染，因此，绝大部分灰渣都须建储灰场来储放，储灰场投资往往要占火电厂总投资的 20%左右，因而深入研究火电厂储灰场的关键技术，确保安全，节省投资，成为电力建设的重要问题之一。燃煤电厂的灰渣处理应以灰场储灰为主，新建、扩建的燃煤电厂必须同时修建储灰场。

处理灰渣的办法一般有两种。一是在热电厂附近寻找可能堆放大量灰渣(一般为 10～15 年的排灰量)的场地，如沉坑、低洼荒地等。由于热电厂一般都靠近市区，要找到理想的堆灰场地是困难的。二是将灰渣综合利用，就是利用热电厂的灰渣做砖、砌块等建筑材料。因此，提倡在热电厂附近留出灰渣综合利用工厂的建设用地。此外，热电厂仍要有足够的场地作为周转的事故备用灰场。

4.3.1 位置选择

厂外灰渣处理设施应符合下列要求：

(1)储灰场宜适当靠近厂区，应利用附近的沟谷、荒地、劣地和煤矿塌陷区。当利用水域岸旁滩、洼地或海滩堆存灰渣时，不得污染水体、阻塞航道和影响河流泄洪。

(2)采用山谷储灰场时，应考虑其泄洪构筑物对下游的影响，并充分利用现有的和当地规划的防排洪设施。

(3)灰管线宜沿现有道路或农用道路和河网边缘敷设，并宜避免影响农业耕地。

(4)当采用汽车或船舶输送灰渣时，应充分考虑公路或河道的通过能力和对环境产生的污染影响，并采取相应的措施。

4.3.2 容积及使用年限计算

《火力发电厂水工设计技术规定》对储灰场的规划容量和初期容量提出了要求，即储灰场的总容量应能存放 20 年左右按规划容量计算的灰渣量；储灰场可分期分块建设，初期容量以能存放 10 年左右按本期容量计算的灰渣量为宜；当利用灰渣时，各分储灰场的容积应可使用 5 年以上。

$$\text{储灰场有效容积}=\text{灰场面积}\times\text{平均堆置高度}$$

$$\text{储灰场使用年限}=\frac{\text{储灰场有效面积}(m^2)\times\text{堆置高度}(m)\times\text{容积利用系数}}{\text{每年排放的灰渣量}(m^3)}$$

注：(1)灰渣容重一般按 1 t/m^3。

(2)选厂阶段容积利用系数可近似取 1。

(3)山谷堆场的容积应按高程分层计算并累加。

4.3.3 布置形式

电厂粉煤灰的排放主要以水力除灰方式为主。水力除灰的缺点是要消耗大量的水;灰水排放和渗漏对地下水及环境产生不利影响;储灰场初期工程量大,因而一次性投资规模也非常大;排至灰场的灰渣须充分排水固结,不利于粉煤灰的综合利用。随着社会的不断进步,节约资源、环境保护越来越受到世界各国的重视。为了节约用水,合理排放粉煤灰并大力推广综合利用,必须改变水力除灰这种单一模式的格局,因此出现了干除灰技术,许多大型电厂的设计中都探索性地采用了干除灰技术和碾压筑坝技术,为粉煤灰的合理排放及综合利用开辟了一个广阔的新天地。

储灰场根据其所处地理位置,分为平地灰场、河滩灰场、山谷灰场及海边灰场等。几种常见的储灰场布置形式和典型坝断面如图 4.3 所示。

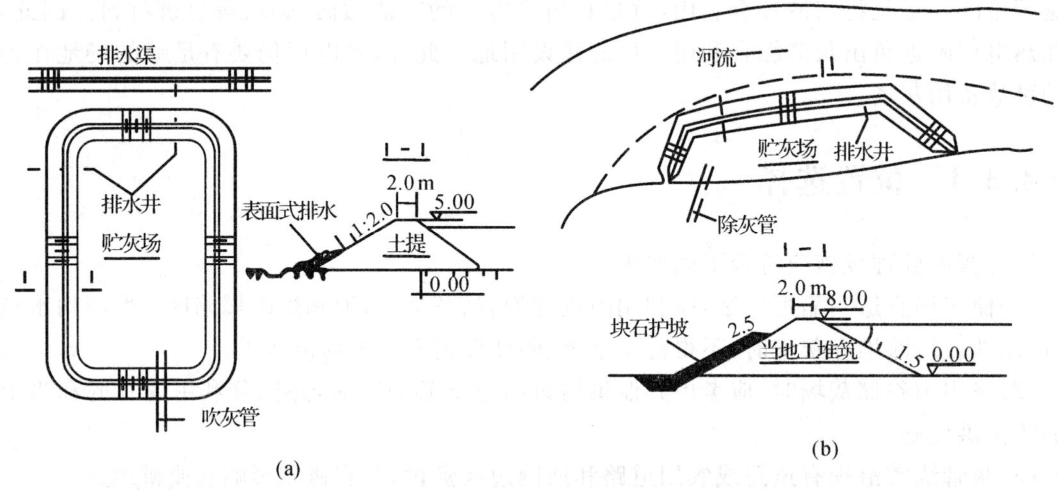

图 4.3 储灰场布置形式和典型坝的断面图

(a)平地储灰场;(b)河滩储灰场

4.4 矿山废石场规划

矿山开采过程中,因剥离或掘进时产生的未达工业价值的矿床围岩或矿体夹石均成为废石。矿山废石的排放量很大,全国每年产生数十亿吨以上,一般被选作建筑材料,但是利用率很低,不足 5%。大量矿山废石被堆放在荒郊野外,既占用大量土地,又破坏了生态环境,所以必须合理规划布置废石场,以堆放尚不能很好利用的废料,同时保护环境。

排土场也称废石场、堆废场,是剥离物舍弃的地方。排土场设备是矿区最主要的工作地段之一,因为运往排土场剥离物的数量是非常大的,一般要超出采掘的有益矿石量 3～8 倍之多,这就需要有足够容量的排土场,故其位置的选择具有社会和经济意义。

4.4.1 位置选择

按位置的不同，排土场可分为外部排土场和内部排土场。外部排土场分布在露天矿田范围之外，内部排土场则位于该露天的采矿区内。排土场的选择主要取决于矿区和蕴藏条件。内部排土场仅能在大面积层状矿体位于水平的或倾角平缓（小于 10°）的矿区采用。对于倾斜（大于 10°）的和极倾斜的矿区则须采用外部排土场。采用内部排土场比外部排土场合理，因这时废石的排弃不须额外占用场地，运距短，运输工作条件好（重车方向没有上坡）。但其采用只有在形成容量一定的宽敞的采空区时才有可能。因此，一切露天矿不论其选择的排土场位置如何，在生产初期（2～3 年内）废石总是要排往外部排土场去的，所以内部排土场采用不多。

外部排土场的位置选择应根据如下原则：

（1）附近没有大型建筑物，最好是在山坡山谷的荒芜地带。尽量不占良田，少占耕地，避免迁移村庄。

（2）布置在开采境界限以外的排土场，在不影响矿山发展的条件下尽可能靠近采场，以缩短运距。

（3）不能隔断市郊交通和影响城市的发展。剥离物尘土较多时，宜选在居民集中点的最小风频的上风侧，以减少尘土污染。

（4）选择位置的同时，应根据情况创造条件，造田还田，并编制复土造田规划。

（5）对倾角小于 10°的缓倾斜大面积层状矿体，或有多个分散的深凹孤立矿体，通过有计划地安排采掘进度，能安排采空区堆排剥离物者，应优先考虑内部排土场。

（6）应考虑剥离物的流失和其有害成分对居民区及农田水域和建、构筑物的危害。保护环境和资源，必要时应采取措施加以防治和处理。

（7）不压盖有益矿体。

（8）适应远期排土量的需要。

4.4.2 容积及使用年限计算

排土场的总容量，应能容纳矿山所排弃的全部岩土。排土场宜一次规划，分期实施；排土场的使用年限可用计算出的总容积除以每年的废石排放量。

（1）剥离物下沉率。计算排土场容积要考虑剥离物的下沉，其下沉率与剥离物的性质、台阶高度、排弃机械设备有关，用单位高度下沉的百分比来表示，计算公式为

$$K_{沉}=\frac{H_{初}-H_{沉}}{H_{初}} \tag{4.3}$$

式中 $K_{沉}$——下沉率，%；

$H_{初}$——初始台阶高度，m；

$H_{沉}$——下沉后的台阶高度，m。

（2）排土场的有效容积。计算公式为

$$V_{效}=\frac{V_{离}\times K_{松}}{1+K_{沉}} \tag{4.4}$$

式中 $V_{效}$——有效容积，m^3；

$V_{离}$——总剥离量，m^3；

$K_{松}$——剥离岩土松散系数，随岩土级别不同而各异，考虑永久沉降（终止松散）在内可取1.15～1.3。

（3）排土场总容积。计算公式为

$$V_{容}=K_1\times V_{效} \tag{4.5}$$

式中 $V_{容}$——计算总容积，m^3；

K_1——富余系数，一般可取1.02～1.05。

4.4.3 布置形式

1.排土线的布置形式

排土线的布置形式，常见的有如下三种。

（1）尽头式排土线。此种排土线移道时，作平行或扇形向两面扩展（如图4.4中箭头所示方向），移道容易，线路结构简单。但空重车在同一条线路上运行，同时在排土场卸车时，卸车尽头线的尽端部分不能用剥离物填满，因此当每一次移道时，其长度则逐渐缩短，一般每移道一次缩短3 m左右。防止其缩短的方法：

1）超前土堤法：适用于平地及缓坡排土场，在排土线端点向外超前作一土堤，土堤与排土线的夹角大于或等于90°，移道时排土线的道头就置于该土堤上，这样就可防止道头缩短。

2）枕木垛法：在线路尽头架设2～2.5 m高枕垛木，以利于车辆能送到尽端排卸。

3）线路改建法：当排土线逐步缩短，缩至无法排卸时，则平整排土场边缘，沿边缘再铺设新线继续作业。

当排土量不大时可采用这种布置形式的排土线，在狭长地区用平行移动，较宽广地区用扇形移动，如图4.4所示。

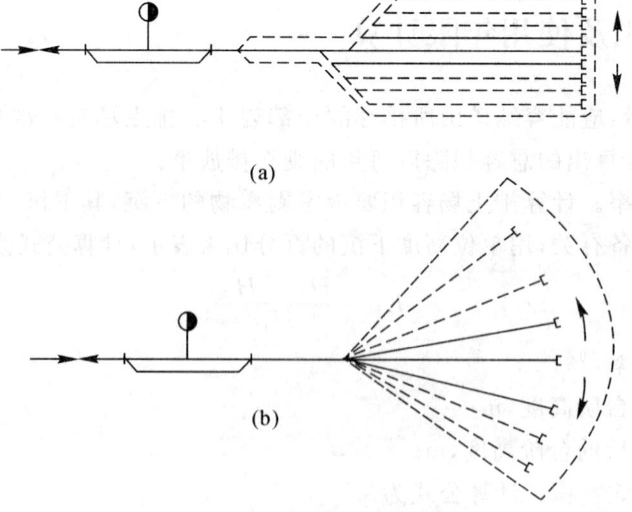

图4.4 尽头式排土线示意图

（a）平行移动；（b）扇形移动

(2)环形排土线。采用这种排土线需要有较大的弃土面积,线路不断增长,能容纳较多列车,排土能力大,生产集中,空重车运行互不干扰。但移道工作复杂,发生故障时容易堵塞线路。在排土量很大的大型露天矿采用,如图 4.5 所示。

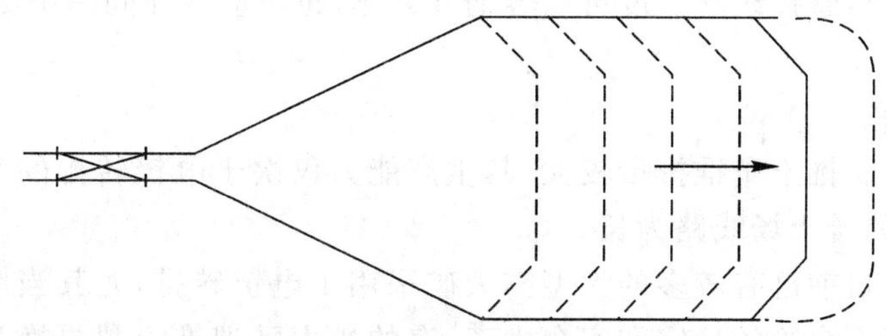

图 4.5　环形排土线示意图

(3)混合式排土线。此种排土线具有尽头式和环形两者的优点,大中型露天矿均适用,如图 4.6 所示。

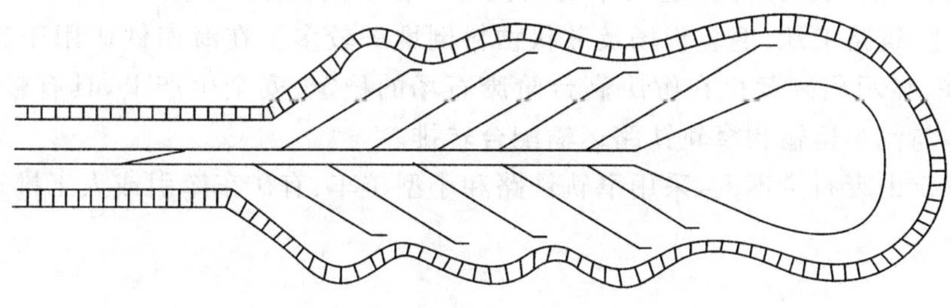

图 4.6　混合式排土线示意图

2. 排土线数量计算

每一个排土场最好不少于两条卸车线,以便当一条线路在进行拆移时,另一条线路可以进行卸车工作。

实际的排土场线路的股道必须满足以下条件:

$$m \times 1\,440\alpha \geqslant n(t_{卸} + t_{重} + t_{空}) \tag{4.6}$$

式中　m——欲求的卸车线数量,股;

n——一昼夜内的列车对数;

$t_{卸}$——卸车时间(考虑到在卸车线范围内的必要调车时间在内),min;

$t_{重}$——来自最近的会让站(或剥离站)的重车列车走行时间,min;其值为$\dfrac{60(l_1+l_2)}{v_{重}}$,其中 l_1 为排土线长度,km;l_2 为自排土线的起点至最近的会让站(或剥离站)间的距离,km;$v_{重}$ 为重车列车走行速度,km/h;

$t_{空}$——在同一地段内空车列车的走行时间,min,其值为$\dfrac{60(l_1+l_2)}{v_{空}}$,其中 $v_{空}$ 为空车列车的走行速度,km/h;

α——时间有效利用系数,一般取 0.7。

由此可以求出卸车线的股道数,即

$$m=\frac{n(t_{卸}+t_{重}+t_{空})}{1\ 440\alpha} \tag{4.7}$$

在求算总的排土线数量时，应在 m 内加上位于坡下或用机械整平了的平场下的线路数。为了避免堵塞起见，尽管按线路长度可以容纳几列车，也不应该在同一条尽头线上同时进入几列车。

3.其他堆存方式

(1)推土犁排弃。推土犁推排量较大，其生产能力仅次于电铲转排的生产能力，这种排土场线路较其他类型的排土场线路为长。

(2)电铲排弃。目前已有较多的大型露天矿采用了电铲转排，尤其当废石稳定性较差，在多雨地区，为保证废石台阶的稳定和安全生产，有的矿山已把推土犁更换为电铲转排，取得了良好效果。但在平坦地带的低台阶排土场使用电铲时，由于线路的收容能力小，移道周期缩短，不能充分发挥电铲效率。因此，在选用电铲或推土犁设备时，要因地制宜，综合考虑选用，通常多数是一条排土线配一台电铲。

(3)装载机和推土机排弃。近几年装载机有了很大的发展，斗容为 0.5～2.7 m^3，由于斗容小，用于基建、筑路工地、倒装货场及散状物料倒堆等较多。在海南铁矿用于高台阶废石场转排效果良好，显示出装载机在解决高台阶废石场的稳定、安全生产上，具有较好的适应性。推土机一般多与汽车运输和窄轨铁路运输配合转排。

有些小型矿山废石量不大，采用窄轨铁路和小型矿车、有矿车牵引或人工推送将废石倒向选定的废石场。

第 5 章　工业企业动力公用设施规划

5.1　工业企业水源地规划布置

5.1.1　水源种类

1. 地表水

地表水主要指江河、湖泊、蓄水库等。地表水源由于受地面各种因素的影响，具有浑浊度较高、水温变幅大、易受工农业污染、季节性变化明显等特点，但地表径流量大、矿化度和硬度低、含铁锰量低。采用地表水源时，在地形、地质、水文、人防、卫生防护等方面较复杂，并且水处理工艺完备，所以投资和运行费用较大。地表水源水量充沛，常能满足大量用水的需要，是城市及工业给水水源的主要选择。

2. 海水

海水含盐量很高，淡化比较困难。但由于水资源缺乏，世界上许多沿海国家开始开发利用海水。海水作为水源一般用在工业用水和生活杂用水方面，如工业冷却、除尘、冲灰、洗涤、消防、冲厕等。也有对海水进行淡化处理，作为生产工艺用水和饮用水。海水腐蚀和海生物附着会对管道和设备造成危害，但这一问题从技术和经济上都可以得到合理解决。

3. 地下水

地下水指埋藏在地下孔隙、裂隙、溶洞等含水层介质中储存运移的水体。地下水按照埋藏条件可分为包气带水、潜水、承压水等，其中在城市中多开采潜水。地下水具有水质清洁、水温稳定、分布面广等特点。但地下水的矿化度和硬度较高，一些地区可能出现矿化度很高或其他物质（如铁、锰、氯化物、硫酸盐等）的含量较高的情况。地下水是城市的主要水源，若水质符合要求，一般都优先考虑，但必须认真地进行水文地质勘察，以保证对地下水的合理开发。

4. 其他水源

微咸水主要埋藏在较深层的含水层中，多分布在沿海地区。微咸水的含氯量只有海水的1/10。微咸水的水量充沛，比较稳定；水质因地而异，有一定变化。微咸水可作为农用灌溉、渔业、工业用水等。

再生水是指经过处理后回用的工业废水和生活污水。城市污水具有量大、就近可取、水量受季节影响小、基建投资和处理成本比远距离输水低等优点。城市污水处理后，可以用在许多方面，如农业灌溉、工业生产、城市生活杂用、地下回灌、水景用水、消防用水、渔业养殖甚至饮用水等。再生水的利用应充分考虑对人体健康和环境质量的影响，按照一定的水质标准处理和使用。

暴雨洪水通常在干旱地区出现，时间集中，不能为农田和城市充分利用，且短时间的大量积水危害城市安全。暴雨洪水一般被城市管道收集后，经河道排入大海，成为弃水。

在缺水地区修建一定的水利工程，形成雨水储留系统，一方面可以减少水淹之害，另一方面可以作为城市水源。

5.1.2 水源选择

选择水源时，应根据企业建设远近期的要求，水文地质资料和取水点及其附近地区的卫生状况，同时考虑到地方病的因素，选用水质良好、水量充沛、便于防护的水源，取水点应设于城镇和工矿企业水系的上游。

地面水作为水源，取水方便，给水工程投资小，但水温及水量变化大，水质一般来说不如地下水。地下水即打井取水，作为水源，水质较好，水温及水量变化小，但投资大。生活用水最好选用地下水。

1. 水源选择的原则

根据用水要求可以考虑：

(1)生活用水优先选用地下水，并依次考虑泉水、浅层水和深层水。

作为生活饮用水水源的水质，应符合下列要求：

1)以地下水为水源，只经过加氯消毒即供作生活饮用水的原水，大肠菌类平均每升不超过1 000个；以地表水为水源，经过净化处理及加氯消毒后供作生活饮用水的原水，大肠菌类平均每升不超过10 000个。

2)原水中有毒物质含量应符合生活饮用水的水质标准及《工业企业设计卫生标准》的有关规定。如果预计到原水中某些成分虽然经过必要的处理，但仍不能符合水质标准时，能否选用应取得当地卫生主管部门的同意。

3)在地方性甲状腺肿地区及高氟地区，应选用含碘、含氟量适宜的水源(含碘量在10 μg/L以下时容易发生甲状腺肿，氟化物含量在1.0 mg以上时容易发生氟中毒)或采用预防措施。

(2)由于工业企业类别和性质不同，工业用水对水质和水量的要求不同，应根据其不同要求优先考虑用地下水、地表水或两者并用，以互相调剂。

(3)当工农业用水发生矛盾时，应统筹安排，并考虑将经过适当处理达到无害的工业废水和生活污水作为农田灌溉用水。

(4)必须筑坝作为水源时，应尽可能结合农田灌溉、发电、防洪等综合考虑，综合利用。

(5)在沿海建厂，淡水水源不足时，有些企业的冷却水可用海水作为水源。

从水库取水也是一种方法。水库取水工程需要考虑水位的升降，污泥的积存，水温、水质、冰凌的变化以及水源卫生防护等问题。

选择各种水源的先后次序，一般按技术经济条件确定。如果水源水量同样保持充沛的话，那么先后次序可以是地下水(包括泉水)、流量不经调节的河流、湖水和经过调节的河水。

2. 水源的卫生防护

水源卫生防护是保证水质的一项重要措施，也是选择水源工作的一个组成部分。若水源防护不好，不断受到污染，无论处理设备如何完善，也不一定能保证供给质量良好的用水；水质好的水源不加防护也可能变坏，因此给水水源必须设置卫生防护地带。

(1)集中式给水水源卫生防护地带。

1)地表水。

i)取水点周围半径不小于 100 m 的水域——在此范围内不得停靠船只、游泳、捕捞和从事一切可能污染水源的活动，此范围应设明显标志。

ii)水厂生产区或单独设立的泵站、沉淀池和清水池外围不小于 10 m 的范围——在此范围内不得设立生活居住区和修建禽畜饲养场、渗水厕所、渗水坑；不得堆放垃圾、粪便和通过污水渠道。在此范围内应保持良好的卫生状况，并充分绿化。

iii)河流取水点上游 1 000 m 至下游 100 m 的水域及其沿岸防护范围——在此范围内不得排入工业废水和生活污水；沿岸防护范围内，不得堆放废渣，不得设置有害化学物品和仓库或堆栈，不得设立装卸垃圾、粪便和有毒物品的码头；沿岸农田不得使用污水灌溉及施用持久性剧毒农药，并不得从事放牧。供生活饮用的专用水库和湖泊，视具体情况可将整个水库、湖泊及沿岸列入此范围，并按上述要求执行。

2)地下水。

i)取水构筑物防护范围　　具体范围根据水文地质条件，取水构筑物的形式和附近地区的卫生状况来确定，在此范围内应按地表水水厂生产区要求执行。

ii)水厂生产区——在此范围内应按地表水水厂生产区要求执行。

iii)单井或井群的影响半径范围——在此范围内不得使用污水灌溉和施用有持久性的剧毒农药，不得修建渗水厕所、渗水坑和通过污水渠道，并不得从事破坏深层土层的活动。

(2)分散式给水水源的卫生防护地带。以地表水为水源时，取水点附近应参照集中式给水水源卫生防护地带的有关要求办理。地下井为水源时，水井周围 20～30 m 范围内不得设置渗水厕所、渗水坑、粪坑、垃圾堆，并建立必要的卫生制度。

5.1.3　净水厂的总体布置

1.净水厂厂址的选择

在选择厂址时，一般应考虑以下几个方面：

(1)厂址应选择在工程地质条件较好的地方。一般选在地下水位低、承载力较大、湿陷性等级不高、岩石较少的地层，以降低工程造价和便于施工。

(2)厂址应尽可能选择在不受洪水威胁的地方，否则应考虑防洪措施。

(3)厂址应尽量设置在交通方便、靠近电源的地方，以利于施工管理和降低输电线路的造价，并考虑沉淀池排泥及滤池冲洗水排除方便。

(4)当取水地点距离用水区较近时，水厂一般设置在取水构筑物附近，通常与取水构筑物建在一起。当取水地点距离用水区较远时，厂址选择有两种方案，一种是将水厂设置在取水构筑物附近，另一种是将水厂设置在离用水区较近的地方。前一种方案的主要优点是：水厂和取水构筑物可集中管理，节省水厂自用水(如滤池冲洗和沉淀池排泥)的输水费用，并便于沉淀池排泥和滤池冲洗水排除，特别对浊度较高的水源而言。但从水厂至主要用水区的输水管道口径要增大，管道承压较高，从而增加了输水管道的造价，特别是当城市用水量逐时变化系数较大及输水管道较长时；或者须在主要用水区增设配水厂（消毒、调节和加压），净化后的水由水厂送至配水厂，再由配水厂送入管网，这样也增加了给水系统的设施和管理工作，后一种方案的优缺点与前者相反。

2. 水厂净水处理的工艺流程

给水处理方法和工艺流程的选择，应根据原水水质及设计生产能力等因素，通过调查研究、必要的试验并参考相似条件下处理构筑物的运行经验，经技术经济比较后确定。以下介绍较典型的给水处理工艺流程以供参考。

由于水源不同，水质各异，饮用水处理系统的组成和工艺流程多种多样。以地表水作为水源时，处理工艺流程中通常包括混合、絮凝、沉淀或澄清、过滤及消毒，工艺流程如图 5.1 所示。

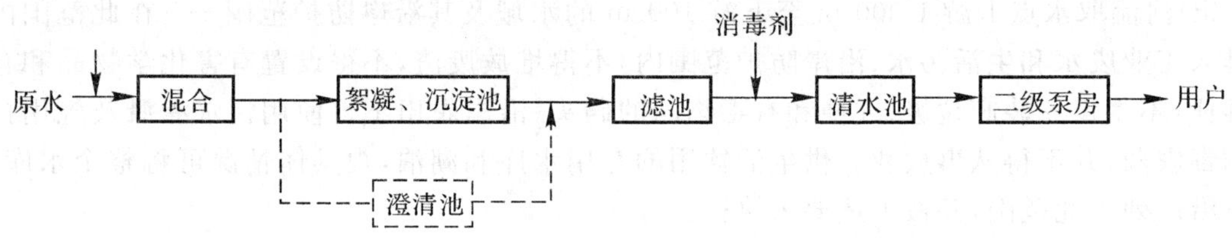

图 5.1　地表水常规处理工艺流程

3. 水厂平面布置

水厂的基本组成分为两部分：①生产构筑物和建筑物，包括处理构筑物、清水池、二级泵站、药剂间等。②辅助建筑物，包括生产辅助建筑物和生活辅助建筑物两种。前者包括化验室、修理部门、仓库、车库及值班宿舍等；后者包括办公楼、食堂、浴室、职工宿舍等。

做水厂平面布置时，应考虑下述几点要求：

(1)布置紧凑，以减少水厂占地面积和连接管(渠)的长度，并便于操作管理。如沉淀池或澄清池应紧靠滤池；二级泵房尽量靠近清水池。但各构筑物之间应留出必要的施工和检修间距及管(渠)道位置。

(2)充分利用地形，力求挖填土方平衡以减少填、挖土方量和施工费用。例如，沉淀池或澄清池应尽量布置在地势较高处，清水池尽量布置在地势较低处。

(3)各构筑物之间连接管(渠)应简单、短捷，尽量避免立体交叉，并考虑施工、检修方便。此外，有时也须设置必要的超越管道，以便某一构筑物停产检修时，为保证必须供应的水量采取应急措施。

(4)建筑物布置应注意朝向和风向。如加氯间和氯库应尽量设置在水厂主导风向的下风向；泵房及其他建筑物尽量布置成南北向。

(5)有条件时(尤其大水厂)最好把生产区和生活区分开，尽量避免非生产人员在生产区通行和逗留，以确保生产安全。

(6)对分期建造的工程，既要考虑近期的完整性，又要考虑远期工程建成后整体布局的合理性，还应考虑分期施工方便。

关于水厂厂内道路、绿化、堆场等设计要求见《室外给水设计规范》。

水厂平面布置一般均须提出几个方案进行比较，以便确定在技术经济上较为合理的方案。图 5.2 为水厂平面布置。

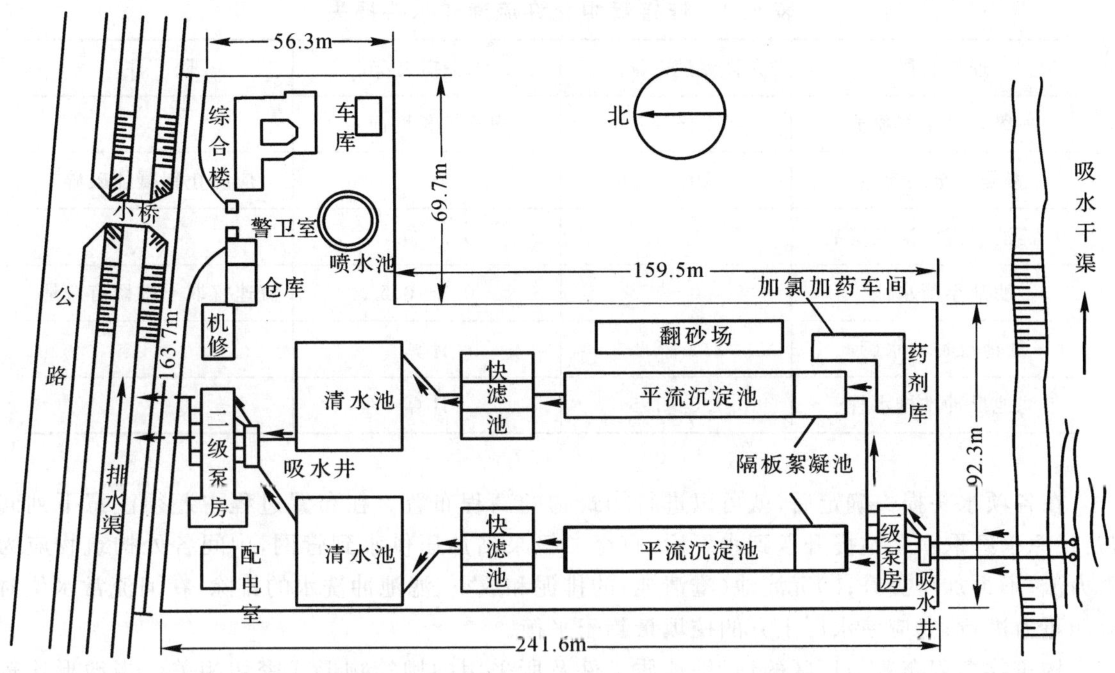

图 5.2　某水厂平面布置

4. 水厂高程布置

水厂处理构筑物高程布置应充分利用原有地形坡度，力求流程通畅，降低能耗。各构筑物间应采用重力流，构筑物间的水面高差即流程中的水头损失，包括构筑物、连接管道、计量设备的水头损失。

水头损失一般应通过计算确定，也可参照规范进行估算，并考虑水头跌落损失。净水构筑物水头损失如表 5.1 所示。

表 5.1　处理构筑物中的水头损失

构筑物名称	水头损失/m	构筑物名称	水头损失/m
进水井格网	0.2～0.3	普通快滤池	2.0～3.0
静态混合器	0.3～0.4	无阀、虹吸滤池	1.5
絮凝池(依池型计算而得)	0.2～0.5	移动罩滤池	1.2～1.5
沉淀池(含出水跌落)	0.2～0.4	V 型滤池	2.0
机械搅拌澄清池(含出水跌落)	0.4～0.6	直接过滤滤池	2.0～2.5
水力循环澄清池	5.0～7.0	压力滤池	5.0～6.0

各构筑物的连接渠道或管道的断面尺寸由流量和流速确定，因各构筑物间距离不同，连接管渠的水头损失应通过计算确定，表 5.2 仅供估算参考。

表 5.2 连接管中允许流速和水头损失

连接管段	允许流速/(m/s)	水头损失/m	附 注
一级泵站至絮凝池	1.0～1.2	视管道长度而定	
絮凝池至沉淀池	0.10～0.15	0.1	应防止絮凝体破碎
沉淀池或澄清池至滤池	0.8～1.2	0.3～0.5	
滤池至清水池	1.0～1.5	0.3～0.5	流速宜取下限留有余地
滤池反冲洗水管	2.0～2.5	计算	
滤池反冲洗排水管	1.0～1.5	计算	

在各项水头损失确定后，就可以进行构筑物的高程布置。在布置过程中还须注意下列问题：①原水经取水泵站提升送到水厂后，直至二级泵站加压供水到管网，中间各处构筑物应为重力流，不再加压提升；②沉淀池(澄清池)的排泥和放空、滤池冲洗水的排除，在河流常水位时应能重力进行；③应使水厂土方的挖填量趋于平衡。

构筑物高程布置与厂区的地形、地质条件及所采用的构筑物形式密切相关。当地形比较平坦时，既要避免清水池埋地过深，又要避免絮凝、沉淀池在地面上架得过高，从而造成造价增大。例如，当采用普通快滤池时，因滤池出水管在底部重力流入清水池，故系统主要考虑清水池的地下埋深；当采用无阀滤池或虹吸滤池时，其出水管在上面，故应主要考虑前处理构筑物是否会在地面上架高。另外，高程设计时最后应定出每个构筑物的绝对标高。

图 5.3 是某水厂构筑物高程布置图，各构筑物之间水面高差由计算确定。

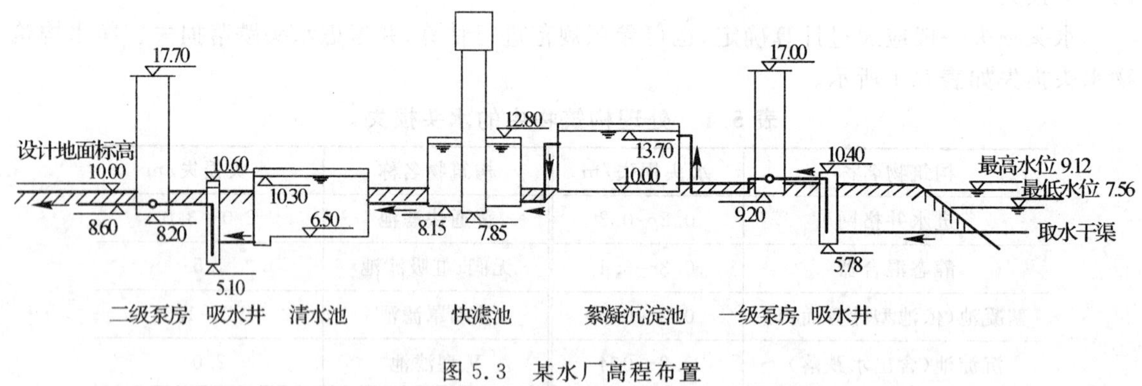

图 5.3 某水厂高程布置

5.2 工业企业污水处理场地规划布置

5.2.1 污水分类

排水工程的任务是把污水有组织地按一定的系统汇集起来，并处理到符合排放标准后再排泄至水体。污水按其来源可分为三类，即生活污水、工业废水和降水。排水系统就是解决这三种水的处理与排除。

1. 生活污水

生活污水是指人们日常生活活动中所产生的污水。其来源为住宅、机关、学校、医院、公共场所及工厂生活间等的厕所、厨房、浴室、洗衣房等处排出的水。

2. 工业废水

工业废水是指工业生产过程中产生的废水，来自车间或矿场等地。根据它的污染程度不同，又分为生产废水和生产污水。

(1)生产废水：指生产过程中水质只受到轻微污染或只是水温升高，不经处理可直接排放的工业废水，如一些机械设备的冷却水等。

(2)生产污水：指在生产过程中水质受到较严重的污染，须经处理后方可排放的工业废水。其污染物质，有的主要是无机物，如发电厂的水力冲灰水；有的主要是有机物，如食品工业废水；有的含无机物、有机物，并有毒性，如石油工业废水、化学工业废水、炼焦工业废水等。

3. 降水

降水包括地面上径流的雨水和冰雪融化水，一般是较清洁的，但初期雨水却比较脏。雨水排除时间集中、量大。

以上三种水，均须及时、妥善地予以处理与排放。如处置不当，将会妨碍环境卫生，污染水体，影响工农业生产及人民生活，并对人民身体健康带来严重危害。

5.2.2　污水厂总体布置

1. 污水厂厂址的选择

(1)污水处理厂应设在地势较低处，便于城市或企业污水自流入厂内。厂址选择应与排水管道系统的布置统一考虑，充分考虑城市或企业地形的影响。

(2)污水厂宜设在水体附近，便于处理后的污水就近排入水体，尽量无提升，合理布置出水口。排入的水体应有足够的环境容量，减少处理水对水域的影响。

(3)厂址必须位于集中给水水源的下游，并应设在城镇、工厂厂区及居住的下游和夏季主导风向的下方。厂址与城镇、工厂和生活区应有 300 m 以上距离，并设卫生防护带。

(4)厂址尽可能少占或不占农田，但宜在地质条件较好的地段，便于施工、降低造价。充分利用地形，选择有适当坡度的地段，以满足污水在处理流程上的自流要求。

(5)结合污水的出路，考虑污水回用于工业、城市和农业的可能，厂址应尽可能与回用处理后污水的主要用户靠近。

(6)厂址不宜设在雨季易受水淹的低洼处。靠近水体的污水厂要考虑不受洪水的威胁。

(7)污水处理厂的选址应考虑污泥的运输和处置，宜近公路和河流，厂址处要有良好的水电供应，最好是双电源。

(8)选址应注意城市近、远期发展问题，近期合适位置与远期合适位置往往不一致，应结合城市总体规划一并考虑。厂址用地应考虑扩建的可能。

2. 污水厂污水处理工艺流程

按处理程度划分，现代污水处理技术可分为一级、二级和三级处理，如图 5.4 所示。

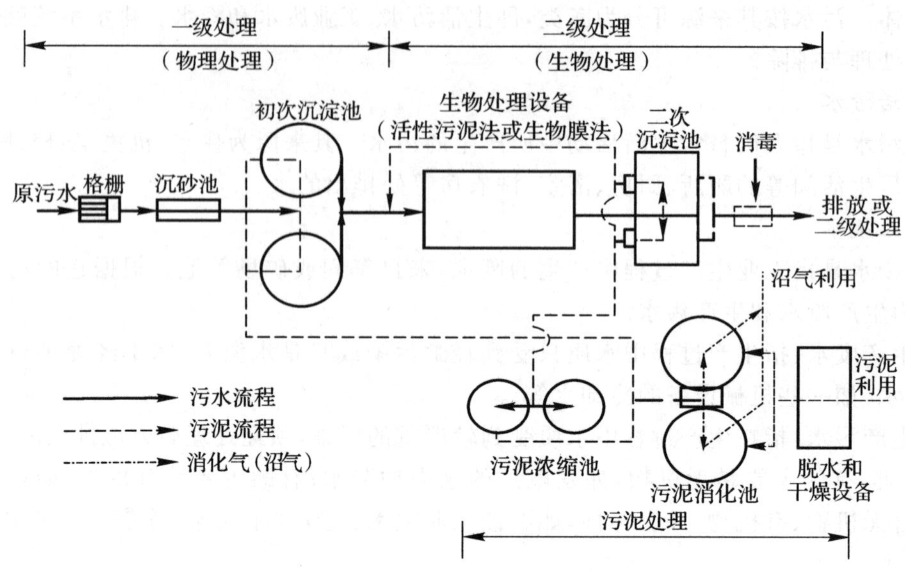

图 5.4　污水处理工艺流程图

一级处理，主要去除污水中呈悬浮状态的固体污染物质，物理处理法大部分只能完成一级处理的要求。经过一级处理的污水，BOD 一般可去除 30%左右，达不到排放标准。一级处理属于二级处理的预处理。

二级处理，主要去除污水中呈胶体和溶解状态的有机污染物质(BOD，COD 物质)，去除率可达 90%以上，使有机污染物达到排放标准。

三级处理，进一步处理难降解的有机物、氮和磷等能够引起水体富营养化的可溶性无机物等。主要方法有生物脱氮除磷法、混凝沉淀法、砂率法、活性炭吸附法、离子交换法和电渗分析法等。

3. 污水处理厂的平面布置

平面布置就是对处理构筑物、管、渠、辅助性建筑物、道路、绿化等进行布置。

污水处理厂占地面积与污水量及处理方法有关，表 5.3 列出了不同规模污水厂的用地指标。

表 5.3　污水处理厂建设用地指标　　单位：$m^2/(m^3 \cdot d)$

建设规模 / 处理级别	Ⅰ类	Ⅱ类	Ⅲ类	Ⅳ类	Ⅴ类
一级污水厂		0.30～0.20	0.40～0.30	0.45～0.40	0.55～0.45
二级污水厂	0.50～0.40	0.60～0.50	0.70～0.60	0.85～0.70	1.20～0.85
深度处理		0.20～0.15	0.25～0.20	0.35～0.25	0.40～0.35

注：(1)建设规模大的取下限，建设规模小的取上限。

(2)表中深度处理的用地指标是在污水二级处理的基础上增加的用地；深度处理工艺按提升泵房、絮凝、沉淀(澄清)、过滤、消毒、送水泵房等常规流程考虑；当二级污水厂出水满足特定回用要求或仅需某几个净化单元时，深度处理用地应根据实际情况降低。

(1)污水厂平面布置原则。

1)按功能分区,配置得当。主要是指对生产、辅助生产、生产管理、生活福利等各部分的布置,要做到分区明确、配置得当而又不过分独立分散。既要有利于生产,又要避免非生产人员在生产区通行或逗留,以确保安全生产。在有条件时(尤其建新厂时),最好把生产区和生活区分开,但两者之间不必设置围墙。

2)布置应当紧凑,减少处理厂占地和连接管的长度,并应考虑工人操作运行的方便。

3)各处理构筑物间的连接管应简单、短捷,尽量避免立体交叉。

4)构筑物布置要结合地形、地质条件,尽量减少土石方量和劣质地基。

5)平面布置应考虑近、远期结合,有条件时,可按远期规划水量布置,将处理构筑物分成若干系统分期建设。

6)构、建筑物布置应注意风向和朝向。将排放异味、有害气体的构、建筑物布置在居住与办公场所的下风向;为保证良好的自然通风条件,建筑物布置应考虑主导风向。

(2)污水厂的平面布置。在污水处理厂厂区内有各处理单元构、建筑物,连通各处理构筑物之间的管、渠及其他管线、辅助性建筑物、道路以及绿地等。

1)首先对生产主要处理构筑物和建筑物进行组合安排,布置时对其平面位置、方位、操作条件、走向、面积等统盘考虑;安排时应对高程、管线和道路等进行协调。

i)对工艺过程有利或无害,同时从结构、施工角度看也是允许的,可以组合,如曝气池与沉淀池的组合、反应池与沉淀池的组合、调节池与浓缩池的组合。

ii)从生产上看,关系密切的构筑物可以组成一座构筑物,如调节池和泵房、变配电室与鼓风机房、投药间与药剂仓库等。

iii)为了集中管理和控制,有时对小型污水厂还可以进一步扩大组合范围。

按构筑物中间的道路宽度和铺设管线所需要的宽度,或者按其他特殊要求来定,构筑物间的净距离一般为 5～20 m。

布置管线时,管线之间及其他构、建筑物之间,应留出适当的距离,给水管或排水管距构、建筑物不小于 3 m;给水管和排水管的水平距离,当 $d \leqslant 200$ mm 时不小于 1.5 m,当 $d > 200$ mm 时不小于 3 m。管道之间及离构、建筑物最小距离如表 5.4 所示。

表 5.4　管道距构、建筑物最小距离　　单位:m

项目	建筑物	围墙和篱栅	公路边缘	高压电线杆支座	照明电讯杆柱	上水干管>300 mm	污水管	雨水管
上水干管>300 mm	3～5	2.5	1.5～2	2	3	2～3	2～3	2～3
污水管	3	1.5	1.5～2	3	1.5	2～3	1.5	1.5
雨水管	3	1.5	1.5～2	3	1.5	2～3	1.5	0.8

2)生产辅助建筑物布置,应尽量考虑组合布置,如机修间与材料库的组合,控制室、值班室、化验室、办公室的组合等。

3)预留面积的考虑,必要时预留生产设施的扩建用地。

4)生活附属建筑物的布置,宜尽量与处理构筑物分开单独设置,可能时应尽量放在厂前区。应避免处理构、建筑物与附属生活设施的风向干扰。

5)道路、围墙及绿化带的布置,通向一般构、建筑物应设置人行道,宽度为 1.5～2.0 m;通向仓库、检修间等应设车行道,其路面宽为 3～4 m,转弯半径为 6 m,厂区主要车行道宽为 5～6 m;车行道边缘至房屋或构筑物外墙面的最小距离为 1.5 m,道路纵坡一般为 1%～2%。

污水厂布置除应保证生产安全和卫生整洁外,还应注意美观、充分绿化。在构、建筑物处理上,应因地制宜,与周围情况相称;在色调上做到活泼、明朗和清洁。应合理规划花坛、草坪、林荫等,使厂区景色园林化,但曝气池、沉淀池等露天水池周围不宜种植乔木,以免落叶入池。

6)污泥区的布置,由于污泥的处理和处置一般与污水处理相互独立,且污泥处理过程中卫生条件比污水处理差,故一般将污泥处理放在厂区后部;若污泥处理过程中产生沼气,则应按消防要求设置防火间距。由于污泥来自污泥处理部分,而污泥处理脱出的水分又要送到调节池或初沉池中,必要时可考虑某些污泥处理设施与污水处理设施的组合。

7)管、渠的平面布置,在各处理构筑物之间应有连通管、渠,还应有使各处理构筑物独立运行的管、渠。当某一处理构筑物因故停止工作时,使其后接处理构筑物,仍能够保持正常的运行,污水厂应设超越全部或部分处理构筑物的、直接排放水体的超越管。此外,还应设有给水管、空气管、消化气管、蒸汽管及输配电线路等,这些管线有的敷设在地下,但大部分在地上,对它们的安排,既要便于施工和维护管理,也要紧凑和少占用地。

某污水处理厂的总平面图如图 5.5 所示。

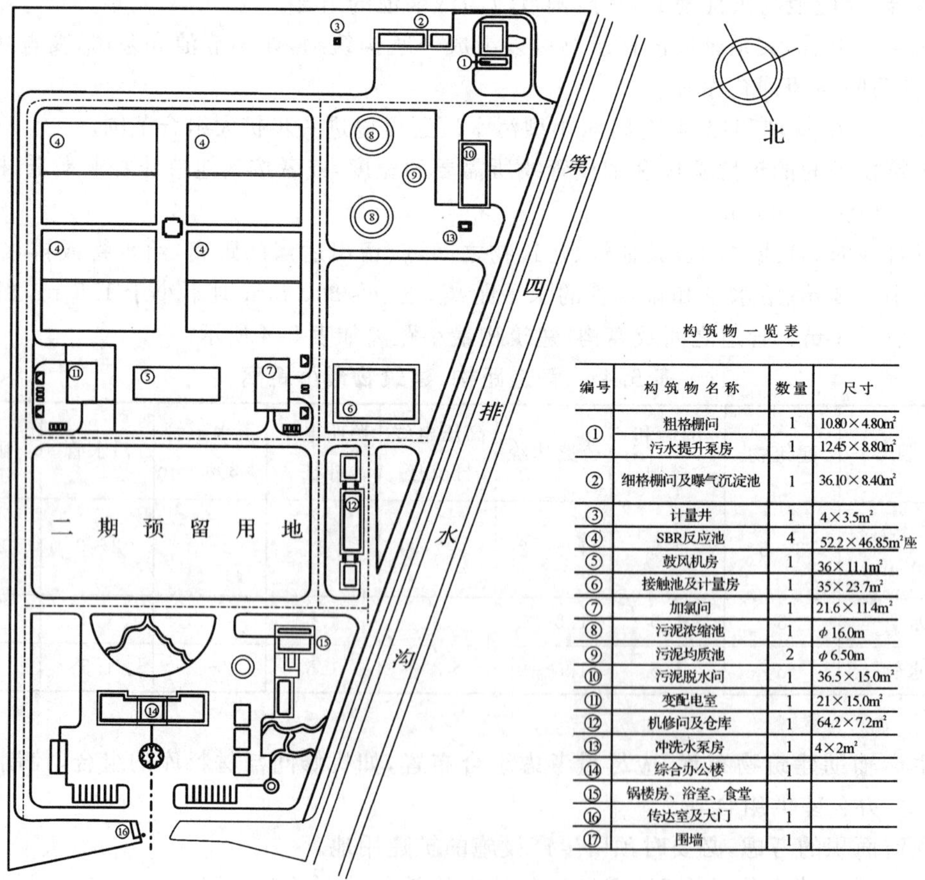

编号	构筑物名称	数量	尺寸
①	粗格栅间	1	10.80×4.80m²
	污水提升泵房	1	12.45×8.80m²
②	细格栅间及曝气沉淀池	1	36.10×8.40m²
③	计量井	1	4×3.5m²
④	SBR反应池	4	52.2×46.85m²座
⑤	鼓风机房	1	36×11.1m²
⑥	接触池及计量房	1	35×23.7m²
⑦	加氯间	1	21.6×11.4m²
⑧	污泥浓缩池	1	φ16.0m
⑨	污泥均质池	2	φ6.50m
⑩	污泥脱水间	1	36.5×15.0m²
⑪	变配电室	1	21×15.0m²
⑫	机修间及仓库	1	64.2×7.2m²
⑬	冲洗水泵房	1	4×2m²
⑭	综合办公楼	1	
⑮	锅楼房、浴室、食堂	1	
⑯	传达室及大门	1	
⑰	围墙	1	

图 5.5 某污水处理厂总平面图(处理量为 10^4 m^3/d)

4. 污水处理厂的高程布置

处理厂高程布置的任务是确定各处理构筑物和泵房的高程，使水能顺利地流过各处理构筑物，保证污水处理厂的正常运行。

(1)污水厂高程布置原则。

1)污水厂高程布置时，所依据的主要技术参数是构筑物高度和水头损失。

2)考虑远期发展，水量增加的预留水头。

3)避免处理构筑物之间跌水等浪费水头的现象，充分利用地形高差，实现自流。

4)在计算并留有余量的前提下，力求缩小全程水头损失及提升泵站的流程，以降低运行费用。

5)需要排放的处理水，常年大多数时间里能够自流排放水体。注意排放水位一定不选取每年的最高水位，因为其出现时间较短，易造成常年水头浪费，而应选取经常出现的高水位作为排放水位。

6)应尽可能使污水处理工程的出水管渠高程不受洪水顶托，并能自流。

7)构筑物连接管、渠的水头损失，包括沿程与局部水头损失。

(2)处理流程高程布置与场地高程的关系。

1)高程的布置既要考虑某些处理构筑物(如沉淀池、调节池、沉砂池等)的排空，又要注意构筑物的挖土深度又不宜过大，以免土建投资过大和增加施工的困难。

2)高程布置时应注意污水流程和污泥流程的结合，尽量减少须提升的污泥量。污泥浓缩池、消化池等构筑物高程的确定，应注意它们的污泥能排入污水井或者其他构筑物的可能性。

3)进行构筑物高程布置时，应与厂区的地形、地质条件相联系。当地形有自然坡度时，有利于高程布置；当地形平坦时，既要避免二沉池埋入地下过深，又应避免沉砂池在地上面架得很高，以免造成构筑物造价的增加，尤其是地质条件较差、地下水位较高时。

5.3　工业企业供热源规划布置

当前，大多数城市和企业采用的热源有热电厂、锅炉房、低温核能供热堆、热泵、工业余热、地热和垃圾焚化厂。热电厂是指用热力原动机驱动发电机的可实现热电联产的工厂。其中用原子核裂变或聚变所产生的热能作为热源的热电厂是核能热电厂。锅炉房是指锅炉以及保证锅炉正常运行的辅助设备和设施的综合体。其工作压力低于 1.5 MPa，堆芯出口温度低于 198℃。以供热为目的的核反应堆称为低温核能热堆。利用逆向热力循环产生热能的装置称为热泵。工业余热是指工业生产过程中产品、排放物及设备放出的热。地热是地球内部的天然热能。在垃圾处理过程中，垃圾分类后将可燃部分进行焚烧，以减少垃圾量和产生热能的设施，称为垃圾焚烧厂。

在上述几种设施中，热电厂(包括核能热电厂)和锅炉房是使用最为广泛的热源。在一些发达国家，采用低温核能供热堆和垃圾焚化厂作为热源的较多，这样对城市和企业环境保护较有利。热泵一般用于区域供热。在有条件的地区，利用工业余热和地热作为集中供热热源是节约能源和保护环境的好方式。

5.3.1 热电厂

装有供热式机组的电厂，除发电外还向附近工厂、住宅供生活用气和采暖用热水，称为热电厂。热电厂是在凝汽式电厂的基础上发展而来的。它主要针对汽轮发电机能量损失大的缺陷，将一部分或全部温度压力适合的蒸汽引出，用于城市供热，以减少部分发电量为代价，提高了一次能源的总体利用率。

热电厂与凝汽式电厂的主要区别是汽轮机的构造不同。热电厂装备有专用供热汽轮机组，实行热电联合生产。

供热汽轮机基本上可分为背压式与抽汽式两种。背压式汽轮机没有冷凝器，全部排汽直接用于供热。抽汽式汽轮机一般有一个或两个可调节的抽汽口，由抽汽口引出部分蒸汽供热，其余蒸汽仍用于发电。另一种抽汽背压汽轮机实际上仍属背压式汽轮机，它是由汽轮机的中间级抽出的部分压力温度较高的蒸汽供应部分用户，其余蒸汽继续发电，温度、压力降低后供另一部分热用户，它是一种带有中间抽汽口的背压式汽轮机。

1. 热电厂选址原则

在考虑热电厂的选址时，一般考虑以下几个原则：

(1)热电厂的厂址应符合城市总体规划的要求，并应征得规划部门和电力、环保、水利、消防等有关主管部门的同意。

(2)热电厂应尽量靠近热负荷中心。热电厂蒸汽的输送距离一般为 3～4 km，最远输送距离宜控制在 5 km 之内。如果热电厂远离热用户，压降和温降过大，就会降低供热质量。而且由于目前供热管网的造价较高，如果输热距离过长，将使热网投资增加很大，特别是对需要敷设几条供热干管的大型热电厂，远离热负荷中心必将显著降低集中供热的经济性。

(3)热电厂要有方便的交通条件。大中型燃煤热电厂每年要消耗几十万吨或更多的煤炭，为了保证燃料供应，铁路专用线是必不可少的，但应尽量缩短铁路专用线的长度。

(4)热电厂要有良好的供水条件。对于抽汽式热电厂来说，供水条件对厂址选择往往有决定性影响。

抽汽式热电厂的生产用水有冷凝器、油冷却器、空气冷却器需要的冷却水，还有锅炉补充水、热网补充水等。其中，冷凝器的冷却水是主要的。在我国华北地区，冷凝器的冷却水一般为进入冷凝器蒸汽量的 40～60 倍。抽汽式热电厂的用水量是比较大的。粗略估算，每 10 万千瓦发电容量耗水 5 m^3/s 左右。即使采用循环系统，其 4%～5%的补充水数量也不小。

虽然背压式热电厂没有冷凝器，但由于工业用户的回水率较低，锅炉补充水等用水也需相当数量的水。

(5)热电厂要有妥善解决排灰的条件。大型热电厂的年燃煤量在百万吨以上，而煤炭中的炭分含量随产地不同，在 10%～30%之间变动，有时灰分含量甚至超过 30%，因此，大型热电厂每年的灰渣量是很大的。如果大量灰渣不能得到妥善处理，就会影响热电厂的正常运行。

(6)热电厂要有方便的出线条件。大型热电厂一般都有十几回输电线路和几条大口径供热干管引出，特别是供热干管所占的用地较宽，一般一条管线要占 3～5m 的宽度，因此须留出足够的出线走廊宽度。

(7)热电厂要有一定的防护距离。热电厂运行时，将排出飞灰、二氧化硫、氧化氮等有害物质。为了减轻热电厂对城市人口稠密区的环境的影响，厂址距人口稠密区的距离应符合环保部门的有关规定和要求。同时，为了减少热电厂对厂区附近居民区的影响，厂区附近应留出一定宽度的卫生防护带。

(8)热电厂的厂址应尽量占用荒地、次地和低产田，不占或少占良田。

(9)热电厂的厂址应避开滑坡、溶洞、塌方、断裂带淤泥等不良地质的地段。

(10)选择厂址时，应同时考虑职工居住和上下班等因素。

(11)工业企业在厂区内建设自备热电厂时，要注意与原有构、建筑物和设备的间距。

热电厂选址不应在下列地区：

(1)滑坡或岩溶发育不良的地质地区。

(2)地震断裂带以及地震可能引发滑坡、山崩、地陷、带淤泥等地段。

(3)有开采价值的矿藏上。

(4)需要大量拆迁建筑物的地区。

(5)历史文化遗址和风景游览区。

2. 热电厂的平面布置

热电厂的平面布置一般可分为主厂房、堆煤与输煤场地与设施、水处理与供水设施、环保设施、变配电设施、管理设施、生活设施及其他辅助设施等几部分。

热电厂的总平面布置基本原则如下：

(1)厂区总平面布置应按核准的规划容量和本期建设规模，统一规划、分期建设。改建、扩建发电厂的设计，应充分利用、改造现有设施，并应减少改建、扩建工程对生产的影响及原有建筑设施的拆迁。

(2)建、构筑物的平面和空间组合，应做到分区明确、合理、紧凑，有利生产，造型协调，整体性好。有条件时，辅助厂房和附属建筑宜采用联合布置、多层建筑和成组布置，并应与现有和规划的建筑群体相适应。

(3)总平面布置应以主厂房为中心，以工艺流程合理为原则，应考虑到厂区地形、设备特点和施工条件的影响，合理安排，因地制宜地进行布置。主要建、构筑物的长轴宜沿自然等高线布置，在地形复杂地段，可结合地形特征，适当改变建、构筑物的外形，将建、构筑物合并或分散布置。

(4)主厂房、冷却塔、烟囱等负荷较大的主要建、构筑物，宜布置在土层均匀、地基承载力较高的地段。地下设施较深的建、构筑物，宜布置在地下水位较低或须填土的低洼地区。需要抗震设计的发电厂、建筑物宜选择有利地段，避开不利地段。

(5)主要建筑物和有特殊要求的主要车间的朝向，应为自然通风和自然采光提供良好条件。汽机房、办公楼等建筑物，应避免西晒。有风沙、积雪的地区，宜采取措施减少有害影响。

(6)建、构筑物和露天堆栈，作业场地，宜按生产类别成组布置，建筑红线宜规整。

(7)生产过程中有易燃或爆炸危险的建、构筑物和储有易燃、可燃材料的仓库等，宜布置在厂区的边缘地带。

(8)厂区各公用配电间位置的确定，应根据电源和负荷要求，使电力电缆短捷，并布置在相关的生产分区内，有条件时宜与其他车间合并建设。

(9)生产区主要通道的宽度，应按规划容量并根据通道两侧建、构筑物防火和卫生要求，工艺布置，人流和车流，各类管线敷设宽度，绿化美化设施布置，竖向布置以及预留发展用地等经计算确定。

(10)厂区总平面布置应考虑防爆、防振、防噪声，在满足工艺要求的前提下，宜使防振、防噪声要求高的建、构筑物远离振动源和噪声源。

5.3.2 锅炉房

热电厂作为集中供热系统热源时，投资较大，对城市环境影响也较大，对水源、运输条件和用地条件要求较高，相比之下，锅炉房作为热源显得较为灵活，适用面较广。

锅炉房的核心部分是锅炉，锅炉根据其生产的热介质不同分为热水锅炉和蒸汽锅炉。蒸汽锅炉通过加热水产生高温高压蒸汽，向热用户进行供热。而热水锅炉不生产蒸汽，只提高进入锅炉水的温度，以高温水供应热用户。蒸汽锅炉通过调压装置，可向各类热用户提供参数不同的蒸汽，还可通过换热装置向各类热用户提供热水。而热水锅炉则通过调压装置，向热用户提供一定压力的热水。在一个锅炉房中，可以同时选用蒸汽锅炉和热水锅炉，以满足不同用户的需要。表 5.5 是蒸汽锅炉与热水锅炉的特性比较。

表 5.5 蒸汽锅炉与热水锅炉的特性比照表

项目	蒸汽锅炉	热水锅炉	项目	蒸汽锅炉	热水锅炉
直接生产热介质	蒸汽	热水	锅炉安全性	较差	较好
可生产热介质	蒸汽或热水	热水	锅炉适用性	可用于供给生产工艺、采暖通风和生活热水等各类热用户	主要用于供应各类民用热负荷的采暖通风与生活水热负荷
结构复杂程度	复杂	简单			
对锅炉用水要求	高	低			

注：热介质是指在供热系统中用以传送热能的中间媒介物质，也可简称为热媒。

1. 锅炉房位置选择

锅炉房位置的选择应根据以下要求分析确定：

(1)靠近热负荷比较集中的地区。

(2)便于引出管道，并使室外管道的布置在技术、经济上合理。

(3)便于燃料储运和灰渣排除，并宜使人流和煤、灰车流分开。

(4)有利于自然通风与采光。

(5)位于地质条件较好的地区。

(6)有利于减少烟尘和有害气体对居住区和主要环境保护区的影响。全年运行的锅炉房宜位于居住区和主要环境保护区的全年最小频率风向的上风侧；季节性运行的锅炉房宜位于该季节盛行风向的下风侧。

(7)有利于凝结水的回收。

(8)锅炉房位置应根据远期规划在扩建端留有余地。

2. 锅炉房平面布置

锅炉房的平面布置一般包括主厂房、煤场、灰场和辅助用房四大部分。中小型锅炉房的主机房与辅助用房可结合在一座建筑内，而在规模较大的区域锅炉房平面布置中，辅助用房如变电站、水处理站、机修间、车库、办公楼等一般分别布置，表 5.6 列出的是不同规模热水锅炉房的参考用地面积。

表 5.6　热水锅炉房参考用地面积

锅炉房总容量/MW	用地面积/ha	锅炉房总容量/MW	用地面积/ha
5.8～11.6(5～10Mkcal/h)	0.3～0.5	58.1～116(50.1～100Mkcal/h)	1.6～2.5
11～35(10.1～30Mkcal/h)	0.6～1.0	116.1～232(100.1～200Mkcal/h)	2.6～3.5
35.1～58(30.1～50Mkcal/h)	1.1～1.5	232.1～350(200.1～300Mkcal/h)	4～5

锅炉房平面布置原则有：

(1)锅炉房宜为单独建筑物，不和其他建筑物相连。若锅炉房和其他生产厂房相连时，应按《蒸汽锅炉安全技术监察规程》及《热水锅炉安全技术监察规程》中相关规定执行。

(2)锅炉房各建筑物、构筑物和场地的布置，应充分利用地形，使填挖方量最小、排水良好。

(3)锅炉房内的设备布置应便于操作、通行和检修；应有足够的光线和良好的通风以及必要的降温和防冻措施；地面应平整无台阶，且应防止积水；锅炉房承重梁柱等构件与锅炉应有一定的距离或采取其他措施，以防止受高温损坏。

(4)锅炉房每层至少应有两个出口，分别设在两侧。锅炉前端的总宽度(包括锅炉之间的过道在内)不超过 12 m，且面积不超过 200 m^2 的单层锅炉房，可以只开一个出口；锅炉房通向室外的门应向外开，在锅炉运行期不准锁住或闩住，锅炉房的出入口和通道应畅通无阻。

(5)露天布置的锅炉应有操作间，并应有可靠的防雨、防风、防冻、防腐的措施。

(6)锅炉房不得与甲乙类及使用可燃液体的丙类火灾危险性房间相连，若与其他生产厂房相连时，应用防火墙隔开，余热锅炉不受此限。

(7)锅炉房建筑的耐火等级和防火要求应符合有关《建筑设计防火规范》的要求。

(8)一般独立的燃油(气)锅炉房须设置泡沫及 1211 灭火器，室外应有消火栓。灭火器配置数量一般按 50 m^2 配置 1 只，但锅炉房内至少得 2 只。

某工厂两台 10 t/h 蒸汽锅炉房平面布置，如图 5.6 所示。

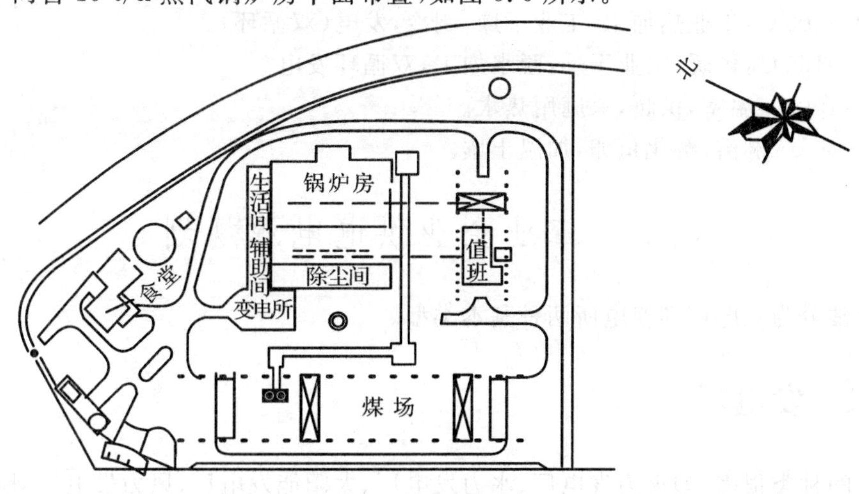

图 5.6　锅炉房平面布置图

5.3.3 工业余热与地热资源

1. 工业余热资源

在工业生产中，常有相当数量的热能被当做废热抛弃，这些热能可作为另一个生产过程的热源，这种热源称为余热。

在冶金、化工、机械制造、轻工、建筑材料等工业部门都有大量的余热资源。

我国工业企业一年余热量相当于 5×10^7 t 原煤发热量，但目前仅利用了 8%左右，可见我国在工业余热利用方面的潜力是很大的，而这些工业余热可以作为工业企业或城市集中供热的热源（或辅助热源）。

余热资源大致可分六类，即高温气余热，冷却水和冷却蒸汽的余热，废气废水的余热，高温炉渣和高温产品的余热，化学反应余热，可燃废气的载热性余热。

目前，一般用于集中供热的几种工业余热利用方式主要包括熄焦余热利用、高温溶渣余热利用、焦炉煤气初冷水余热利用和内燃机余热利用等。

2. 地热资源

地球是一个巨大的实心椭圆球体，地热能是地球中的天然热能。地层上层的平均温度梯度每加深 1 km 为 25℃。在某些异常的区域，可以确定为地热钻井区的地方，温度梯度大大超过 25℃。这类异常区约占全球陆地总面积的 10%。据估计在地壳表面 3 km 内可利用热能为 2×10^{20} cal（接近全世界煤储量的含热量，1cal＝4.184 J），这是一个极大的热源。

开发地热能，要在控制状况下获得足够数量的热能，首先通过钻井来获得热能，其次由传热流体携带到地面上来。按目前的技术水平，最大经济钻进深度为 3 000 m，地热开发温度由几十度至 300～350℃。

根据地热资源有无伴随传热流体（水、盐或蒸汽），把地热资源分为以下几种基本类型：低温地热水系统，高温地热系统，干热岩地热能，地压区域地热能，岩浆地热能。

目前普遍开发利用的是地热水、地热蒸汽，不同温度的地热流体利用范围如下：

(1)200～400℃：发电及综合利用。

(2)150～200℃：工业热加工，工业干燥，制冷，发电（双循环）。

(3)100～150℃：供暖，工业干燥，脱水加工，双循环发电。

(4)50～100℃：温室，供暖，家庭用热水。

(5)20～50℃：淋浴，孵化鱼卵，加温土壤。

5.4 工业企业供电电源规划

电源通常分为发电厂和变电所两种基本类型。

5.4.1 发电厂

发电厂的种类很多，如火力发电厂、水力发电厂、太阳能发电厂、风力发电厂、地热发电厂、潮汐发电厂、抽水蓄能电厂和原子能发电厂等。目前，我国作为城市电源的发电厂，主要有火力发电厂和水力发电厂。根据我国的能源发展战略,以原子能为新能源的核电站,将会受到重视和大力开发。

1. 火力发电厂

火力发电厂常用的燃料有三种:煤、石油和天然气。按其使用的不同燃料,分为燃煤发电厂、燃油发电厂和燃气发电厂(详见第 2 章)。

2. 水力发电厂

水力发电厂是利用河流、瀑布等水的位能发电的电厂。

水力发电的特点是同时能使发电、防洪、灌溉、航运、给水、渔业等方面的要求得到合理解决。水力发电成本低,约为火力发电的 1/3～1/4,但投资大,建设工期较长,受自然条件的影响较大。

(1)水力发电厂的分类。

1)按水电厂使用水头分类:

i)高水头水电厂:使用水头在 80 m 以上。

ii)中水头水电厂:使用水头在 30～80 m。

iii)低水头水电厂:使用水头在 30 m 以下。

此外还有抽水蓄能电厂和潮汐发电厂、波力发电厂。

2)按集中水头的方式分类:

i)堤坝式水电厂:此类水电厂又分为河床式和坝后式两种。

ii)引水式水电厂。

iii)混合式水电厂。

3)按径流调节分类,可分为蓄水式水电厂和径流式水电厂。

4)按水力发电厂的规模分类,如表 5.7 所示。

表 5.7　水力发电厂规模划分表

规　模	大　型	中　型	小　型
装机容量/(10^4 kW)	＞15	1.2～1.5	＜1.2

(2)水力发电厂选址。

1)电厂厂址一般选择在便于拦河筑坝的河流狭窄处,或水库水流下游处。

2)建厂地段须工程地质条件良好,地耐力高,非地质断裂带。

3. 原子能发电厂(核电站)

(1)原子能发电厂概述。

原子能发电厂是利用热核反应所释放出来的热量发电的电厂。

原子能发电主要特点是:能量密度大(1 kg 铀核燃料的能量,相当于 2 500 t 煤或 2 000 t 石油的能量。可以避免大量燃料运输,还可解决煤、石油燃料不足的问题),功率高,但也有两大严重的缺点,即放射性和对环境的热污染。

目前,原子能电站的建设投资已下降到与火电厂相接近的水平,成本也已逐步接近或低于火力发电。因此,各国都正在发展和计划发展原子能电站。

(2)原子能发电厂厂址选择。

1)靠近负荷中心:原子能发电厂使用燃料少,运输量最小,无论建设在什么地方,发电几乎都是一样的。因此,选址时首先应该考虑电站靠近负荷中心,以减少输电费,提高电力系统的可靠性和稳定性。

2)厂址要求在人口密度较低的地方。以电厂为中心,半径 1 km 内为隔离区,在隔离区外围,人口密度也要适当。在外围种植作物也要有所选择,更不能在其周围建设化工厂、炼油厂、自来水厂、医院和学校等。

3)用水量大:由于现代原子能发电厂的热效率较低,而且不像烧矿物燃料电站那样可以从烟囱释放部分热量,所以原子能发电厂比同等容量的矿物燃料电站需要更多的冷却水。

4)用地面积:发电厂用地面积主要决定于电厂的类型、容量及所需的隔离区。一个 6×10^5 kW 机组组成的发电厂占地面积大约为 40 ha,由 4 个 6×10^5 kW 机组组成的发电厂占地面积大约为 100~120ha。一般均选择足够的场地,留有发展余地。

5)地形要求平坦,尽量减少土石方。

6)地质与地震:场地不能选在断层、断口、解离、折叠地带,以免发生地震时造成地基不稳定。最好选在岩石床区,以保持最大的稳定性。

7)要求有良好的公路、铁路或水上交通条件,以便于运输发电厂设备和建筑材料。

8)还应考虑防洪、防泄、环境保护等条件。

9)气象:气象条件是影响选址的一个因素,要求气流畅通,有利于放射性废气的稀释扩散。应按当地最小频率的风向建在城市上风侧。要避免将厂址选在地形闭塞、通风不良的深山峡谷中。

10)水源和水文:保证足够且可靠的冷水,保证安全水源要求。如果一个厂址不能满足堆芯紧急冷却系统所需要的最低水量,则该厂址是不适宜的。

11)其他:厂址应避免选在飞机场、生产有爆炸性或有毒的化学品的工厂以及其他对核电站可能有害或互相有干扰的工厂或设施(如军用设施)附近。建议要求核电站厂址远离大的或商用机场,大量可爆炸或有毒物品仓库等的距离应不小于 8 km。

5.4.2 变电所

变电所是变换电压,交换、分配电力,控制电力流向和调整电压的场所。起到城市或企业电源作用的变电所,其电压等级一般在 220 kV 及以上。

1.变电所所址选择

(1)变电所(站)尽可能地接近主要用户,靠近负荷中心。

(2)便于各级电压线路进出线的布置,进出线走廊与所址同时决定。

(3)变电所建设地点工程地质条件良好,地耐力高,地质构造稳定。避开存在断层、滑坡、塌陷区、溶洞、泥石流和易发生滚石等的不良地质地带,如所址选在有矿藏的地区,应征得有关部门同意。

(4)所址地势高且尽可能平坦,不宜设于低洼地段,以免洪水淹没或涝渍影响。变电所的所址标高宜在百年一遇的洪水位之上。

(5)交通运输方便,适当考虑职工生活上的方便。

(6)避开严重污染及其他不符合变电所选址设计规程的场所,否则应采取防污措施或设在污染源的上风侧。

(7)具有生产和生活用水的可靠水源。

(8)不占或少占农田。

(9)注意对周围环境和邻近设施的影响和协调(如军事设施、通信电台、电信局、飞机场、领(导)航台、国家重点风景旅游区等),并取得有关协议。

(10)所址应远离有爆炸危险或有火灾危险的场所,所址距有爆炸危险场所和有火灾危险的建筑物的间距应符合有关规定。

2. 变电所主要设备及总平面布置

(1)变电所主要设备。

1)配电装置。在变电所内一般配电装置不仅占地面积大,且因全所大部分电气设备集中布置于此,工艺性强,并直接与外部电网相连,也是巡视、检修的主要对象,所以配电装置的布置对总平面设计起支配作用。

变电所是通过配电装置的出线与电网取得联系的,由此决定了配电装置与线路的密切关系。各级电压配电装置的方向和朝向(特别是主配电装置)必须同与之对应的出线保持协调一致,并注意排列整齐,避免相互交叉跨越,出线顺畅并有足够的出线走廊。

由于配电装置占地面积大,设备密集、支构架多,地面高差不应过大,宜尽量选择相对比较平坦而开阔的场地布置,以减少土石方工程,并提供较好的运行条件。构架宜平行自然等高线布置,以减少基础埋深,简化构架选型。

2)主控制楼(室)。主控制楼(室)是变电所的神经中枢和全所的控制中心,运行值班人员集中于此。主控制楼(室)建筑的形式及其在所内的位置合理与否,在一定程度上决定了运行条件之优劣。同时它又是主体建筑,布置时还应兼顾有较好的所容,可见其位置之重要。

主控制楼(室)应遵循以下原则进行布置:①具有良好的监视条件;②便于敷设电缆;③方便巡视联系;④力求有较好朝向;⑤满意的布置效果。

3)主变压器。主变压器是全所的主设备,是高低压配电装置电压变换的联络点,唯有通过主变压器方能把几个独立的配电装置连成有机的整体,向电网或用户提供电能,所以主变压器与各级电压的配电装置在工艺上有密切的联系。有时也将无功补偿装置与主变压器的低压侧直接相连。因此,主变压器的布置首先应满足工艺要求,要便于向各级电压的配电装置进线,留出相应的走廊。主变压器一般布置在配电装置之间、配电装置与调相机或静止补偿装置之间及主配电装置与主控制楼(室)之间。

(2)变电所总平面布置。一般变电所有 2 个电压等级。按设备功能分区一般为高电压配电装置、变压器和低电压配电装置区。按照高电压配电装置、变压器和低电压配电装置区的相互位置可划分为如下布置形式:

1)三列式。即高电压配电装置、变压器和低电压配电装置区各位一列。即两种电压出线方向相反,且所区场地又较方整时,则将两配电装置相互平行排列,如图 5.7 所示。

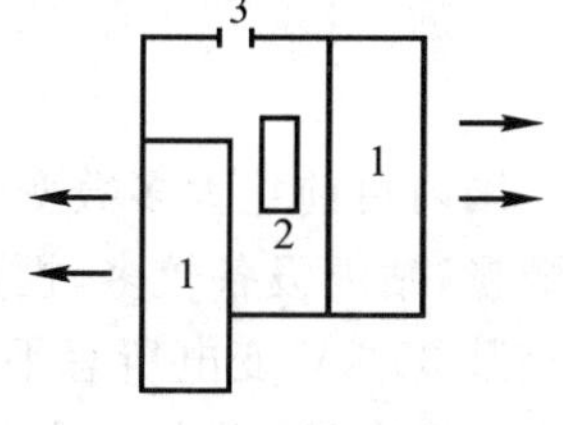

图 5.7　三列式配电装置
1—主配电装置;
2—主变压器;3—主要入口

2)二列式。当两种电压(指所内最高的两级电压,下同)的出线方向相同时,将两个配电装置布置成一列式,即配电装置和变压器区各位一列,仅用于出线方向有严格限制时采用。此种布置适用于所区宽度较小的长条形场地，基本形式如图 5.8 所示。

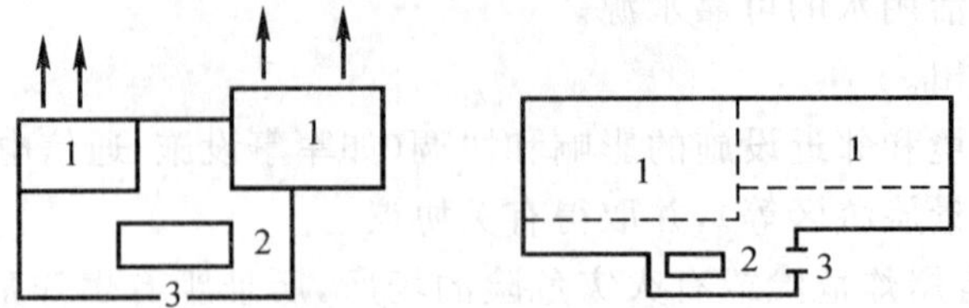

图 5.8　二列式配电装置

1—主配电装置；2—主变压器；3—主要入口

3)转角式。实际为二列式或三列式为适应不同出线方向要求的变形。两种电压分别向相互垂直的两个方向出线时，两配电装置亦应配置成相互垂直的“L”形，如图 5.9 所示。

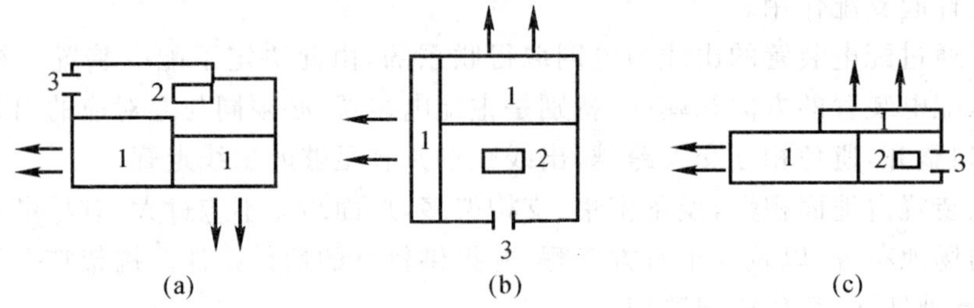

图 5.9　“L”形配电装置

1—主配电装置；2—主变压器；3—主要入口

4)其他形式。仅在地形条件严重受限时采用。结合不规则的场地形状，因地制宜、灵活布置，如将配电装置转动任一角度。这种情况以往在山区变电所较常见，如图 5.10 所示。

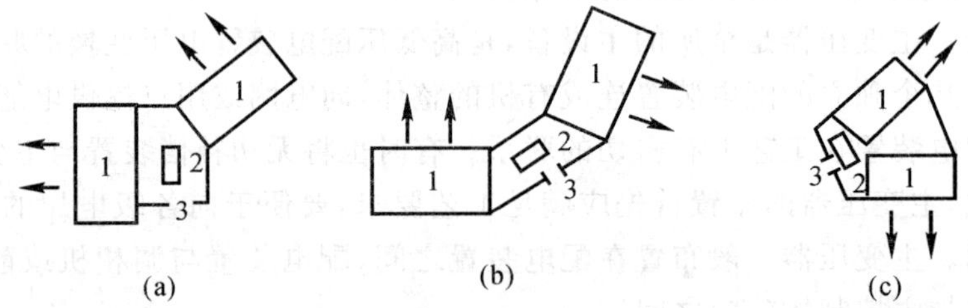

图 5.10　转角形配电装置

1—主配电装置；2—主变压器；3—主要入口

国内目前绝大多数变电所均采用三列式，其他三种形式在同等建设规模时，存在工艺布置不顺畅，站内设备较多，投资较大，所区占地面积较大等问题，一般很少采用。

某 35 kV 变电所总平面布置如图 5.11 所示。其布置特点：结合地形特征，全所采用 7% 的大坡度布置，纵向分设两个阶梯；为便于出线，35 kV 屋外配电装置设在所区西南的上台阶；降压变压器、10 kV 配电室、值班室设在下台阶，高差为 2 m；所区占地面积为 0.12 ha。

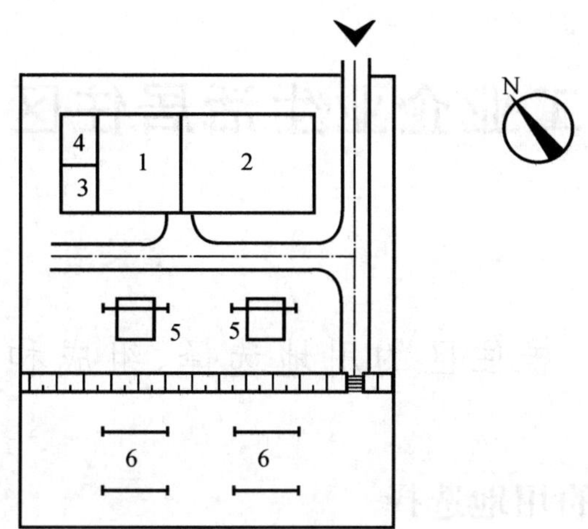

图 5.11　某 35 kV 变电所总图布置

1—主控制室；2—10 kV 配电室；3—工具间；
4—套间；5—主变压器；6—35 kV 出线构架

第6章 工业企业生活居住区用地规划

6.1 居住区的用地选择、组成和规模

6.1.1 居住区的用地选择

1.居住区用地选择的要求

其用地选择要求在满足国家和地方对于土地开发与选址相关的法律条文、标准、规程、规范的基础上，一般考虑如下几个方面：

(1)工业企业居住区宜集中布置，或与邻近工业企业协作组成集中居住区。必要时，也可集中与分散相结合。

(2)在符合安全和防护距离的要求下，居住区宜靠近工业企业布置。当工业企业位于城镇郊区时，居住区宜靠近城镇，并与城镇统一规划。居住区最远边缘到工厂最近出入口的步行时间，不宜超过30 min。当超过上述步行时间时，宜设置交通工具。

(3)向大气排放有害气体、烟、雾、粉尘等有害物质的工业企业，应位于居住区全年最小风频的上风侧。

(4)居住区应充分利用荒地、劣地。在山坡地段布置居住区时，应选择在不窝风的阳坡地段。

(5)居住区与厂区之间，不宜有铁路穿越。当必须穿越时，应根据人流、车流的频繁程度等因素，按国家现行的有关标准规定设置立交或看守道口。居住区不应有铁路或过境公路穿越。

(6)居住区用地宜避开工矿企业大宗物流出入的方向，避免人流、物流混行。

2.居住区用地选择的基本原则

居住用地的选择关系到城市功能布局、居民的生活质量与环境质量、建设经济性等多个方面。

(1)避免非法占用耕地、自然保护区和濒危动物的栖息地，鼓励使用废弃土地作为居住用地。用地选择应注意保护耕地，鼓励对荒地、废弃地进行改良，成为适宜的住宅用地，以充分利用土地资源，还可以选择具有开发潜力的再开发用地，优先选择已开发且具有城市改造潜力的地区，使旧城不断地完善和优化。

(2)保护用地周围的自然环境，保证居住环境的安全，对自然灾害有充分的抵御能力。居住区建设应当保护绿地、保护生活环境和自然资源。选择居住区用地不应任意破坏地形、地貌、自然水系和森林。用地选择应注意对居住用地的地质与水文状况作出分析，用地应位于洪水水位之上，充分考虑到地震、火灾、泥石流、滑坡等自然灾害的应对措施，远离污染源。

(3)保护用地周围的人文环境，居住区建设还应当充分考虑到人文环境可持续发展的需

要，保护、继承、发扬文化传统的精华，突出地方特色，重视历史文化保护区的空间和环境保护。

(4)充分利用土地资源，将建筑密度、建筑高度控制在国家和城市规划规定的范围之内，选择适当的容积率和建筑覆盖率，保持建设用地和绿化用地等各项用地的平衡。

(5)居住区选址应有利于居民的出行，与外界交往方便，附近公共交通便利。居住区内停车设施方便和充足，并符合国家和地方的有关规定，应减少内外机动车造成的环境污染和安全隐患，优化区域交通网络，提高土地的利用率。

(6)选址应远离各类污染源，保证居住区居民有健康的生活环境。空气飘尘、污染物浓度、异味排放应满足有关要求；消除各种噪声造成的污染，确保环境噪声达标。

6.1.2　居住区与工业(区)的关系

1. 居住区与工业(区)平行布置

居住区与工业(区)平行布置即工业区的长边与居住区相邻，其布置方式如图 6.1 所示。优点是工业区宽度比较合适，利于工厂成组布置，并且工业区与居住区的关系较好，职工上下班方便，扩充发展也互不影响。采用这种方式布置的实例如图 6.2 所示。

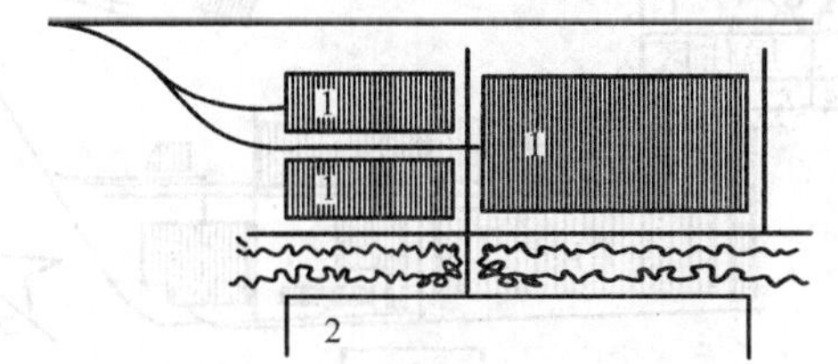

图 6.1　工业区与居住区平行布置

1—工业区；2—居住区

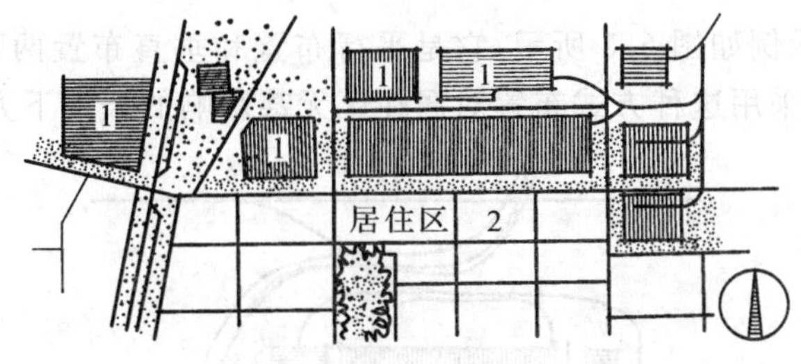

图 6.2　石家庄北部某工业区

2. 居住区与工业(区)垂直布置

居住区与工业(区)垂直布置即工业区的短边与居住区相邻，其布置方式如图 6.3 所示。优点是工业区内各工厂可通过交通干道与居住区相联系，工业发展余地较大，易于解决铁路专用线与人流交叉问题。另外，由于工业区与居住区的相邻长度较短，加之各种污染源又可按不同污染程度排列，所以防护带大为减少。但是要注意，如果大面积的工业区还采取这种布置方式，就会增加工人上下班的距离。采用这种布置方式的实例如图 6.4 所示。

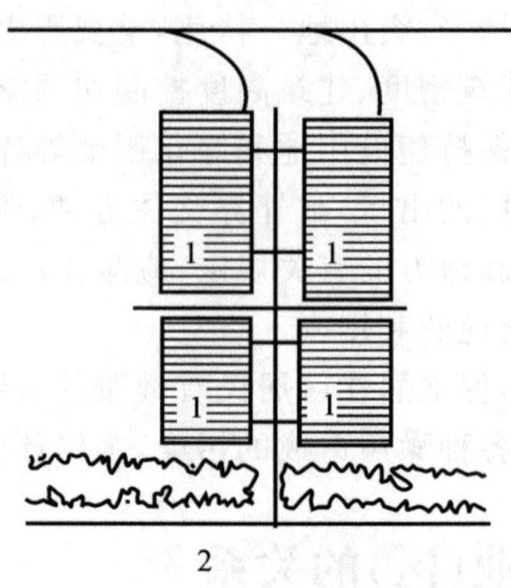

图 6.3　工业区与居住区垂直布置

1—工业区;2—居住区

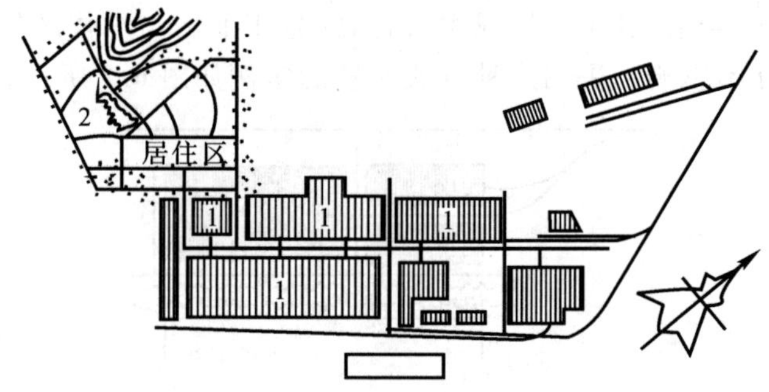

图 6.4　东北某石化总厂

3. 混合布置方式

混合布置方式的示例如图 6.5 所示,它是平行布置和垂直布置两种方式的混合使用。在用地条件受限制,并且采用这种方式布置对居住区无甚影响的条件下方可采用。

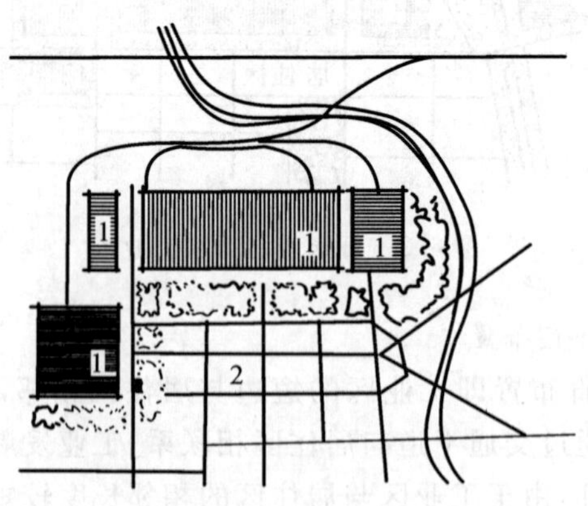

图 6.5　混合布置方式

1—工业区;2—居住区

4. 工业区相对独立于城市居住区布置

这种布置方式的示例如图 6.6 所示，当工业区面积很大，而又受地形或现状（如中为丘陵、河流或铁路所隔）条件限制时，可把工业区与居住区分别布置在两个独立地段，但必须合理组织好专用交通，以解决职工的上下班问题。

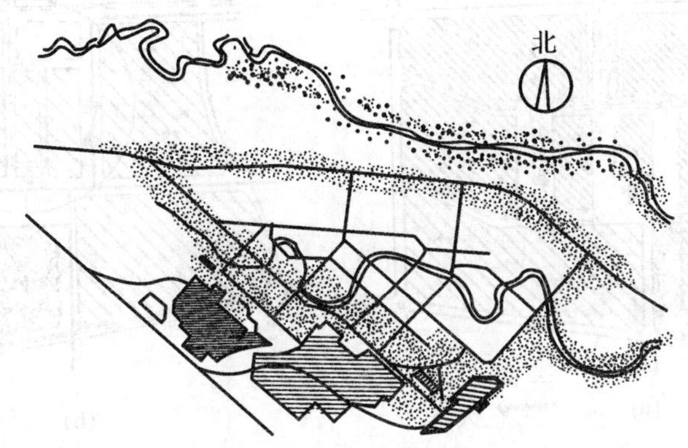

图 6.6　相对独立布置实例

5. 分散布置居民点和集中大工业区布置

即在各居民点组群之中建立一个大工业区，而大工业区中有综合性工业、科研、教育机构、行政管理和公共中心等。这种布置形式如图 6.7 所示。展望将来生产集中的趋势，这是最恰当的方法。

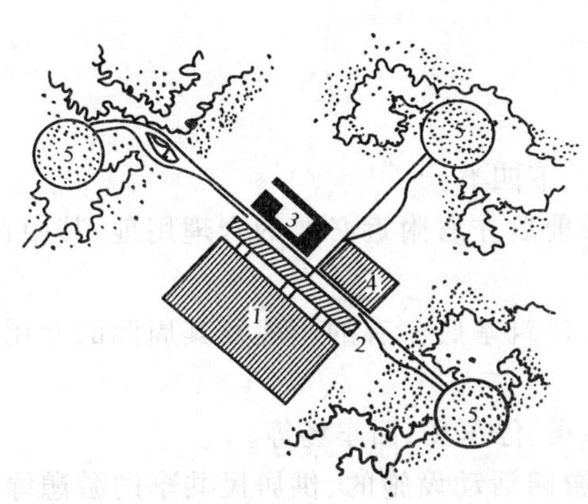

图 6.7　分散布置居民点和集中大工业区布置

1—工业企业；2—科学研究中心；3—学校；
4—生产管理和公共中心；5—居民点

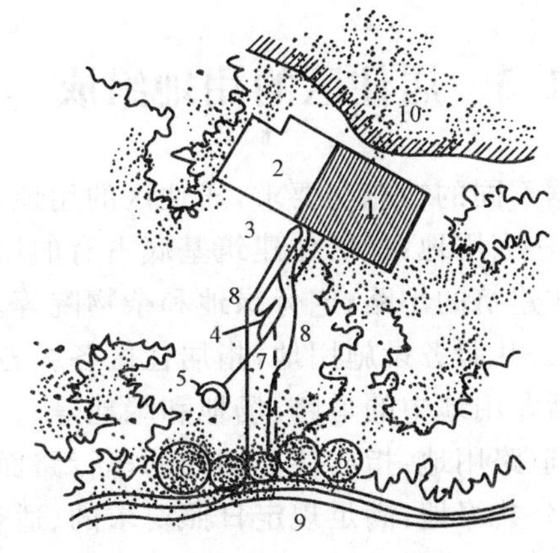

图 6.8　居住区远离工业区布置

1—工业企业；2—协作服务设施；3—公共中心；
4—生产用水池；5—科学技术中心和生产管理机构；
6—居住用地；7—输水管；8—交通干线；9—河流；10—原料基地

6. 居住区远离工业区布置

即将工厂的居住区布置在最适于生活的地方（水域沿岸、大片林地之间），而将工业区布置在远离居住区的、最利于生产的地方。这种布置方式如图 6.8 所示。它适宜于生产自动化的工厂，或对周围环境带有危险性的工厂。在这种情况下，生产过程可采取远程控制。

7. 综合性工业(居住区)布置方式

它是将工业组群和居住用地布置在一起,组成所谓综合性工业——居住区。这种布置方式如图 6.9 所示,它适宜在大城市和特大城市采用。

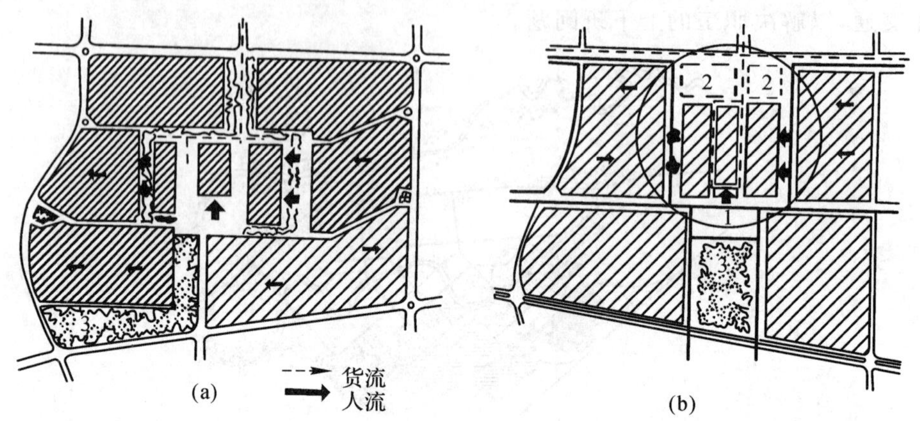

图 6.9 综合性工业(居住区)布置示例

(a)综合区与居住小区的配置关系;(b)综合区以林荫道与市中心或区域中心相联系

1—与居住区公用的公共中心;2—备用地;3—公园

这种综合区的特点是:居住和工作地点之间以步行交通为主;工业区和居住区在动力供应、热力设施以及生活福利设施等方面开展协作和统一安排;还可以统一建设工业区和居住区公用的公共中心。在现代化生产条件下,建立综合区的做法越来越受到人们的好评。

6.1.3 居住区的用地组成

根据不同的功能与要求,居住区的用地可分为以下四类:

(1)住宅用地:指居住建筑基底占有的用地以及前后左右附近必要的合理用地,其中包括通向居住建筑的小路、宅旁绿地和杂物院等。

(2)公共服务设施用地:指居住区各级各类公共建筑基底占有的用地及其周围的专用地,其中包括专用地中的道路、场地和绿地等。

(3)道路用地:指居住范围内的车行路面及小广场、停车场、回车场等。

(4)公共绿地:满足规定日照要求的、适合安排游憩活动设施的、供居民共享的游憩绿地,应包括居住区公园、小游园和组团绿地及其他块状、带状绿地等。

以上各项用地所占的比例平衡控制指标,应符合表 6.1 规定。

表 6.1 居住区用地平衡控制指标 单位:%

序 号	用地构成	居住区	小 区	组 团
1	住宅用地(R01)	50～60	55～65	70～80
2	公建用地(R02)	15～25	12～22	6～12
3	道路用地(R03)	10～18	9～17	7～15
4	公共绿地(R04)	7.5～18	5～15	3～6
	居住区用地(R)	100	100	100

6.1.4 居住区的规模

居住区的规模包括人口规模和用地规模两个方面，一般以人口规模为主。

居住区规模的确定和估算，可从人口和用地两个方面确定。对于独立的新建居住区，其人口包括厂矿企业职工，为新建厂矿长期服务的工程设计及施工单位职工；而对城镇原有居住区的改建，则首先应调查旧居住区的用地和人口现状，然后根据城市总体规划的要求对用地进行合理调整后进行人口估算。下面主要就新建居住区的人口和用地以及总建筑面积的估算分别加以叙述。

1. 居住区总人口的估算

$$\text{居住区总人口}=\text{单身职工数}+\left(\text{带眷职工数}-\frac{\text{双职工数}}{2}\right)\times\text{平均每户人口}$$

居住区职工总人数中包括：

(1)工厂在册职工数：①生产工人、辅助生产工人；②技术人员，党、团行政人员(一般可按生产及辅助工人的 12%估算)；③警卫、消防、勤杂人员(按实际需要考虑)；④食堂、浴室、门诊所(附设病床)、幼托、哺乳室、子弟学校、开水房、招待所等人员(一般可按①～③项职工人数的 6%～6.5%估算)。

(2)为新建厂矿长期服务的工程设计及施工单位职工。

(3)居住区商业服务人员。一般可按工厂在册职工人数的 2.5%～3.5%估算。

单身职工和带眷职工的比例，应根据国家建委《修订职工住宅、宿舍建筑标准的几项意见》中规定的新建厂带眷比，及双职工占职工总数的比例选取。

在独立厂矿居住区，带眷职工比例较高，可采用上限指标。靠近旧城的新建区带眷职工比较低，可采用下限指标。带眷职工的比例又与工业企业的生产性质有关，一般来说，冶金、重机、采掘等重工企业，双职工比例较低(约占带眷职工的 10%左右)，单身职工比例较高可采用上限指标；而轻工和精密机械等工业的双职工比例较高(约占带眷职工的 20%～30%)，单身职工数较低，可采用下限指标；有些规模较大、长年有培训任务的企业，单身职工比例较高，也可采用上限指标。

例：计算某石油化工总厂居住区人口。

全厂职工总人数为 33 000 人。据资料提供：其中单身职工占职工总数的 2/3，带眷职工占 1/3；同时双职工占带眷职工的 30%，平均每户 4.5 人。则

$$\text{居住区总人口}=\text{职工总数}\times\left[\frac{2}{3}+\left[\frac{1}{3}-\frac{\frac{1}{3}\times 30\%}{2}\right]\times 4.5\right]=$$

$$33\,000\times\left[\frac{2}{3}+\left(\frac{1}{3}-\frac{0.1}{2}\right)\times 4.5\right]=33\,000\times 1.942\approx 64\,000\text{ 人}$$

有时为了便于计算，可采用带眷系数的计算方法，即

$$\text{居住区总人口}=\text{单身职工}+\text{带眷职工}\times\text{带眷系数}$$

带眷系数一般在 3～3.6 之间。

2. 居住区总用地的估算

为了便于选择和征用新建厂矿居住区用地，一般应根据人口规模进行用地的估算。

工矿企业生活区建设总用地和单项用地人均指标不宜超过表 6.2 的规定。

表 6.2　工矿企业生活区建设用地指标　单位:m²/人

用地类型＼人口规模/万人	0.3～2	2～4	4～5
居住建筑用地	11～13.5	11～13.5	11～13.5
公共建筑用地	2～4	3.5～5.5	5～6.5
道路广场用地	1～2.5	2～3	3～4
公共绿地	1～2	1.5～3	2～3
其他用地	1	1	1～2
生活区总用地	16～23	19～26	22～29

注:人口规模大于 5 万人的,按照城市规划标准建设;人口规模小于 3 000 人大于 1 000 人的,可取 0.3 万人～2 万人档次各项建设用地指标的下限;人口规模小于 1 000 人的,按居住建筑用地指标执行。

也可参考人均居住区用地控制指标,确定居住区用地规模。具体规定参见表 6.3。

表 6.3　人均居住区用地控制指标　单位:m²/人

居住规模	层　数	大城市	中等城市	小城市
居住区	多层	16～21	16～22	16～25
	多层、中高层	14～18	15～20	15～20
	多、中高、高层	12.5～17	13～17	13～17
	多层、高层	12.5～16	13～16	13～16
小区	低层	20～25	20～25	20～30
	多层	15～19	15～20	15～22
	多层、中高层	14～18	14～20	14～20
	中高层	13～14	13～15	13～15
	多层、高层	11～14	12.5～15	
	高层	10～12	10～13	
组团	低层	18～20	20～23	20～25
	多层	14～15	14～16	14～20
	多层、中高层	12.5～15	12.5～15	12.5～15
	中高层	12.5～14	12.5～14	12.5～15
	多层、高层	10～13	10～13	
	高层	7～10	8～10	

注:本表各项指标按每户 3.5 人计算。

总之,居住区作为工矿企业的一个组成部分,应有其合理的规模,这个合理规模应符合功能、技术经济和管理的要求，一般以 5 万人～6 万人为宜，小的可在 3 万人左右。

6.2　居住区的类型和规划结构

6.2.1　居住区的类型

按建筑条件的不同可分为新建的居住区和城市旧居住区。

新居住区的建设和对旧居住区的改造由于条件的不同应区别对待，特别是旧居住区的改造比新居住区的建设更为复杂和艰巨，应在详细占有现状资料的基础上，根据需要与可能，分不同情况改造旧居住区。

按居住区所处位置的不同可分为以下两类。

(1)城市型居住区：这类居住区在用地上是城市功能用地（生活居住用地）的有机组成部分，具有相对独立的居住生活单位。在居住区内一般可设置主要为居住区服务的公共服务设施，而居住区级以上的公共服务设施则由城市统一考虑安排，但城市型居住区无论从建设管理上、生活供应上以及居民的工作、学习、休息等方面都和城市有着密切的联系。

(2)独立的工矿企业居住区：这类居住区一般是专为某一个或几个厂矿的职工及其家属而建设的，因此居住对象比较单一。这类居住区大都由于远离城市或与城市交通联系不便而具有较大的独立性，因此在居住区内除了考虑设置一般城市型居住区所需要的公共服务设施外，还要设置更高一级的内容，如设备较齐全的医院等。这类居住区的公共服务设施往往还要兼为附近农村服务。因此，独立工矿企业居住区公共服务设施的项目和定额比城市型居住区适当增加，但建筑标准并不比城市型的高。

城市型居住区和独立的工矿企业居住区的主要区别在于公共服务设施的项目和定额指标应有所不同。

6.2.2　居住区的规划结构基本形式

居住区的规划结构，是根据居住区的功能要求综合地解决住宅与公共服务设施、道路、绿地等相互关系而采取的组织方式。居住区规划结构的基本形式有三种，其分级控制规模如表 6.4 所示。

表 6.4　居住区分级控制规模表

	居住区	小　区	组　团
户数/户	10 000～16 000	3 000～5 000	300～1 000
人口/人	30 000～50 000	10 000～15 000	1 000～3 000
用地/ha	50～100	10～30	1～3

1. *以居住小区为规划基本单位来组织居住区*

居住小区是由城市道路或城市道路与自然界线（如河流）划分的具有一定规模并不为城市

交通干道所穿越的完整地段，区内设有一整套满足居民日常生活需要的基层公共服务设施和机构。以居住小区为基本规划单位来组织居住区不仅能保证居民生活的方便、安全和区内的安静，而且还有利于城市道路的分工和交通的组织，并能减少城市道路密度。

居住小区的规模主要根据基层公共建设成套配置的经济合理性，居民使用的安全和方便，城市道路交通以及自然地形条件、住宅层数和人口分布等综合考虑。其面积大小因居住用地指标和城市道路间距大小而异，人口为1万人～1.5万人左右。这种规划结构方式如图6.10所示。

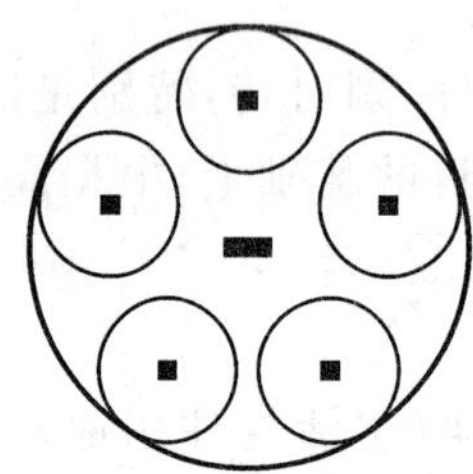

图6.10　以居住小区为基本单位

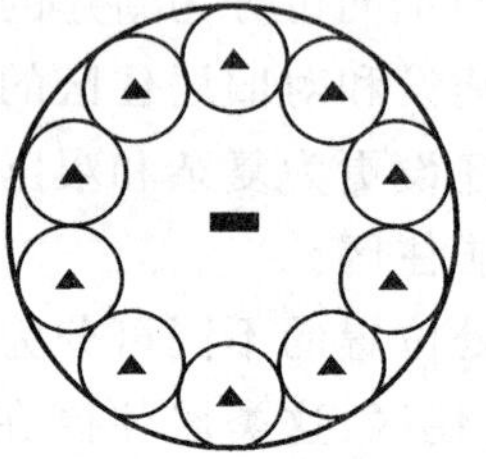

图6.11　以居住生活单元为基本单元

2.以居住生活单元为基本单位组织居住区

这种组织方式不划分明确的小区用地范围，居住区直接由若干居住生活单元组成，也可以说是一种扩大小区的形式。

其规划结构的方式为：居住区——居住生活单元，如图6.11所示。

居住生活单元相当于一个居民委员会的规模，一般为3 000～5 000人。居住生活单元内一般应设有居委会办公室、医疗站、青少年校外活动站、老年退休工人活动室、服务站、小商店(或代销点)、托儿所、儿童或成年人活动休息场地、小块绿地等，这些项目和内容基本为本居委会居民服务。其他一些基层公共建筑则根据不同的特点按服务半径在居住区范围内统一考虑，均衡灵活布置。

3.以居住生活单元和居住小区为基本单位来组织居住区

其规划结构方式为居住区—居住小区—居住生活单元，如图6.12所示。

居住区由若干个居住小区组成，每个小区由2～3个居住生活单元组成。

居住区的规划结构形式不是一成不变的，随着社会生产的发展，人民生活水平的提高，社会生活组织和生活方式的变化，公共服务设施的不断完善和发展，居住区的规划结构方式也会相应地变化。

图6.13是居住区规划结构实例。

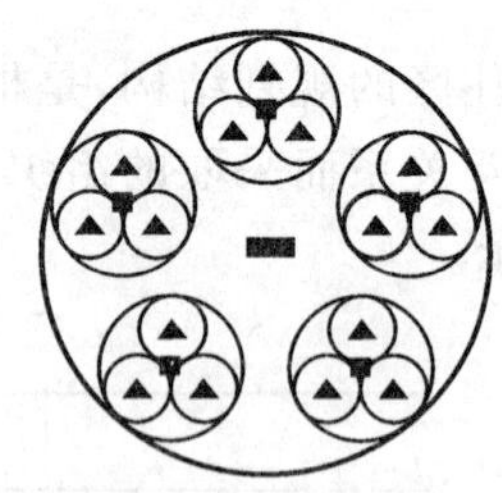

图6.12　以居住生活单元和居住小区为基本单元

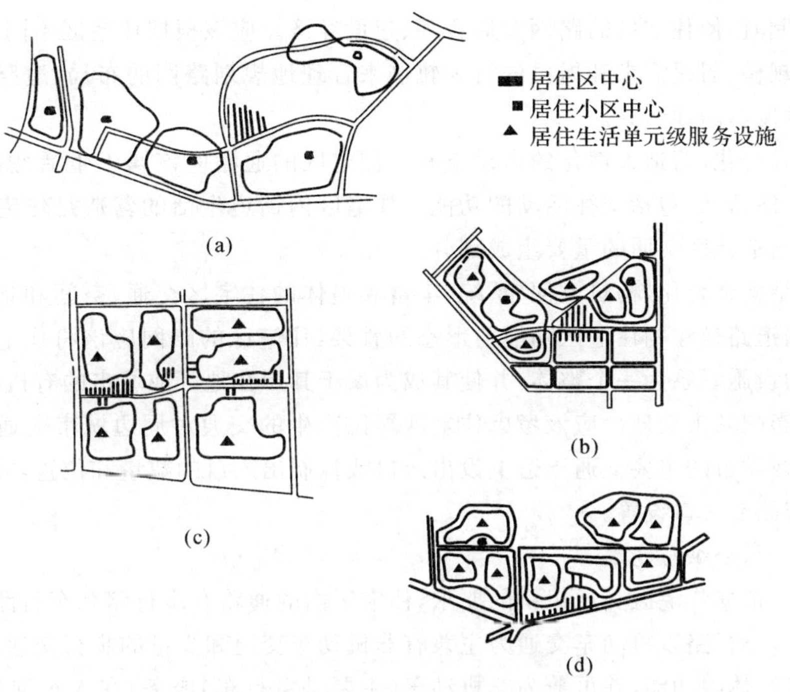

图 6.13　国内居住区规划结构实例

(a)广州沙冲居住区,人口 4 万,由 5 个居住小区组成;

(b)辽阳石化总厂居住区,人口 4 万,由 1 个单身宿舍区和 2 个居住小区组成;

(c)上海彭浦新村居住区,人口 3.2 万,由 7 个居住生活单元组成;

(d)旅大金家街工人村,人口 2.4 万,由 3 个小区组成

6.3　居住区规划设计

6.3.1　居住区路网规划

1. 居住区的路网规划原则

居住区的路网布局规划应在居住区交通组织规划的基础上,采用适合于相应交通组织方式的路网形式,并遵循以下原则:

(1)顺而不穿,保持住宅区内居民生活的完整与舒适。住宅区内的路网布局包括住宅区出入口的位置与数量,应该吻合居民通勤交通的主要流向,避免产生逆向交通流;应该防止不必要的交通穿行或进入住宅区,如目的地不在住宅区之内的交通穿行和误行;应该使居民的出行能安全、便捷地到达目的地,避免在住宅区内穿行。

(2)分级布置,逐级衔接,保证住宅区交通安全、环境安静以及居住空间领域的完整。应该根据通路所在的位置、空间性质和服务人口,确定其性质、等级、宽度和断面形式,不同等级的通路应该归属于相应的空间层次内;不同等级的通路,特别是机动车道路,应该尽可能地做到逐级衔接。

(3)因地制宜,使住宅区的路网布局合理、建设经济。应该根据住宅区不同的基地形状、基地地形、人口规模、居民需求和居民的行为轨迹来合理地规划路网的布局、道路用地的比例和各类道路的宽度与断面形式。

(4)功能复合化,营造人性化的街道空间。住宅区的通路应该属于生活性的街道,同时具备居民日常生活活动,包括交往活动的功能。住宅区内街道生活的营造是住宅区适居性的重要方面,也是营造社区文明的重要组成部分。

(5)空间结构整合化,构筑方便、系统、丰富和整体的住宅区交通、空间和景观网络。各类各级住宅区的道路是建构住宅区功能与形态的骨架,住宅区的路网应该将住宅、服务设施、绿地等区内外的设施联系为一个整体,并使其成为属于其所在地区或城市的有机组成部分。

(6)避免影响城市交通。应该考虑住宅区居民产生的交通对周边城市交通可能产生的不利影响,避免在城市的主要交通干道上设出入口或控制出入口的数量和位置,并避免住宅区的出入口靠近道路交叉口设置。

2.道路类型、分级与宽度

(1)类型。依据住宅区交通组织的要求,住宅区内的通路有步行路和车行路两种。在人车分行的路网中,车行路以机动车交通为主兼有非机动车交通和少量的步行交通,步行路则兼有步行交通和步行休闲功能,并可兼为非机动车(主要是自行车)服务;在人车混行的路网中,车行路共有机动车、非机动车和步行三种交通形式,也同时有专门的步行路系统,但一般主要是用于消闲功能。

(2)分级、宽度与断面形式。居住区的道路分级是按照居住区规划设计的理论,对应于相应人口规模和用地规模来进行的,主要针对车行道路。而居住区道路的宽度则是按照其等级来确定的。

住宅区的道路通常可分为四级,即居住区级、居住小区级、居住组团级和宅间小路。

居住区级道路:居住区级道路为住宅区内外联系的主要道路,道路红线宽度一般为20～30 m,山地居住区不小于15 m。车行道一般需9 m,如考虑通行公交时应增加至10～14 m,人行道宽度一般在2～4 m左右。居住区级道路多采用一块板形式,在规模较大的居住区中部分居住区级道路也可采用三块板的形式。

居住小区级道路:居住小区级道路是居住小区的内外联系的主要道路,道路红线宽度一般为10～14 m,车行道宽度一般为5～8 m。在道路红线宽于12 m时可以考虑设人行道,其宽度在1.5～2 m左右。

居住组团级道路:居住组团级道路为居住小区内部的主要道路,它起着联系居住小区范围内各个住宅群落的作用,有时也伸入住宅院落中。其道路红线宽度一般在8～10 m之间,车行道要求为5～7 m,大部分情况下居住组团级道路不需要设专门的人行道。

宅间小路:宅间小路是指直接通到住宅单元入口或住户的通路,它起着连接住宅单元与单元、连接住宅单元与居住组团级道路或其他等级道路的作用。其路幅宽度不宜小于2.5 m,连接高层住宅时其宽度不宜小于3.5 m。住宅区道路的主要断面形式如图6.14所示。

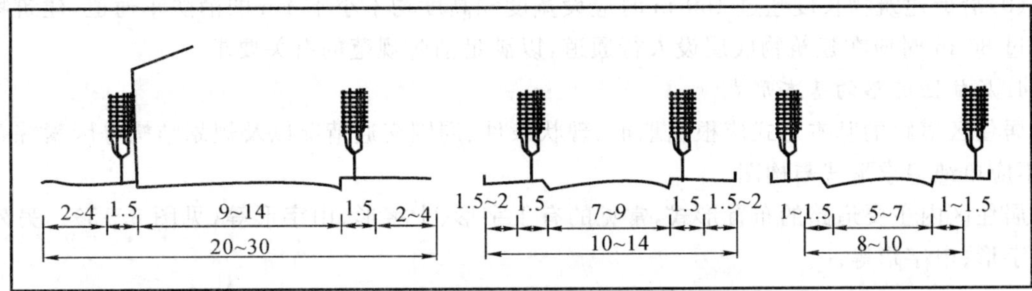

图 6.14　住宅区道路的主要断面形式

3. 道路规划设计的规定

(1)一个较大规模的住宅区(如居住小区)一般至少需要两个对外联系的道路出入口。

(2)当居住区向城市交通性干道开出入口时,其出入口之间的间距不应该小于 150 m。

(3)当居住区的主要道路(指高于居住小区级的道路或道路红线宽度大于 10 m 的道路)与城市道路相交时,其交角不宜小于 75°。

(4)居住区内应该设置为残疾人通行服务的无障碍通道,通行轮椅的坡道宽度不应小于 2.5 m,纵坡不应大于 2.5%。

(5)尽端路的长度不宜超过 120 m,在尽端处应设 12 m×12 m 的回车场地。

(6)地面坡度大于 8%时应辅以梯步解决竖向通行,并应在梯步旁设自行车推行车道。

(7)机动车道、非机动车道和步行路的纵坡应满足相应的道路纵坡要求,对机动车与非机动车混行道路的纵坡宜按非机动车道的纵坡要求控制(见表 6.5)。

表 6.5　居住区道路纵坡控制指标

道路类别	最小纵坡	最大纵坡	多雪严寒地区最大纵坡
机动车道	≥0.3%	≤8.0%,L≤200 m	≤5.0%,L≤600 m
非机动车道	≥0.3%	≤3.0%,L≤50 m	≤2.0%,L≤100 m
步行道	≥0.5%	≤8.0%	≤4.0%

注:L 为坡长。

(8)各类道路距建筑物边缘的距离应该满足表 6.6 的规定。

表 6.6　居住区道路边缘至建、构筑物的最小距离

与建、构筑物关系 \ 道路级别		居住区道路	居住小区道路	居住组团路及宅间小路
建筑物面向道路	无出入口	高层为 5 m 多层为 3 m	高层为 3 m 多层为 3 m	高层为 2 m 多层为 2 m
	有出入口		5 m	2.5 m
建筑物山墙面向道路		高层为 4 m 多层为 2 m	高层为 2 m 多层为 2 m	高层为 1.5 m 多层为 1.5 m
围墙面向道路		1.5 m	1.5 m	1.5 m

注:居住区道路边缘指道路红线;小区路、组团路及宅间小路边缘指路面边线。当小区路有人行道时,其道路边缘指道边线。

(9)沿街建筑物长度超过 160 m 时应设宽度和高度均不小于 4m 的消防车通道，建筑物长度超过 80 m 时应在建筑物底层设人行通道，以满足消防规范的有关要求。

4. 居住区道路的基本形式

居住区道路的基本形式应根据地形、现状条件、周围交通情况以及规划结构等因素综合考虑，不应单纯追求形式与构图。

居住区内主要道路的布置形式，常见的有丁字形、十字形、山字形等(见图 6.15)。另外还有井字形、申字形等。

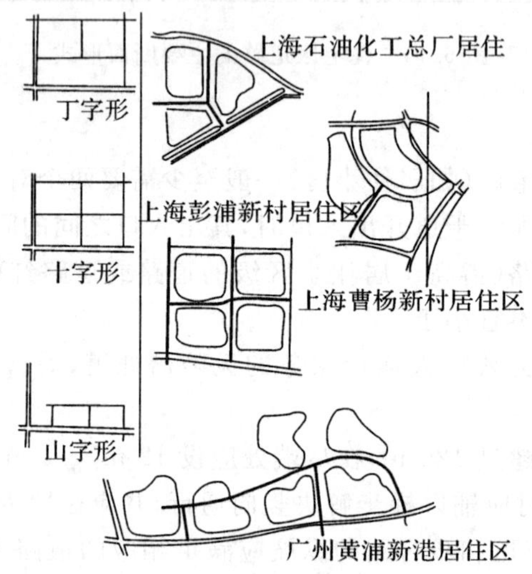

图 6.15 居住区内主要道路布置形式

居住小区内部道路的布置形式有环通式、尽端式、半环式、混合式等(见图 6.16)。

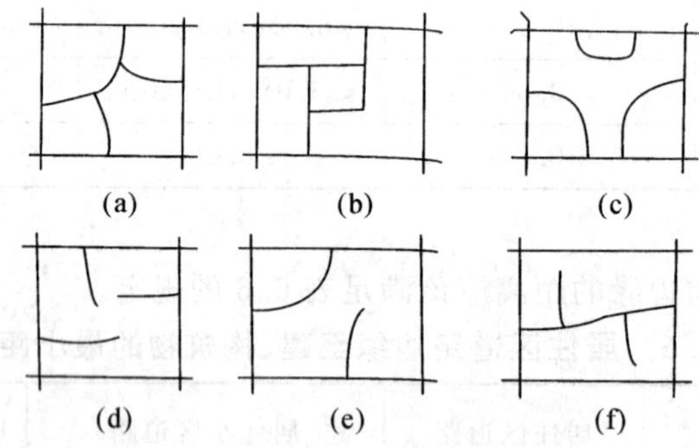

图 6.16 住宅小区内部道路的布置形式

(a)(b)环通式；(c)半环式；(d)尽端式；(e)(f)混合式

6.3.2 居住区中心的建筑布局

1. 居住区中心的位置

居住区中心在居住区中有居中和居边缘两种位置。

在新建的规模较大的居住区，居住区中心多位于居住区的几何中心，为住宅所包围，居民离中心的距离比较均匀，居住区主要道路汇集于此，中心的布局不需要有方向性，所以多围绕庭院、广场、绿地组织公共建筑群，采用成片集中布局形式(见图 6.17(a)(b))。当汇集中心的道路功能有主次分工时，常常在主要道路上沿街布置部分商店，与人流的主要来源方向呼应，强调这条道路的作用，采用以片状为主，线状、片状混合布局的形式(见图 6.17(c))。

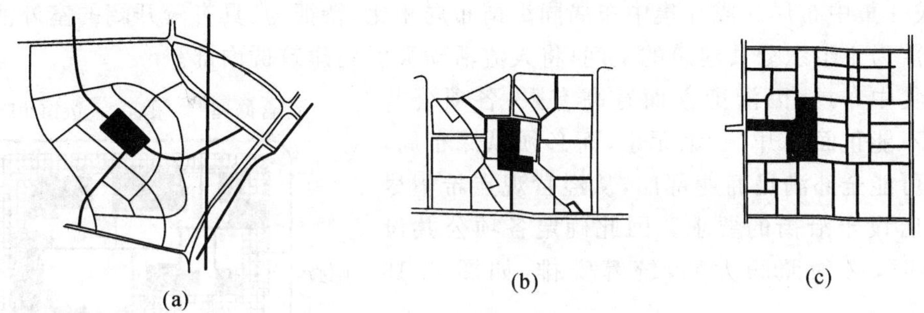

图 6.17　居住区中心位置实例之一

(a)上海曹杨；(b)天津中山门；(c)天津石化总厂

独立工矿企业居住区的中心是生活区和工厂区联系的纽带，位置一般在居住区的边缘，即生活区和工厂区之间，通往厂区的主要道路上。这个位置交通方便，职工上下班购买顺路，也便于附近居民和农民使用。这类居住区远离城市，中心布局需要开敞，要有热闹的商业气氛，所以多采用商业街的布局形式。中心选择在居住区主要出入口的内部道路时，公共建筑可以沿街两侧布置(见图 6.18(a))，在城市交通干道上，则采用沿街单侧布置(见图 6.18(b))。当居住区的中心项目内容较多时，为满足不同功能要求，缩短沿街长度，则采用沿街线状和片状结合的布局形式，商业设施沿街线状布置，文化设施片状布置(见图 6.18(c))。

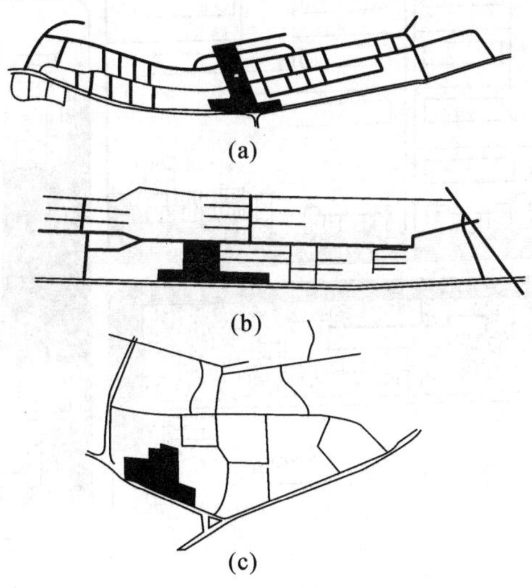

图 6.18　居住区中心位置实例之二

2. 居住区中心建筑布局形式

居住区中心建筑布局一般采取三种形式，即沿街线状布置、成片集中布置和线状、片状混合布置。

(1)沿街线状布局。沿街线状布局也称为街道式布局,即居住区中心的公共建筑沿道路一侧或两侧成列布置形成条形公共活动空间,在街道的横断面方向排列着:道路、公共建筑行列和人流三个系统,三者均明显地呈线性;在街道的纵断面方向是一列按顺序排列的各类公共建筑。

(2)成片集中布局。成片集中布局同沿街布局相比,特征为:具有较开阔的室外活动空间;以绿地院落为主组织公共建筑的空间;将人流活动吸引到建筑群内部。

成片集中布局,因沿街立面宽高有限,各项公共设施布局不能正面展开,一览无余,而必须纵深布局,这样就不可能全部满足商业部门,从经营观点希望尽可能将商店设于沿街的要求。因此确定各项公共设施的位置时,必须照顾大局,统筹安排,如图 6.19 所示。

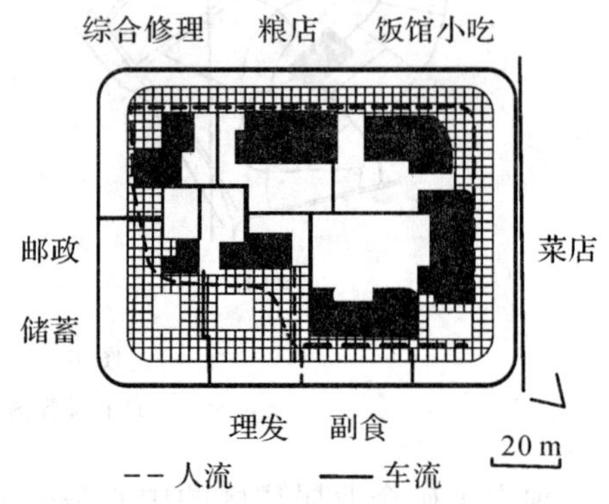

图 6.19　某居住区中心平面布置

(3)线状、片状混合布局:在规模较大的居住区,中心可同时采用沿街线状和成片集中两种布局手法,扬长避短。

混合布局"线"和"片"的组织方式有两种。一种将商业、服务业组织成商业街的形式;将文化、体育设施同绿地、公园结合在一起,形成文化活动中心。南京的梅山居住区中心就是按功能来组织"线"和"片"的。按照公共建筑的体型分类组织是第二种方法,如天津石化总厂、江苏石油化纤总厂生活区中心采用的就是这种组织方式(见图 6.20)。

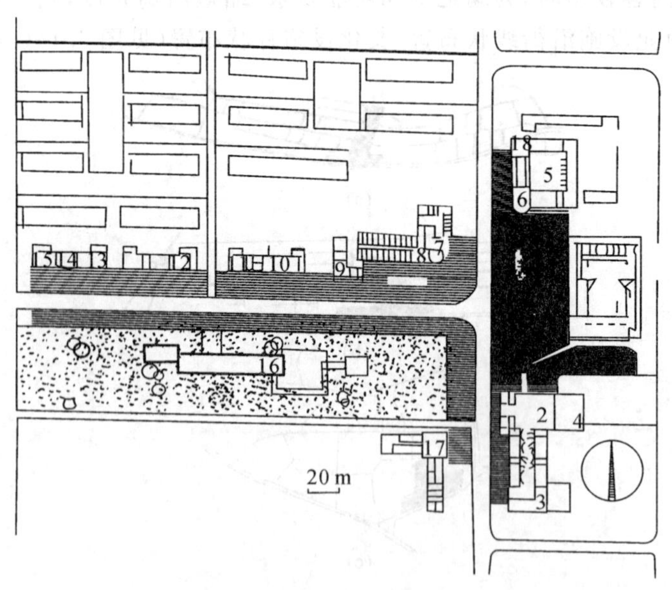

图 6.20　天津石化居住区中心平面图

1—影剧院;2—百货商场;3—回民饭店;4—仓库;5—副食商场;6—食品;
7—饭店;8—旅馆;9—照相;10—银行;11—土产;12—修理、服务;13—委托;
14—药店;15—书店;16—文化宫;17—邮电局;18—冷饮小吃

3. 商服设施规划控制标准的确定

商服设施规划的控制标准，即规划与城建部门采用“千人指标”(即每千人居民应拥有的各项商服网点的建筑面积)，而商业部门则以“占住宅建筑面积的比重”为准。两个系统，两种规定，互相协调。

以“千人指标”（见表 6.7)控制，可以根据居民的生活要求、购买力及购物规律，较准确地规定各级、各项目及其相应的面积指标，便于规划定点、定面积和分级配套。但不足之处是按人头定数，弹性较小，且以此计算的总面积受每户平均人口增减的影响较大。

表 6.7　公共服务设施控制指标　　单位：m^2

类别 \ 居住规模		居住区		小　区		组　团	
		建筑面积	用地面积	建筑面积	用地面积	建筑面积	用地面积
总指标		1 668～3 293 (2 228～4 213)	2 172～5 559 (2 762～6 329)	968～2 397 (1 338～2 977)	1 091～3 835 (1 491～4 585)	362～856 (703～1 356)	488～1 058 (868～1 578)
其中	教　育	600～1 200	1 000～2 400	330～1 200	700～2 400	160～400	300～500
	医疗卫生 (含医院)	78～198 (178～398)	138～378 (298～548)	38～98	78～228	6～20	12～40
	文　体	125～245	225～645	45～75	65～105	18～24	40～60
	商业服务	700～910	600～940	450～570	100～600	150～370	100～400
	社区服务	59～464	76～668	59～292	76～328	19～32	16～28
	金融邮电 (含银行、邮电局)	20～30 (60～80)	25～50	16～22	22～34		
	市政公用 (含居民存车处)	40～150 (460～820)	70～360 (500～960)	30～140 (400～720)	50～140 (450～760)	9～10 (350～510)	20～30 (400～550)
	行政管理及其他	46～96	37～72				

用“占住宅建筑面积的比重”(见表 6.8)控制(以下简称“比重”)，是商业部门采用的办法、便于控制商服网点的总面积和总投资。同时，在正常情况下，商服网点可随居住水平的提高而增加，对适应居民不断提高的生活水平，为增设项目或加大某些网点的面积创造了条件。

表 6.8　商服设施占住宅建筑面积的比重

类别 \ 居住规模	居住区	小　区	组　团
商服设施所占比重	25%～50%	18%～40%	8%～17%

为此，将“千人指标”和“占住宅建筑面积的比重”均作为居住区商服设施规划标准，进行双重控制，即将前者作为指导规划的具体项目及其分项指标，而将后者作为总的控制标准，既适于现状，又有利于将来的发展。

6.3.3 居住建筑的规划布置

1. 行列布置

行列布置为建筑按一定朝向和合理间距成排布置的形式(见图 6.21)。这种布置形式能使大多数居室获得良好的日照和通风,是各地广泛采用的一种形式。但如果处理不好,会造成单调、呆板的感觉,容易产生穿越交通的干扰,为了避免以上缺点,在规划布置时常采用山墙错落、单元错开拼接以及用矮墙分隔等手法。

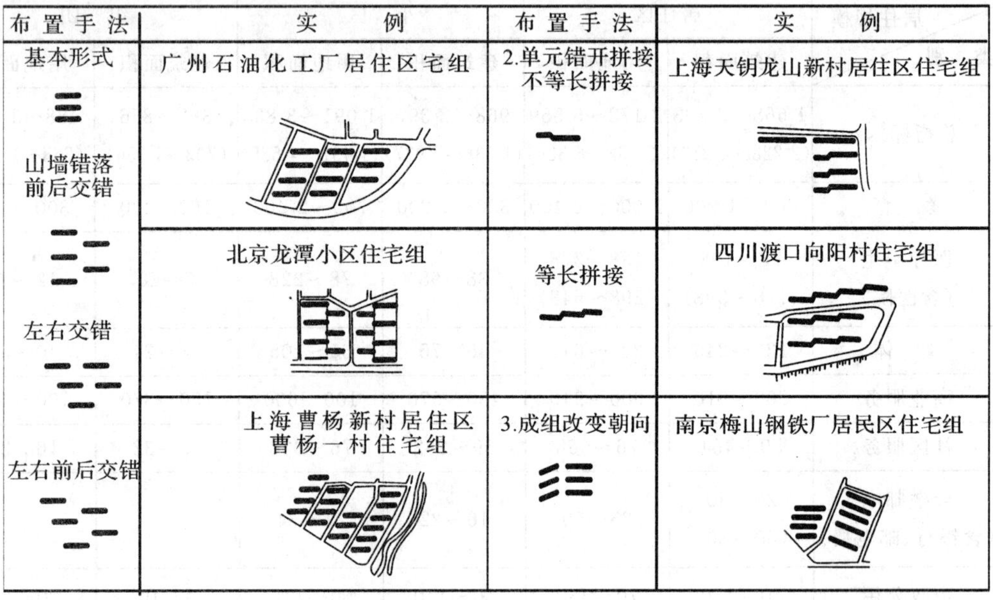

布置手法	实例	布置手法	实例
基本形式 山墙错落 前后交错	广州石油化工厂居住区宅组	2.单元错开拼接 不等长拼接	上海天钥龙山新村居住区住宅组
左右交错	北京龙潭小区住宅组	等长拼接	四川渡口向阳村住宅组
左右前后交错	上海曹杨新村居住区 曹杨一村住宅组	3.成组改变朝向	南京梅山钢铁厂居民区住宅组

图 6.21　行列布置

2. 周边布置

建筑沿街坊或院落采用周边布置的形式(见图 6.22)。这种布置形式形成近乎封闭的空间,具有一定的空地面积,便于组织公共绿化休息园地,组成的院落比较完整,对于寒冷及多风沙地区,可阻挡风沙及减少院内积雪。周边布置的形式还有利于节约用地,提高居住建筑面积密度。但是这种布置形式有相当一部分居室的朝向较差,因此很难适用于炎热地区;有的还采用转角建筑单元,使结构、施工较为复杂,不利于抗震,造价也会增加。另外,对于地形起伏较大的地区也会造成较大的土石方工程量。

3. 混合布置

混合布置方式是以上两种形式的结合,最常见的往往以行列式为主,以少量住宅或公共建筑沿道路或院落周边布置,以形成半开敞式院落(见图 6.23)。

4. 自由式

在照顾日照、通风等要求的前提下,建筑结合地形采用成组自由灵活的布置(见图 6.24)。

以上四种基本形式并不包括居住建筑布置的所有形式,而且也不可能列举所有的形式。在进行规划设计时,必须根据具体情况,因地制宜地创造不同的布置形式。

布置手法	实　　例
1.单周边 	长春第一汽车居住街坊
2.双周边 	北京百万庄居住小区住宅组
3.自由周边 	瑞典爱兰勃罗伯浪巴肯居住小区

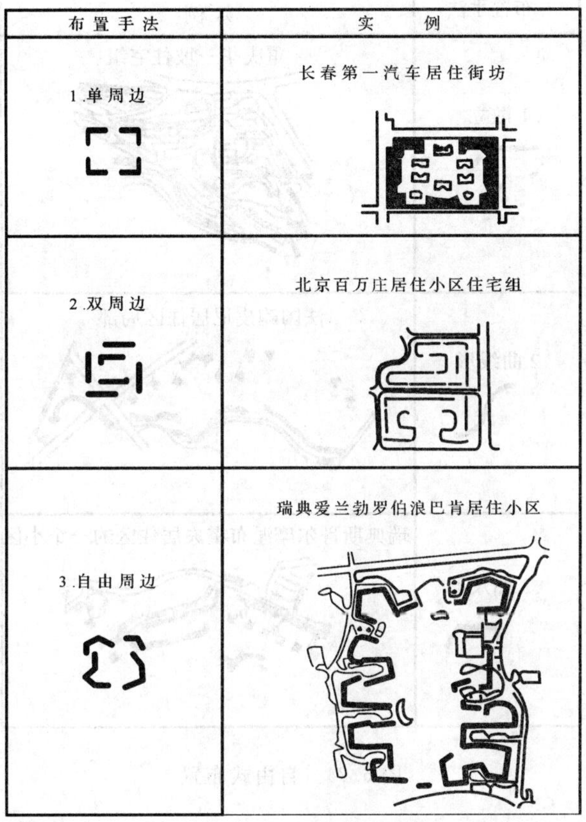

图 6.22　周边布置

布置手法	实 例	
	北京垂杨柳居民区住宅组 	上海斜土路18弄住宅组

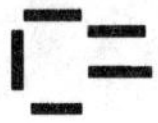

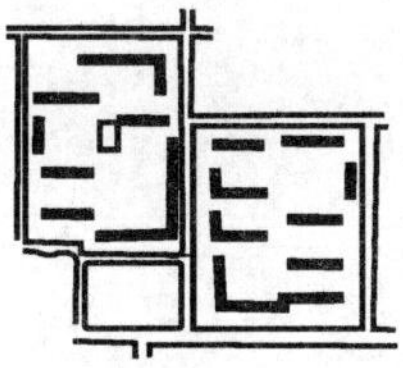

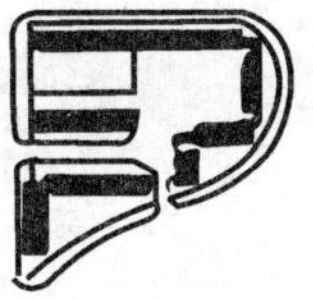

图 6.23　混合布置

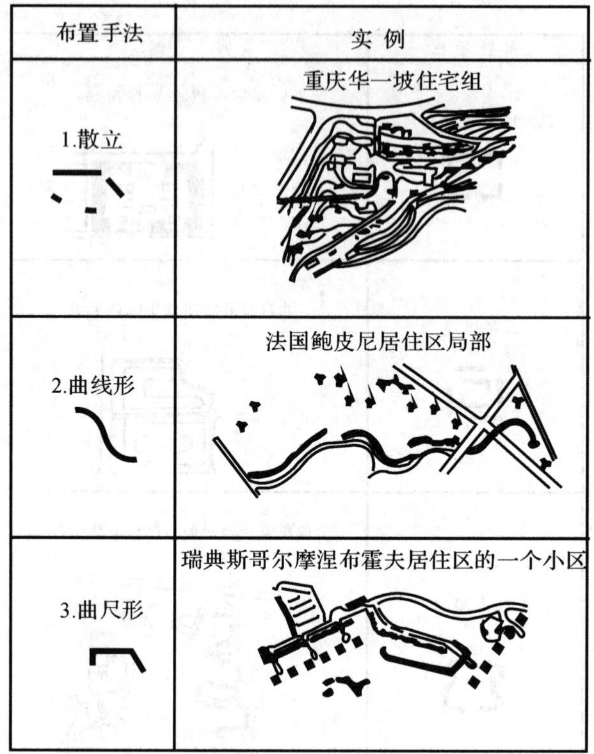

布置手法	实 例
1.散立	重庆华一坡住宅组
2.曲线形	法国鲍皮尼居住区局部
3.曲尺形	瑞典斯哥尔摩涅布霍夫居住区的一个小区

图 6.24　自由式布置

第7章　工业企业总体规划方案综合评价

所谓综合评价，就是对多种因素所决定的事物或现象做出总的评价。由于确定事物性质的各种因素具有模糊性，对一个事物的评价，往往也不能用好或不好截然分开，而一般采用模糊综合评价的方法是比较适宜的。

7.1　综合评价一般程序

模糊综合评价是通过构造等级模糊子集把反映被评事物模糊指标进行量化，然后利用模糊变换原理对各指标综合，一般需要按以下程序。

1. 确定评价对象的因素论域

$$\boldsymbol{U}=\{u_1, u_2, \cdots, u_p\}$$

也就是 p 个评价指标。

2. 确定评语等级区域

$$\boldsymbol{V}=\{v_1, v_2, \cdots, v_m\}$$

即等级集合，每一个等级可对应一个模糊子集。

一般情况下，评语等级数 m 取[3,7]中的整数，如果 m 过大，语言难以描述且不易判断等级归属，如果 m 太小又不符合模糊综合评价目的的质量要求，m 取奇数的情况较多，因为这样可以有一个中间等级，便于判断被评事物的等级归属。具体等级可以依据评价内容用适当的语言描述，如评价产品的竞争力可取 $V=$｛强，中，弱｝，评价地区的社会经济发展水平可取 $V=$｛高，较高，较低，低｝，评价经济效益可取 $V=$｛好，较好，一般，较差，差｝等。

3. 进行单因素评价，建立模糊关系矩阵 $\boldsymbol{R}$

在构造了等级模糊子集后，也就是确定从单因素来看被评事物对各级模糊子集的隶属度 (R/u_i)，进而得到模糊关系矩阵。

$$\boldsymbol{R}=\begin{bmatrix} R/u_1 \\ R/u_2 \\ \vdots \\ R/u_p \end{bmatrix}=\begin{bmatrix} r_{11} & r_{12} & \cdots & r_{1m} \\ r_{21} & r_{22} & \cdots & r_{2m} \\ \vdots & \vdots & & \vdots \\ r_{p1} & r_{p2} & \cdots & r_{pm} \end{bmatrix}$$

矩阵中第 i 行第 j 列元素 r_{ij} 表示某个被评事物从因素 u_i 来看对 v_j 等级模糊子集的隶属度，一个被评事物在某个因素 u_i 方面的表现是通过模糊向量 $(R/u_i)=(r_{11}\quad r_{12}\quad \cdots \quad r_{1m})$ 来刻画的，而在其他评价方法中多是由一个指标实际值来刻画的，因此，从这个角度讲，模糊综合评价要求更多的信息。

4. 确定评价因素的模糊向量

$\boldsymbol{A}=(a_1, a_2, \cdots, a_p)$，一般情况下，$p$ 个评价因素对被评事物并非是同等重要的，各单方面因素的表现对总体表现的影响也是不同的，因此在合成之前要确定模糊权向量。在模糊综合评价中，权向量 A 中的元素 a_i，本质上是因素 u_i 对模糊子集{对被评事物重要的程度}的隶属度，因而一般用模糊方法来确定，并在合成之前要归一化。

5. 利用合适的合成算子将 $\boldsymbol{A}$ 与各被评事物 $\boldsymbol{R}$ 合成得到各被评事物的模糊综合评价结果向量 $\boldsymbol{B}$

$$\boldsymbol{B}=\boldsymbol{A}\cdot\boldsymbol{R}=[a_1,a_2,\cdots,a_p]\begin{bmatrix} r_{11} & r_{12} & \cdots & r_{1m} \\ r_{21} & r_{22} & \cdots & r_{2m} \\ \vdots & \vdots & & \vdots \\ r_{p1} & r_{p2} & \cdots & r_{pm} \end{bmatrix}$$

其中 b_j 是由 $\boldsymbol{A}$ 与 $\boldsymbol{R}$ 的第 j 列运算得到的，它表示被评事物从整体上看对 v_j 等级模糊子集的隶属程度。

6. 方案评定

通过上述计算，可以得到各方案的综合价值指标。一般地说，综合价值指标越高，方案越好。

7.2 影响工业企业总体规划的因素

1. 厂区形状、面积、方位

厂区形状是由企业的主要生产设施的相对位置而确定的，这点在前面已介绍过，在某种意义上也可以说，厂区形状必须满足工艺流程，并力求使厂区形状规整，而厂区用地面积大小，应根据企业规模、类型，通过技术经济指标而得。在面积相同的情况下，厂区形状可以有长方形、正方形、梯形以及其他不规整的形状。如果厂区形状不规整，则容易形成不易布置其他设施的三角地带，同时给购地、平整场地带来许多不便。一般厂区形状中正方形最好，长方形较好，但长边与短边之比以不大于 1.5 为好，梯形最小夹角 $\alpha=75°$，其效果相对合理。

厂区方位主要是指厂区与居住区、渣场及城镇之间的相对方向。其相对位置主要受风向的影响，应力求使居住区位于污染最小、环境最好的位置，同时厂区规划中的厂前区应与居住区、城镇有方便的联系，如果三者相对位置不合理，则居住区的居住环境就会受到污染，影响人们的健康。

2. 运输条件

应根据原燃料产地距厂区的距离及原燃料的数量、性质、特点等确定运输方式，再根据成品的运距、性质、数量确定成品的运输方式。一方面，一般运输量大、运距长，而厂区附近又有接轨站的情况下尽量采用铁路运输。同时，一些特殊性质的物品必须采用铁路运输的则要采用铁路运输。另一方面，在运距短、运量小、原料产地又比较分散的情况下采用公路运输，在自然条件允许下也可采用其他运输方式，运输方式确定得合理，就可以减少运费及中间倒运费。同时厂外的铁路专用线和公路专用线在满足各自工程技术条件下也应力求短捷、顺畅无阻，以节省修建厂外专用线的费用。如果厂外运输方式选择不合理，厂外专用线过多迂回，则会影响以后企业正常运输而造成大量资金浪费。

3. 水源地

对大型工业企业而言，水源是选择厂址的决定因素，一旦找到稳定的水源，则厂址就基本确定了。如某火力发电厂在河南豫西地区选厂，在西至三门峡，东至巩县区域内，沿陇海线铁路，先后在义马、新安、孟津、偃师、巩县等地进行了多次厂址选择，历时五年多的时间，共选了13个厂址，其中煤矿所在地义马选了3个厂址，均因水源问题被否定。最后选首阳山电厂，该处补给水取自伊河与洛河旁及河间低洼地带的地下水，属强富水区，煤矿虽在义马，但可通过铁路运输。所以对此类工业企业，其厂址确定时，水源就基本被确定。

厂区淡水水源的距离，往往是次要因素。

而对于水源不是企业的决定因素和用水量少的企业，在进行总体规划布置时，企业周围可能有可供选择的几个水源，此时要选择水源的量和质都满足企业用水量的水源地，同时应使其管道铺设距离短捷。

排水主要由污水处理厂的规模和污水管的走向及长短确定。污水处理厂规模受排水系统的体制决定，是雨污分流还是雨污合流。雨水通常不须处理，而污水要经过处理。通常雨污合流其污水厂规模大，而雨污分流其污水厂规模小。

4.电源

工业企业总体规划供电系统的构筑物有高压输电线及其支架，输电线一端由电厂或区域变电所引出，另一端引入企业总降压变电所，一旦厂址确定后，工业企业总体规划就应根据周围供电情况确定电源或区域变电所、高压线走向等。所选择的区域变电所或者电源要能保证企业用电量的要求，使企业能够正常生产。而高压线走向要遵守一定的原则，例如长度短捷，保证线路与居民、建筑物和各种工程构造物之间的安全距离。不宜穿越人口密集的地区，尽量减少高压线与河流、铁路、公路及其他工程管线的交叉等。如果区域变电所或电源选择不合理，电量不够，则影响企业正常生产，造成一定的损失。如果高压线走向不合理，例如穿过人口密集的地区或高压线线路迂回，则容易引起安全事故，伤及生命，造成一定的损失。

5.“废”料场

一方面，一般厂区与“废”料场分开布置，而且随着“废”料综合利用的要求和实施，以及形形色色的“废”料场的出现，如山沟“废”料场、围堤平原“废”料场等，“废”料场有一定的选择余地。

另一方面，有的大型工矿企业，其“废”料多，而储“废”料要求年限较大，选“废”料场的难度越来越大。所以工业企业总体规划中“废”料场选择也应成为该工业企业总体规划的决定因素之一。

7.3　工业企业总体规划评价指标的建立

在讨论了影响工业企业总体规划的因素后，将各因素(不管是定性的，还是定量的)分等赋权，使各因素真正具有可比性，为此需要以下的基本约定。

1.基本约定

(1)对符合法规、法令的企业总体规划方案进行评价。

(2)各个因素都具备规划条件，实际上这种评价方法是对决定因素和主要因素的评价方法。

(3)对所讨论的因素建立优秀、良好、合格三级评价标准，每一级给一个合理、合法的客观定义，并将所有的定性定量因素给予统一的赋权。

(4)确定总体规划的决定因素是客观存在的，对这些因素要给予相应的赋权，以保证优秀条件在总体规划中起决定作用。

2. 工业企业总体规划评价对象的因素论域

$$\boldsymbol{U}=\{u_1,u_2,u_3,u_4,u_5\}$$

式中 u_1——厂区形状、面积、方位；

u_2——运输条件；

u_3——水源及给水、排水条件；

u_4——供电条件；

u_5——“废”料场布置条件。

3. 确定评语等级论域(见表 7.1)

$$\boldsymbol{V}=\{v_1,v_2,v_3\}$$

式中 v_1——优，满足法规全部要求，优点最多或工程量最小；

v_2——良，满足法规要求，条件较好或工程量中等；

v_3——合格，基本符合法规要求，条件一般，工程量较大。

表 7.1 评语等级表

因素分级		定 义	评价值
一	优	满足法规全部要求，优点最多或工程量最小	0.91～1.0
二	良	满足法规要求，条件较好或工程量中等	0.71～0.9
三	合格	基本符合法规要求，条件一般，工程量较大	0.51～0.7

4. 建立模糊关系矩阵 $\boldsymbol{R}$

即对所评价对象的因素，u_1 表示厂区形状、面积、方位；u_2 表示运输条件；u_3 表示水源及给水、排水；u_4 表示供电；u_5 表示“废”料场布置，进行等级划分，并用表 7.1 所给出的评价值进行量化，可得模糊关系矩阵 $\boldsymbol{R}$，假设有 3 个方案被评价：

$$\boldsymbol{R}=\begin{bmatrix} R/u_1 \\ R/u_2 \\ R/u_3 \\ R/u_4 \\ R/u_5 \end{bmatrix}=\begin{bmatrix} r_{11} & r_{12} & r_{13} \\ r_{21} & r_{22} & r_{23} \\ r_{31} & r_{32} & r_{33} \\ r_{41} & r_{41} & r_{43} \\ r_{51} & r_{52} & r_{53} \end{bmatrix}$$

5. 确定评价因素的模糊权向量

在工业企业总体规划的各个影响因素中，各个因素对企业总体规划的影响程度是不同的，有的是决定因素，有的是主要因素，由于经过符合法规、法令的筛选，要进行赋权的均为主要因素和决定因素。

上述的 5 种因素都是确定工业企业总体规划的主要因素，但在一定条件下，如企业的性质不同，或受企业外部条件影响的限制等，某种因素也可能作为工业企业总体规划的决定因素，显然此因素会有最高的加权得分，通常情况下受自然条件和已形成的复杂的客观条件的限制，往往是工业企业总体规划的难点，对其确定影响较大。如运输条件中码头条件、铁路条件、水源条件、场地条件等实际上集定性和定量于一身，都需要在最终确定规划方案时落实，为了客观评价，有必要给这些因素的重要性给出一个参考定义，并提出初始权重值，如表 7.2 所示。

表 7.2　目标因素的重要程度及初始权重值

程　度	定　义	初始权重值
最重要	企业总体规划的必要条件，条件好或很难选，是决定因素	0.91～1.0
很重要	企业总体规划的必要条件，条件较好或较难再选	0.81～0.9
重　要	企业总体规划的必要条件，条件满足要求，但涉及因素多	0.71～0.8
较重要	企业总体规划的必要条件，对建厂的技术经济有影响	0.61～0.7
密　切	重要条件，对建厂技术经济指标有一定影响	0.41～0.6
较密切	基本条件，在一定条件下也影响规划方案的确定	0.21～0.4

初始权重值会给一个范围是考虑到每一类还有许多子因素，子因素的权重还会影响到主因素的权重，所以给初始值一个范围，也给不同条件下的评价提供一个接近实际情况的机会，以使所给权重值更加准确。为了使权重值做到量纲统一，还必须将初始权重值转化为规范化权重值，依下列公式进行转化。

设初始权重值为 $W(Q_r)$，规范化权重值为 $W(Q_i)$，则

$$W(Q_i)=\frac{W(Q_r)}{\sum_{i=1}^{l}W(Q_r)}$$

6. 计算价值指标

已知该企业总体规划方案 A 中主因素 Q_i 的评价值 P_i。权重值是 $W(Q_i)$，则方案 A 中，主因素 Q_i 的价值指标 K_i 为

$$K_i=W(Q_i)P_i$$

方案 A 中的综合价值指标 $K(A)$ 为

$$K(A)=\sum_{i=1}^{n}P_iW(Q_i)$$

7.4　实例计算

现以某电厂 3 个基本成立的总体规划为例，进行计算。

1. 各方案的主要因素(见表 7.3)

表 7.3

序号	方案 / 条件	方案Ⅰ	方案Ⅱ	方案Ⅲ
1	场地条件	厂区形状略规整,平坦,工程量少	厂区形状规整,占地面积小,平坦,工程量少	厂区形状不规整,有不能利用三角地带,平坦,工程量少
2	运输条件	距接轨站 2 km	距接轨站 3.5 km,与厂区内工艺运输配合好	距接轨站 2 km,进厂角度不合适,有三角地带
3	水源及给排水条件	取水条件好,供水距离 16 km	取水条件好,供水距离 13 km	取水工程耗资大,周期长,输水距离 7 km
4	厂区,居住区相对位置条件	厂区主要人流与居住区联系方便	厂区的主要人流与居住区联系很不方便	厂区人流与居住区联系方便,居住区与城镇联系方便
5	灰场条件	满足储灰要求,距厂区 7 km	满足储灰要求,距离厂区 7.5 km	满足储灰要求,距厂区 7 km

2. 各方案主要因素的评价值(见表 7.4)

表 7.4

序号	方案 / 条件	方案Ⅰ	方案Ⅱ	方案Ⅲ
1	场地条件	0.9	0.95	0.8
2	运输条件	0.9	0.9	0.82
3	水源及给排水条件	0.95	0.95	0.65
4	厂区与居住区相对位置条件	0.9	0.8	0.95
5	灰场条件	0.9	0.9	0.9

3. 各方案的主要因素的重要程度和初始权重值(见表 7.5)

该厂址处于某省西部,近煤缺水,煤炭通过铁路运输,不同的厂区规划就可能有不同的运输条件及不同的灰场条件。对于本火力发电厂的总体规划来讲,厂区规划是决定性因素,同时根据火电厂性质对水的要求量大,故稳定的水源或满足工厂对水质水量要求的水源也是总体规划的决定因素。

表 7.5

序　号	权重值 / 因　素	初始权重值	权重值
1	场地条件	1.0	0.241
2	运输条件	0.85	0.205
3	水源及给排水条件	0.9	0.217
4	厂区与居住区相对位置条件	0.7	0.169
5	灰场条件	0.7	0.169

4. 各方案的综合价值指标

$$\boldsymbol{R}=\begin{bmatrix} 0.9 & 0.95 & 0.8 \\ 0.9 & 0.9 & 0.82 \\ 0.95 & 0.95 & 0.65 \\ 0.9 & 0.8 & 0.95 \\ 0.9 & 0.9 & 0.9 \end{bmatrix}$$

$$\boldsymbol{A}=[0.241 \quad 0.205 \quad 0.217 \quad 0.169 \quad 0.169]$$

$$\boldsymbol{K}(A)=[0.241 \quad 0.205 \quad 0.217 \quad 0.169 \quad 0.169]\begin{bmatrix} 0.9 & 0.95 & 0.8 \\ 0.9 & 0.9 & 0.82 \\ 0.95 & 0.95 & 0.65 \\ 0.9 & 0.8 & 0.95 \\ 0.9 & 0.9 & 0.9 \end{bmatrix}=$$

$$[0.912 \quad 0.907 \quad 0.815]$$

显然，方案Ⅰ的综合评价指标高，为首选方案。

第8章　工业企业总体规划与区域工业规划及城市工业布局的关系

工业企业总体规划是区域规划、城市及城市工业布局、工业区规划的组成部分和具体内容。如前所述，一个企业的选厂定址是在区域规划、城市规划及工业区规划要求的范围内及原则指导下进行的。而企业的总体规划是上述各项规划的具体实施和具体体现。一个企业的总体规划合理与否会制约和影响企业全局，对其初步设计及企业生产和发展都有重大影响。一般来说，工业企业是城市、城市工业区的组成部分，其组成部分的总体规划的优劣当然会直接影响其城市及城市工业区的总体效果及其总体规划方案的实施。

8.1　区域工业规划

8.1.1　区域规划的概念

区域规划是指在一定地域范围内对国民经济建设和土地利用的总体部署。

任何一个区域，不论它地处发达富裕的城市地区，还是位居贫穷落后的边远山区；不论是在高原沼泽，还是在荒漠草地，社会经济发展方向和可能达到的发展目标都不是唯一的。一个地区的工农业生产布局和城市发展规划也有各种不同的方案可供选择，地区的土地利用方式存在着多种多样的方案，可以出现许许多多的状态和空间景象。区域规划就是要在多种方案的比较和选择中确定适合规划区域未来的发展目标和经济建设的总体蓝图。由此而言，区域规划就是人们根据现有的认识，对规划区域的未来设想和理想状态及其实施方案的选择过程。

土地是人类生存和经济发展的必要条件，是国民经济建设的物质载体。地区的生产布局，地区的国民经济建设与土地利用密切相关。国民经济建设的空间布局与土地利用的安排不能分割。因此，从规划工作的实质而言，区域规划实际上就是对区域国民经济建设和土地利用进行全面的、综合的总体部署。

8.1.2　区域规划中主要工业部门及其布局特点

1.煤炭工业

煤炭工业是指煤炭的勘探、开采、选洗和综合利用加工等的全部生产系统。

采煤工业的布局主要受煤田的地理分布所制约。要求有铁路专用线、专用港口码头以及专用列车、船舶等交通工具，因煤炭是一种笨重、价廉、消费量大、商品性强的大宗产品。因此，地理位置优越、交通方便的煤田往往能得到优先开发。另外两类布局情形或是由于煤种优良，为平衡其他地区工业生产需要必须开发和远距离运输的，或是由于煤田储量十分丰富，并同时就地发展各种耗煤工业而大规模开发的。尽管如此，采煤工业布局中突出的一点是要制定产销区划，采取对口定点供应，避免远距离不合理的运输方式。此外，从资源综合利用、节约用地和环境保护等方面出发，应努力解决好煤矸石的堆放问题，尽量取填塌陷区、洼地予以覆土造地，实在必须设置永久性矸石山时，应慎重选址，防止对周围环境的污染。

选煤工业是对采掘出的原煤在加工利用前的一种按经济要求进行的选洗分类（淘汰选、重介质选或浮选），以除去原煤中的有害物质（硫、磷），达到工业部门质量要求；同时还除掉大量矸石和灰分，提高煤炭的纯度，减少不必要的运输。选煤工业耗水量大，排出的煤泥水多。厂外沉淀池占地大，废水中含一定药剂，要注意处理，避免污染环境。选煤工业布局一般有以下几种形式：其一是就近矿区布置，如在一个炼焦煤种矿井旁建立专用选煤厂（最好能同时经营焦化厂和钢铁厂）；或建立共同选煤厂，负担临近两个以上矿井旁的洗选任务，可取得提高煤质、减少运输量的效果。其二是脱离煤产地，在介于若干原煤产地的铁路枢纽设置同时服务于几个矿区的大型选煤厂，这类选煤厂称为中央煤厂，附近可设置各类煤炭综合利用企业。其三是一些大型城市煤气厂或钢铁企业的焦化厂也附设选煤厂，一般是为满足本企业或附近若干企业的需要，其规模较小。

煤炭的综合利用工业是以煤炭利用为中心的多行业的工业综合体，依据其组织方式的不同，主要可分为以下四类：

（1）煤炭-电力基地。其主要是就近煤矿建设上百万甚至几百万千瓦的大型区域性坑口电厂，依托超高压输电线路跨省区送电，从而大大减轻铁路远距离运输压力，有效地解决区际能源平衡问题。煤-电基地建设的主要限制因素是用水问题，要注意对输煤还是输电（首先是调水）的经济效果比较。但其优势在于可充分利用不宜运送的低热量劣质煤，是一种较经济的初级煤炭动力结合利用形式。

（2）煤炭-电力-化工基地。其包括将煤炭气化、脱硫，产生低热值煤气，进行燃气发电，同时在气化过程中回收苯、酚、焦油、乙烯等化工产品；或将煤炭进行空气干馏，所得半焦和煤气进行燃气发电，同时在干馏过程中获得冶金或化工原料，从而既能大大提高煤炭热能利用效率，又能提炼化工原料，并起到减少环境污染的作用。我国煤-电-化工基地主要是将原煤进行洗选，洗中煤发电，洗精煤炼焦，并得焦化产品（主要制合成氨）。

（3）煤炭-钢铁-电力-化工基地。其多是在拥有多种矿产组合资源基础上形成，包括焦炭供应钢铁工业，洗中煤发电，炼焦副产品发展化工，等等，组成一个大型生产体系。

（4）煤炭-电力-建材基地。其一部分是建立在沉积矿产地带上，对煤炭、石灰石、黏土、陶瓷土资源进行区域综合开发，形成以煤炭、水泥、耐火材料、陶瓷等工业部门为主的基地；另一部分是在采煤和发电的基础上，进一步对选出的煤矸石和发电粉煤灰进行加工利用，制造矸石砖、水泥、混凝土制品和大型建筑砌块等。

2. 石油化学工业

石油工业是包括石油天然气开采、炼制和储运的一系列工业部门和企业的复杂工业系统。

采油工业的布局主要受油田的地理分布和开采价值的制约。由于石油是一种宝贵的国民经济资源，采油工业的发展必须考虑到近远期的协调，各油田开发效益的比选，以及石油开采与其他燃料动力资源的整体协调等。

炼油工业是对原油进行加热、蒸发、分馏、冷凝，获得各类成品油（包括燃料型油、润滑型油和化工型油），并进而对化工型油进行高温裂解、催化裂解和焦炭化过程后分解出大量的裂化气，提炼出各类化工原料。因此，石油炼制本身就是一个大型的石油和化工的联合企业。由于成品油广泛多样，不方便统一运输，而原油运输利用管道方式特别经济，因此考虑到更好地适应消费区对各类石油产品的要求，炼油工业布局一般采用就近消费区的形式，并在消费区间依据消费密度和运耗半径，合理地确定炼油厂的规模、生产类型与厂址布点。从生产要求而言，炼油企业要求有大运量（管道、水运或铁路）、大用水量、良好的用地、供电的建设条件，同时废水、废气对环境污染也较大，故要求企业与城市居民区保持足够的防护距离。

石油运输是整个石油工业的重要组成部分，它担负着从油田向炼油厂供应原油和分配石油制品的任务。原油运输以水运最为经济，特别是巨型（20～30 万吨级）和超巨型（30 万吨以上级）油轮的海上运输尤为明显，但对港口和航道水深条件要求较高，多限于在沿海或长江沿岸河港地区建设专用深水码头。石油管道运输具有运量大、投资少、成本低、运行均衡平稳连续安全的特点，是原油输送特有的一种经济形式。由于用户分散、品种繁多，成品油的运输不便用管道运输，水运也受航道限制，因而多以铁路运输为主。但在用户集中、成品油流向一致的地区，修建从炼油厂到港口或商业一级站的成品油管道，以减轻铁路运输的压力，也是较经济的方式。

化学工业是最能充分利用一切资源的工业部门，凡是原料经过化学加工处理后，改变其原来的形状和性质，成为新的产品的工业部门均属化学工业。

化学工业的生产特点首先在于它具有获取原料来源的多样性和应用上的广泛性。其次，化学工业多采用连续生产工艺，大部分是在液相、气相下进行，设备装置要求高，并需要耗用大量的热动力和冷却、洗涤用水，对储存、运输要求较高。再次，化学工业在生产过程中大多会释放出腐蚀性气体和有毒气体，废水排放量也较大，对环境污染严重，因此要考虑其防火、防爆、防毒的安全防卫要求，一般设在城市河流下游和盛行风向的下风地带，与生活用地间保持一定的防护距离，同时应加强“三废”的治理、回收和利用，避免污染环境。

化学工业的布局由于受原料多样性和服务部门广泛性的影响，因此具有遍布性特点，并受到原料资源、用户分布、协作条件、燃料动力条件、供水条件等布局因素的综合影响。一般而言，单位产品原料消耗量大或原料不便运输的化学工业，多就近原料地布局；产品性能不便运输而原料运送相对方便的化学工业（如硫酸工业）则宜布置在消费地区；而对于那些产品与原料关系协作性强的化学工业，往往协作条件成为其布局的主导因素，并可进一步建立起化工联合企业。

3. 钢铁工业

钢铁工业是原材料工业中主要的组成部分，也是国民经济工业化中重要的支柱工业，在生产过程中需要大量铁矿石、炼焦煤、动力煤和多种辅助原材料。虽然现代大型钢铁工业所需原燃料单耗有所降低，但总需用量大。例如，年生产 4×10^6 t 的钢铁联合企业，铁矿石仅需 1.125×10^7 t，炼焦煤 4.2×10^6 t，石灰石 3.3×10^6 t，原燃料和各种辅助材料的运入量达 2.2×10^7 t。加之大型钢铁工业生产服务年限较长，一般年生产 3×10^6 t 以上大型企业需要服务 80～100 年以上。因此这类企业布局首先考虑资源和能源条件。对于用多种资源和能源的原材料工业来说，其布局在原料资源产地还是能源产地，则随着生产技术的发展而在不断变化。如早期的钢铁工业冶炼技术落后，生产 1 t 生铁用煤比矿石还多，因此其布局往往移铁就煤，以减少燃料运输量，从而降低生产成本。由于冶炼技术进步，炼铁焦化比不断下降，矿石品位因开采而不断下降，生铁需矿石单耗提高，因此其接近铁矿产地利于降低生铁成本提高经济效益。亦有在大型铁矿与大型煤田两端同时布置建厂，其间用铁路或水运干线关系，近似“钟摆”式运输，如我国攀枝花钢铁厂与六盘水钢铁厂的建设即是此种布局形式。

钢铁工业生产是一个物理化学的变化过程，在大规模生产条件下，对环境污染非常严重，因此区域规划布局应采取一定的环境保护措施，以减少这类工业布局对周围环境的危害。例如，采取消烟除尘，废水处理，在一定技术条件下开展综合利用，以及在布局上采取远离城市与居住区，并保持一定距离，进行绿化隔离等措施。

4. 有色金属工业

有色金属是工业上除铁、锰、铬铁合金及钢等黑色金属外各种金属的统称，共有 64 种，按其特性分为轻有色金属、重有色金属、贵有色金属、稀有金属和放射性金属等类型。

由于原料和产品的多样性，因而有色金属工业是一个十分复杂的多种工业部分。有色金属采矿工业和其他采矿工业一样，以地下矿井开采为主。选矿工业采用浮选和重力选矿相结合的原理，包括破碎、筛分、磨矿、分级、洗刷、脱水等工业，耗水耗电量大，并应留有足够的尾矿余地。冶炼工业一般有粗炼（包括火法和湿法冶炼）和精炼（包括电解法和粉末法冶炼）之分，布局上就近原料、燃料、动力、运输条件和消费地等多种指向。金属加工业将精炼的有色金属加工成各种板、带、条、箔、管、棒、线以及压铸成各种特定形状的产品，布局上多就近消费地区，特别是机械制造工业中心。总体而言，其布局上一般贯彻“采选结合、分散粗炼、集中精炼、综合利用和在消费地加工”的原则，其中精冶厂的布局由于具有就近原料、动力（电源）、运输条件和消费地等多种指向的不同，在有色金属工业布局中往往起到关键的作用。

有色金属工业的布局要特别注意对环境的保护和资源的综合利用。由于有色金属选矿破碎会产生粉尘，浮选时排放大量废水和尾矿矿渣，冶炼时又会产生重金属粉尘、二氧化硫气体和大量废渣、废水，因此布局上不宜建立在窝风的峡谷、盆地内和城市及居民点的上风向，处于水体上游的工业企业要加强对废水的回收处理。有色金属资源的综合利用，在共生矿区要建立综合冶炼厂（如铅、锌、铜联合冶炼厂），以便节约建设投资。考虑到有色金属大都属于硫化物，冶炼过程应考虑和化学工业结合建立硫酸厂。

5. 机械工业

依据机械工业的产品用途，一般可分为动力机械制造（如发电设备、变压器设备等）、运输机械制造（如机车车辆、汽车、船舶、飞机等）、农业机械制造（如拖拉机、联合收割机等）、工业技术装备制造（如冶金设备、矿山机械、石油机械、纺织机械、化学机械等）、日用机械制造、电子设备制造、精密仪表制造、医疗器械制造以及武器制造等类型。考虑到机械工业对金属消耗量及运输布局要求，又可划分为重型机械、普通机械和精密仪器三个基本类型。

机械工业是各工业部门中对自然条件依赖最小而受经济技术条件影响较大的部门之一。在经济技术条件中，机械工业的已有基础、技术水平和协作条件，冶金工业和电力工业的分布状况以及消费对象的分布地都是影响机械工业布局的基本因素，因此，机械工业的实际分布往往趋向于在这些因素结合较好的大中城市布局。当这些经济、技术条件在地理上不能结合时，就需要进一步根据各类机械工业的特点，分别接近其主导影响因素，如重型机械工业布置在冶金基地，工业设备制造工业接近工业中心，电力设备和精密仪表工业布置在科技中心，交通运输机械工业布置在协作面广、交通便利的地区，农业机械和轻工设备制造业接近各自的主要消费地区，等等。

6. 建材工业

建材工业是为土建工程提供原材料的生产部门的统称，包括水泥及其制品、砖瓦、金属材料、玻璃、陶瓷、塑料制品、油毡和各种非金属建筑矿石开采等多种工业部门。它既是国民经济基本建设的重要部门，同时也为越来越多的工业部门提供重要的工业材料。

建材工业生产原料大多直接来自于非金属建筑矿石（如石灰石、白云石、高岭土等）的开采加工，并通过粉碎、混合、锻烧、凝结等加工工艺，生产过程不需要十分复杂的技术。同时由于建材工业需要量大，使用普遍，加之其天然原料资源分布极为广泛，即使经济落后的地区，也可以建设小型建材厂，用较简单的生产技术组织生产。因此，建材工业也是一个具有遍布性的工业部门。从建材工业布局的合理性而言，由于其原料和产品本身都十分笨重，加之价廉、量大、不宜长期储存，生产过程中燃料和电力耗费大，故一般要求其布局尽可能靠近原料产地或矿山、燃料动力基地，同时注意接近消费中心，进行产销区划平衡。环境保护方面，建材工业粉末灰尘排放较多，布点上应配置在城市下风向，同时远离城市居住区，远离精密仪器工业、食品工业和轻工业，并不宜在风景区内兴建。

8.2 城市工业布局

工业是城市的重要物质基础，是城市形成和发展的重要因素。因此，工业在城市中的合理布局，为城市整体布局的合理性，为保证城市健康地发展，创造了良好的条件。城市工业布局是城市规划的一项重要工作。

8.2.1 工业配置与城市性质的关系

城市大部分是由工业生产发展引起人口集中而形成的，所以工业是城市形成和发展的最主要因素，也是确定城市性质的主要因素。

城市工业有各个不同的工业部门，对城市性质起主要作用的是主导工业。因此，主导工业往往也就成了确定城市性质的重要成分。

1. 不同性质城市的工业配置

不同类型的城市，由于其在国家或地区范围内的地位和作用不同，它们的工业发展方向和工业配置也就有所不同。

一般以行政职能为主的城市，工业发展往往处于从属地位。例如，北京是我国的首都，在配置工业时，就应从属于全国政治中心的需要，配置高、精、尖而污染轻或没有污染的工业，以及印刷、食品等服务性工业。对现有工业结构应进行调整，如对用水多、耗能高、运量大、污染严重的重工业，要采取改造或搬迁等措施；以后不能再大规模发展工业，而应逐步把建设重点转向城市绿化美化、旅游事业、科学、文化、教育事业等方面。

省会城市，一方面是所在省的政治中心，往往又是全省的经济中心。多以地区资源，或原有工业基础来配置工业，如郑州、西安等城市。地区行政公署和县人民政府所在城镇，多以支农工业占较大比重。

以交通职能为主的城市，就应配置一些机械修配和服务性工业，如港口城市相应配置造船、修船工业和食品加工业等，铁路枢纽城市配置机车修理、机械工业等。

以科学文化为主的城市，就应配合不同学科的试验，中间产品的生产，相应配置一些"高、精、尖"工业。

以风景游览为主的城市，为避免工业污染和破坏风景资源，应以传统手工业、轻工业和精密工业为主。如桂林、杭州等著名风景游览城市，都应逐步调整其工业结构，消除工业污染，以保护风景名胜。

2.不同类型工业城市的工业配置

根据城市工业部门构成的不同，一般可分为原料工业城市、加工工业城市，或两者皆具备的综合性工业城市。

(1)原材料工业城市。由于开发利用本地区丰富的资源而发展起来的原材料工业城市，其工业结构的特点是，主导工业单一而突出。如钢铁工业城市、煤炭工业城市、石油工业城市、建材工业城市等。

(2)加工工业城市。加工工业城市大多自然资源缺乏，而具有建设条件优越，或交通便利，或水源丰富，或电力供应充足等有利条件。也有的由于地区农业发达，能提供大量农副产品作原料的轻纺加工工业城市。加工工业城市的工业结构，其主导工业部门可能较多，且较均匀。

(3)综合性工业城市。综合性工业城市，原材料工业和加工工业都得到了发展，城市工业结构中部门构成较多。由于所在地区资源丰富，交通便利等建设条件较好，或者是由于某些大城市综合发展而形成的。

8.2.2　工业用地在城市中的地位

工业用地是城市用地的重要组成部分。工业用地的布置直接影响到城市功能结构和城市形态。在城市总体规划中重点安排好工业用地，综合考虑工业用地和生活用地、交通运输等各项用地之间的关系，使之各得其所是十分重要的。

1.工业用地的构成和组织

(1)城市工业布置分类。城市工业可分为冶金工业、电力工业、煤炭工业、机械工业、石油化工及化学工业、建材工业、纺织工业等。

按工业生产排污及对环境的污染程度可分为严重污染工业、污染工业、一般工业和隔离工业。

隔离工业指放射性、有爆炸危险及剧毒工业，这类工业污染极其严重，一般布置在远离城市及居住地的独立地段上；严重污染工业如化工工业、冶金工业等。三废污染严重，须设置较宽的绿化防护带，一般应布置在城市边缘地区；污染工业如某些机械工业、一般性化工工业等。有一定的废水、废气等污染，可安排在城市中的独立工业区或独立地段；一般工业指针织厂、缝纫厂、手工业等，这类工业一般没什么污染，对居民生活没有什么干扰，可分散布置在生活居住用地的独立地段上。

(2)城市工业布局类型。由于城市工业发展规模、城市用地发展条件和城市结构差异，目前城市工业布局主要采取集中、分散、集中和分散相结合 3 种方式。

1)对一般中小地区中心城市，其工业规模不大，且主要以中、小型机械，轻纺和食品工业居多。因此除污染较大的企业外，工业布局大多取集中方式。原有工业调整及新建工业区往往紧靠城区配置，多数与城区融为一体，如常州、烟台、岳阳等。

2)对工矿城市,如煤炭工业城市六盘水、大同,石油工业城市东营、大庆,林业城市伊春等,为适应其工业生产相对分散的特点,大多采取分散布局、一城多镇或多中心组团式布局结构。

3)对综合性大城市、特大城市,由于其中心城区规模庞大,人口、工业及其他经济活动高度聚集带来环境、交通、住房及用地紧张等一系列问题,新建工业,尤其是大型联合企业如冶金、石化,不宜再向中心城集聚。因此,在规划建设中,普遍开始在近、远郊区建设规模较大的、基础设施配套相对齐全的独立、半独立工业区或工业卫星城,形成一个由中心城区、近郊工业区、卫星城、县城及县属镇在内的大城市区。

若从城市发展阶段看,城市发展早期,中心城规模还比较小,工业企业大多集中布置在城区及其边缘地带,以便利用中心城的基础设施和生活服务设施。随着中心城规模扩大,环境问题越来越突出。为此,控制中心城规模和向近远郊相对分散布置工业区、卫星城也就成为必然手段之一。

按组织形式,城市工业区一般也可分成三种类型,即工业居住街坊、集中工业区、独立工业区和工业卫星城。

1)工业居住街坊。其多数为小型轻工业加工点。其工业部门以传统工业(如缝纫服装、食品、家具、调味品加工、手饰、钟表修理、刻字、工艺美术品加工,以及小五金及金属制品加工、印刷业等)为主,在空间分布上,主要布置在城市居民区中或商业中心区一带,并保留了行业上的相对聚集特点。现代一些规模小、占地少的电子、仪器仪表工业也往往被吸收到工业居住街坊中。

2)集中工业区。其主要由现代工矿企业所组成,一般占地规模较大,原材料、产品运输量大,对城市环境也有一定影响。布局上大多在城区边缘及近郊区沿河流、铁路、公路两侧的低平地带聚集成片布置。我国城市工业布局中,一方面,由于紧靠城区,建设初期可以充分利用原有城市基础设施和生活服务设施,这样一次性投资少,且在建设时序上可以采取分阶段逐步形成的办法,故为大多数城市乐于接受。另一方面,正因为这类工业区配置在城区边缘,随着城市扩张会不断地并入市区,结果城市用地发展表现出同心圆式或沿几个主要交通轴线摊大饼似地向外扩张。对于这种情况,就需要不断地对进入市区的工业区进行调整、改造、搬迁,否则环境问题、交通问题及基础设施不足问题会再度出现。中、小城市因为规模小,扩张速度慢,故有相对充裕的时间和空间处理上述问题,但也应及早规划,未雨绸缪,以避免不必要的损失和浪费。北京、上海、广州、沈阳的城市中心城区所面临的问题已经说明了这一点。

3)独立工业区和工业卫星城。其主要以大型联合企业为核心,包括与之协作配套密切的辅助产业,集中布局,统一规划投资兴建。基础设施和生活服务设施比较齐全、相对独立,大大减少了对中心城的依赖性。工业区和卫星城距中心城愈来愈远、规模愈来愈大,各种生活服务设施标准也愈来愈高,其独立性也愈来愈强。比较 20 世纪 50～60 年代的闵行、嘉定,70 年代的金山石化城和 80 年代的宝钢工业区,就能看出这种趋势。就我国目前城市发展水平和财力来看,布局上,以距城区 20～40 km 为宜;规模较大的工业卫星城一般也不宜超过 60～70 km,且大多布置在中心城区对外交通轴线上或建专用线、快速干道与中心城区连接。

2. 工业用地的构成

工业用地由于其布置形式不同,内容也不相同。工业区用地规模较大,其构成内容也较多,除以工业企业用地为主外,还包括电厂、水源地及水厂、污水处理厂、铁路专用线及站场、港口码头、仓库、停车场、工业区道路以及公共服务中心、科研中心等等。

工业小区用地规模较小，其构成除工业企业用地外，还有变电站、污水处理站、铁路专用线、港口码头、仓库、停车场、工业小区道路、公共服务设施、科研单位等等。

分散工业点即以工业企业用地为主，或附以变电所等必要设施。

3. 工业用地的规划布置

(1)工业用地布局与城市总体布局的关系。工业区在城市总体布局中有如下几种布置方式：

1)工业区包围城市。工业区分散在城市周围，并按工业性质和污染程度，均匀地、合理地布置在城市四周；城市内部有若干工业小区和分散工业点(见图 8.1)。这种布置形式可以避免工业的大量运输对城市的干扰。但由于工业区将城市包围，城市用地如不考虑留有余地和留有一定的缺口，会使城市发展困难，或者发展后又形成新包围圈，造成相互干扰的局面。

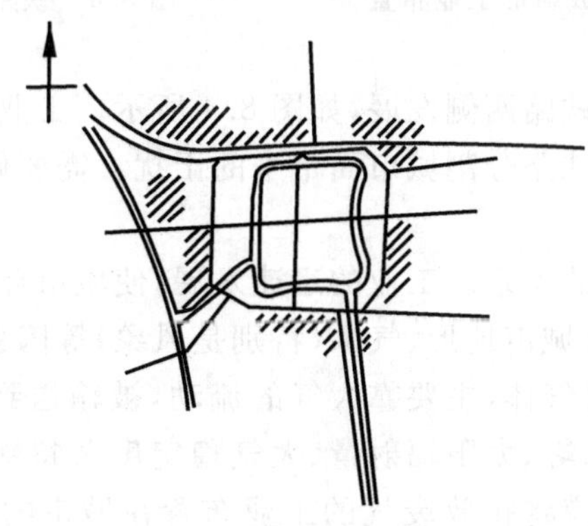

图 8.1　工业包围城市

2)工业区与其他用地呈交叉布置。工业区布置结合地形，与其他用地呈间隔式交叉布置(见图 8.2)。这种形式有利于充分利用地形，并根据工业企业的不同性质和不同的污染情况，分别考虑与地表水体及风象的关系，将对水体有严重污染的工业区布置在城市下游；废气污染严重的工业区布置在盛行风向的下风侧，使各工业企业各得其所。但要注意组织好交通，否则相互干扰。

图 8.2　工业区呈交叉布置

3)组团式布置。在城市总体布局时，考虑工业区布置意图将城市组成几个规划分区，在每个规划分区中既有工业企业，又有生活居住区，使工业区和生活居住区有机结合起来。

4)群体组合式布置。对于分散布局的城市，在工业用地布置中有的将工业用地分为市区工业用地、近郊工业区、远郊工业区等，从而使城市形成群体组合的城市形态。有的中小城市以一城多镇组合形式来布置工业用地。

(2)工业用地与铁路的关系。当工业企业运输量大、运输大货物或有很方便的接线条件时，须采用铁路运输。由于铁路线在城市中的布置形式不同，工业用地有下列几种布置方式：

1)铁路呈环状放射形布置，从正线接轨的专用线引入工业区，工业沿铁路两侧布置，这种形式多见于大城市和铁路枢纽城市,如图 8.3 所示。这种布置形式的缺点是工业区之间要穿越铁路线联系,相互干扰影响较大。

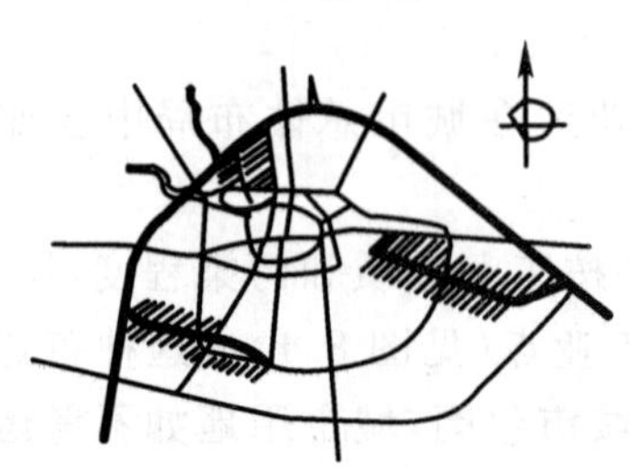

图 8.3　铁路呈环状放射形工业布置

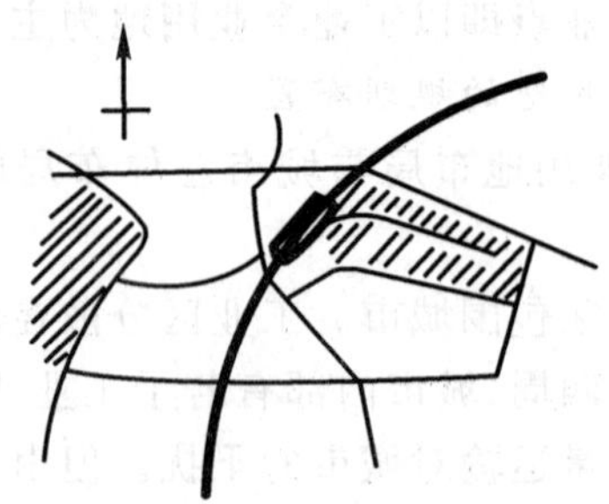

图 8.4　铁路穿越城市工业布置

2)铁路穿越城市,城市沿铁路两侧发展,如图 8.4 所示。工业区与生活居住区在铁路两侧平行发展,这样可以减少由于铁路分割城市而带来的干扰。需要修建铁路专用线的工厂,应布置在铁路正线一侧。

(3)工业用地与环境保护的关系。工业的迅速发展,使城市环境受到不同程度的影响。因此,在规划工业用地时,应结合城市地形、气象(特别是风象)等因素合理布局。

工厂向大气中排放的有害气体,主要靠大气的流动,被输送到下风向,同时又与周围空气混合而稀释。因此,风、雨、云、雾、太阳辐射量、大气稳定度及特殊的逆温层等,都对大气污染有一定影响。考虑环境保护,应将排放废气的工业布置在城市的下风向(见图 8.5)。同时还要注意局地风系和局地气流的影响,如沿海城市的“海陆风”,白天海风吹向陆地,夜间折返海面,形成闭合环流,使这个地区的污染物输送不出去,致使污染浓度逐步提高。再如“城市风”,城市是人口密集地区,气温较高,市区气流往往上升,城市边缘气流向中心移动,郊区工厂烟尘随之拥入市区,造成市区污染。这些情况在工业用地布置时都应注意并尽量避免。

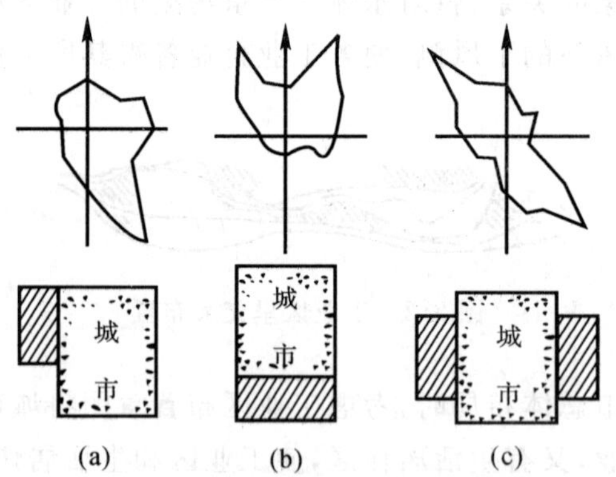

图 8.5　工业布置与风向的关系

(a)单一盛行风向为东南风,工业布置在西北方向;

(b)两个盛行风向分别为东北风、西北风,工业布置在南侧;

(c)对应盛行风向为东南风和西北风,工业布置在东、西两侧

排放废水时,除要控制一定的排放标准外,还要靠河流的自净能力进一步稀释。在工业布

置时，应将排放污水，尤其是排放有严重污染物的工业，布置在城市下游，还应进一步掌握河流流量和流速，以便决定排放量和排放出水口位置，以保持市区河段的清洁。

8.3　工业区规划

按功能特征，工业区可划分为传统工业区和生态工业区。

8.3.1　传统工业区

把具有连续性生产、原材料综合利用或副产品回收利用等有协作关系的，共同利用交通运输、热电站、供水等公用设施的工业布置在一起，组成的工业区称为传统工业区。

1. 工业区的类型

根据工业的性质、生产协作关系、对环境污染的程度及管理上的不同要求，可以对工业区进行分类。

(1)按工业类别，工业区可划分为冶金工业区、煤炭工业区、机械工业区、纺织工业区、化工工业区等。

(2)按工业区的性质，工业区可划分为重工业区、轻工业区、综合性工业区、专业性工业区等。综合性工业区系指多种工业部门的多个企业在工业区内的有机组合。专业性工业区系指一种工业部门的多个企业在工业区内的有机组合。

(3)按工业企业的卫生类别及货运量划分，工业区可分为以下三种：

1)远离居住用地的工业区。用以布置Ⅰ,Ⅱ级卫生要求、货运量大、主要采用铁路运输的企业或生产条件特殊的企业，如冶金、采矿、化工及石油加工等。

2)靠近生活居住区边缘的工业区。用以布置Ⅲ,Ⅳ级卫生防护要求以及不产生污染、有Ⅴ级卫生要求，不需要铁路运输的企业，如机器制造、纺织及某些食品工业等。

3)布置在生活区内的工业街坊。用以布置不产生污染，有Ⅴ级卫生防护要求，在生产过程中没有火灾、爆炸危险，没有噪声及其他不良影响，不需要铁路专用线，汽车运输量又不大的企业。

2. 工业区的规模

工业区的规模是以工业区的职工人数和用地面积来衡量的。工业区的规模不仅影响工业区内各企业的生产及企业之间的协作，职工上下班的方便程度，而且对城市环境、交通运输及城市的发展等均有不同程度的影响。

(1)影响工业区规模的因素。

1)工业生产协作的要求，对工业区规模的影响。在一般情况下，可根据工业生产的性质，以 1～2 个骨干工业为主，将与其有密切协作关系的工厂组成工业区。但应注意只能将那些连续生产的、原料综合利用的或综合利用副产品等方面有密切协作要求的工厂组织在一个工业区内，而不能将一切有协作关系的工厂都无限制地组织在一起。

2)经济合理地使用水、电、供热等市政公用设施。具有一定规模的工业区，可以共同组织和使用市政公用设施。工业区过小，设备不能充分发挥作用，这也是不合理的。

3)工业区规模应满足职工上下班方便及布置公共福利设施的要求。工业区规模过大，容易造成交通阻塞，有害物质浓集，同时使居住区与工厂的平均距离扩大，加大上下班的距离。工厂与居住区的适合距离如表 8.1 所示。

表 8.1　工业区与居住区的适合距离

交通方式	工业区与居住区的最大距离/km	
	30 min	40 mim
步　行	2.0	2.7
电　车	5.1	7.7
无轨电车	5.3	8.0
公共汽车	5.7	8.5

影响工业区规模的因素除以上几方面外，还有地形条件、工业企业的特殊要求以及经济合理利用城市用地等方面。

(2)工业区的合理规模。工业区的规模应满足生产协作、综合利用、人防、卫生以及经济合理地使用水、电、供热等厂外公用设施的要求。

工业区用地面积一般是(700～800)×10^4 m^2，职工人数为 5 万人～6 万人。确定工业区规模时，应因地制宜。工业区的合理规模应根据其工业性质、用地条件、工业区在城市中所处位置、工业区地段等特点，以及当地生活居住用地的分布情况而定，规模过大不利于生产生活。

3. 工业区的规划布置

(1)工业区的组成。工业区主要由生产厂房、运输设施、各类仓库、管理设施、绿地及发展备用地等组成。

1)生产厂房及仓库，是工业区内主要组成部分，其面积占整个工业区的一半以上。生产厂房包括主要生产车间和辅助车间。例如，机械制造厂，主要生产车间为铸造、锻造、金工、装配等；钢铁厂的主要车间为炼铁、炼钢、轧钢；为生产服务的辅助车间一般有机械修理、电气修理、工具修理车间等。

仓库在工业区内占地较大，可分为原料、燃料、设备、半成品、成品及建筑材料等各种不同性质和用途的仓库，除了工业企业单独设置的仓库外，还有为了共同使用码头或站场而联合设置的仓库和货场。

2)动力设施包括电站、中心热电站、煤气发生站、变电所及压缩空气站等。在工业区内设置动力设施的项目和数量，取决于工业区的性质、规模以及工业区所在地区的条件，大型工业一般单独设置，中小型企业则联合设置或合用大企业的设施。

3)如果工业区内用水量和污水量比较大而集中，通常单独设置给水设施和污水处理厂。

4)运输设施主要是运送各工厂原料、燃料、成品、废弃物以及密切各工厂之间的各种联系。其运输设施有铁路专用线、道路、码头以及各种机械化运输设施。

5)行政办公、科研、食堂、医务所、浴室、俱乐部等公共福利设施，以及一定数量的绿化用地。

除上述几项外，还有根据本区的地域条件，工业的发展情况，适当地留有一定数量的发展备用地。工业企业集中布置在工业区内，必须是对生产有利，在技术和经济上是合理的。

(2)工业区的组织方式。

1)生产过程有连续性的企业组成工业区,即生产联合化的组织形式。这种工业区主要以一个工业部门为主,从原料的粗加工、半成品生产到成品的生产过程的联合化。如钢铁工业区、石油化工工业区、纺织工业区、有色金属冶炼及加工工业区等即属此类。其主要类型及结构如图8.6和图8.7所示。

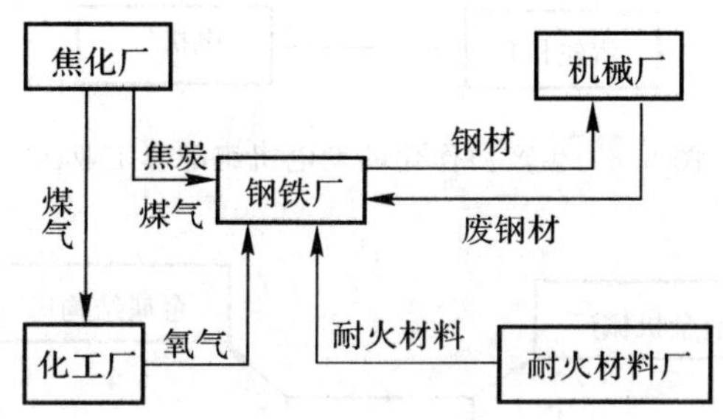

图8.6　生产联合化的钢铁联合工业区

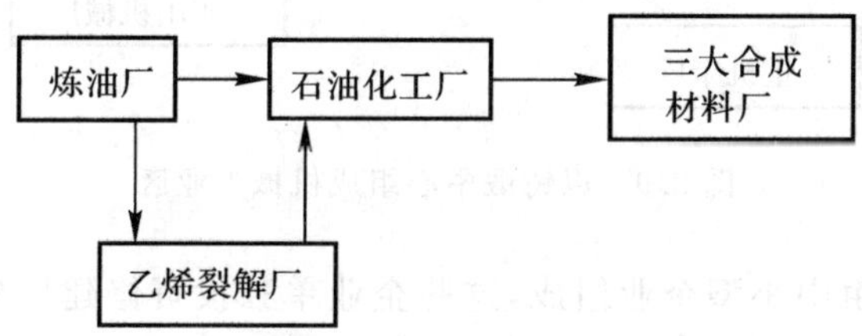

图8.7　生产联合化的石油化工工业区

这种组织布局方式便于管理,减少运输环节,满足生产工艺要求,有利于热能的合理利用。有些生产联系及协作关系极为密切的企业,由于未能组成集中紧凑的工业区,明显地影响了工业企业的生产协作,增加了投资及运输管理费用。如南京炼油厂、化肥厂、南京化工厂等都是有密切协作关系的工厂,但却分散布局在东西长15 km、南北宽4～6 km的范围内,造成管线纵横交错,公用工程和设施各搞一套,基建投资比采取炼油、化肥厂联合建设的广州化肥厂高许多。

组织工业区除了可节省原燃料,提高劳动生产率,降低生产成本外,由于集中紧凑布置,还可节省用地。一般组织工业区较分散布置工业企业可节约城市工业用地10%～20%,减少企业占地面积20%～30%,缩短运输线路20%～40%,减少工程管线长度10%～20%。

2)按生产协作要求组成的工业区。如机械工业在产品、工艺零件部件专业化基础上的协作,如图8.8所示为以发电机组配套的汽轮机厂、发电机厂、锅炉厂形成的工业区,如图8.9所示为以铸锻中心为主组织协作的各机械工厂。

属于这类工业区的还包括使用同种原料、燃料生产不同产品的工厂,或为生产某一二种主要产品,而将有关的工厂集中布置在一个工业区内。

3)共同建设和使用厂外公用工程和城镇生活服务设施而组成的工业区。如围绕铁路专用线、工业站、区域性热电站、变电站、大型水源工程、港口码头以及城镇生活福利设施而形成的工业区。

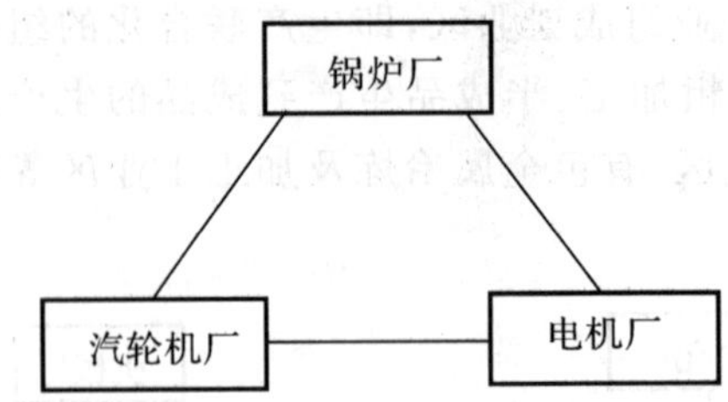

图 8.8　生产协作化的发电机组配套工业区

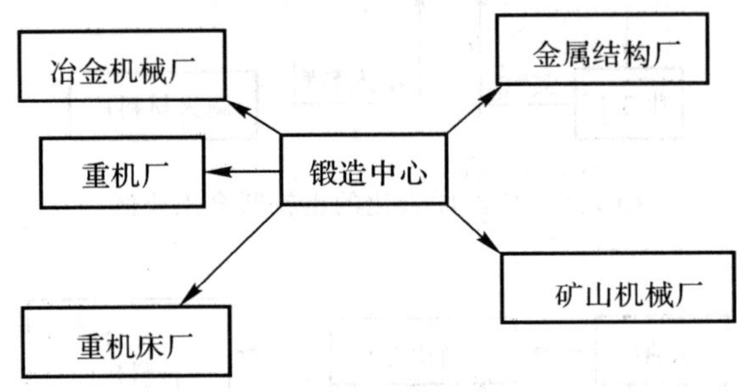

图 8.9　以铸锻中心组成机械工业区

这类工业区一般多由中小型企业组成，这些企业单独投资修建厂外公用工程有一定困难，而由几个工厂联合建设或由有关部门组织共同建设，可使工业企业成形快，工业区也能较快形成。如合肥市西南郊和北郊工业区，共同投资修建了一条 18 km 长的专用线（见图 8.10），不仅解决了各厂的运输要求，也为工业区的发展创造了条件；成都东郊工业区是以热电站为中心建立起来的；沙市化工区是共同建设排水干管、道路等公用设施而形成的。

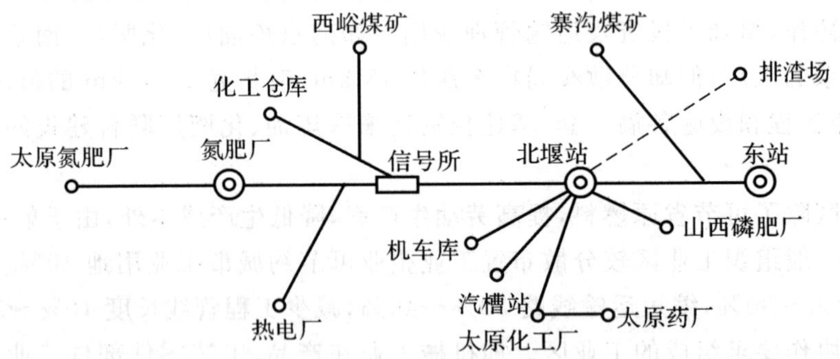

图 8.10　合肥市西南部及北部工业区铁路专用线示意图

i）共同利用铁路线和工业站。这样可以节省各厂专用线长度和投资，由工业站统一解决各有关企业的运输作业，包括集体编组、车辆取送等，可以充分利用运输设施。

工业区专用线、工业站与企业的相互关系，可分为两种，一种是由工业站接轨分若干支线引入各企业；一种是由专用线上接轨分别引入各企业。前一种工业区规模较大，如太原化工区由工业站——北堰站——引出若干支线为各厂服务，如图 8.11 所示。

ii）以热电站、区域变电站为中心组成的工业区。一般大型工业区都需要有热电站集中供电、供热。我国以区域性热电站为中心组成工业区的有吉林化工区、太原化工区、北京东郊工业区等。如图 8.11 所示为共同使用热电厂的工业区示意图。

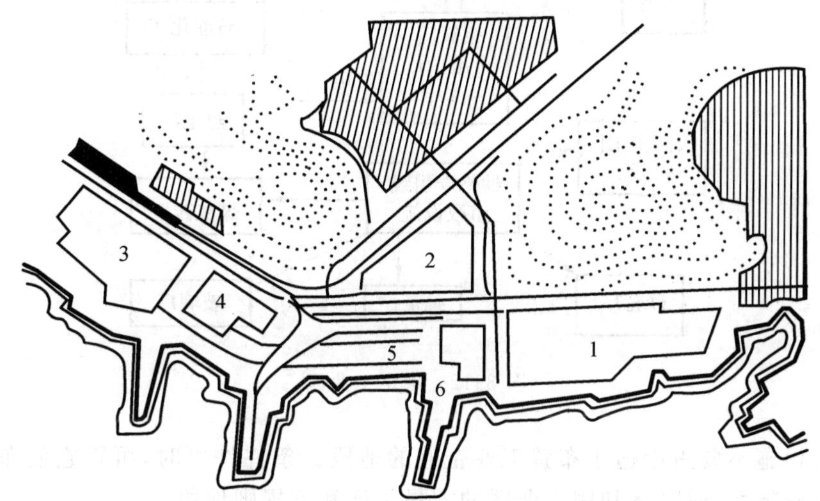

图 8.11　太原北堰化工工业区

1—钢铁厂；2—化工厂；3—石油化工厂；4—有机合成厂；5—煤场；6—热电厂

iii)共同建设和利用城镇生活服务设施组成工业区。一般由中小企业组成，如合肥东效大通路工业区，在各企业的中间地带建设了生活区，配置有较齐全的商业服务和文化生活设施。

4)“三废”污染性质和危害程度类似的工业组成工业区。这些企业主要指化工、钢铁、有色冶炼、某些轻工(印染、皮革)、建材、电厂等工业部门，将这些企业适当集中组成工业区，以便集中建设“三废”治理设施。

5)综合性工业区。以上几种类型的工业区，在布局实践中往往不是截然分开的，如以联合化或协作化组成的工业区，常常也共同建设利用区域性公用工程，这种由于几种不同需要组成的工业区，称为综合性工业区。其形式有以下几种：

i)在某些中小城市，把几个部门的有关企业布置在一个工业区内，共同建设专用线及其他设施，企业之间有的有联系，有的并无联系，这种工业区组成较复杂，但是规模并不大，可布置在城市近郊区。

ii)围绕一个大型工业，配套发展一些有关的企业和设施。这种工业区中往往有 1～2 种协作是主要的，如图 8.12 所示的南定工业区，铝氧和电解铝，铝氧和水泥的协作是主要的，其他协作关系是次要的。

由若干大型企业分别配套协作组成的大型综合性工业区，实际上包括了几个工业区，这类工业区占地大、用量大、职工多。如日本沿海建设的鹿岛工业区(由十几个行业的 33 个企业组成)，主要包括钢铁、石油化工、机械制造、建材四部分，占地 4 000×10^4 m^2，如果分开布置要占地 1.4×10^4 m^2；我国的北京东郊工业区和西郊工业区也类似这种组织形式。

(3)工业区的用地布置。

1)工业区用地布置的原则。

i)根据企业的生产性质和卫生、防火要求分类，将生产协作最密切的工厂组织在一起，对有污染或易燃、易爆的工业企业布置在其他企业的下风侧并远离居住区，职工人数多的工业企业，应尽量接近居住区布置。

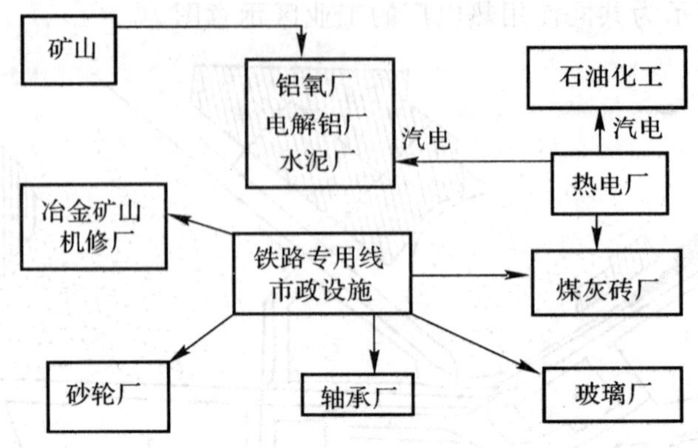

图 8.12　南定工业区

ii)辅助性设施不要占用适于布置工业企业的地段。条件许可时，可将它们布置在各工业企业之间的隔离带上，或尽量利用工业区的零星用地和不规则地段。

iii)工业区的主要道路应与城市主要干道相连接，并与港口、码头、铁路、车站、仓库等有便捷的联系。

iv)工业区所设置的公共福利设施，如食堂、医务所、邮电、消防站等，能方便地为工业区内的职工服务。

v)在不影响生产和生活的原则下，考虑城市的建筑艺术效果并在工业区内布置绿地，美化城市。

vi)根据需要和远景规划预留足够的发展用地，并考虑分期建设的经济合理性。

vii)注意节约用地，少占良田。

2)工业区布置形式。工业区的布置形式与城市及工业区所在地区的现状、自然条件和工厂总平面布置的基本要求有密切关系，一般有以下几种：

i)带状布置。工厂企业沿厂前运输道路布置。铁路专用线一般从工厂后侧引入，避免了铁路和公路交叉，职工上下班和铁路运输互不干扰。这种布置要求有较平缓的地形。带状布置形式又可分为单列式、双列式和多列式几种。

单列式(见图 8.13)：这种布置方式可以保证工业用地和居住用地朝着两个方向发展，而它们之间仍有便捷的联系，但在布置铁路专用线时，要充分考虑工业发展用地，避免专用线分割工业区。

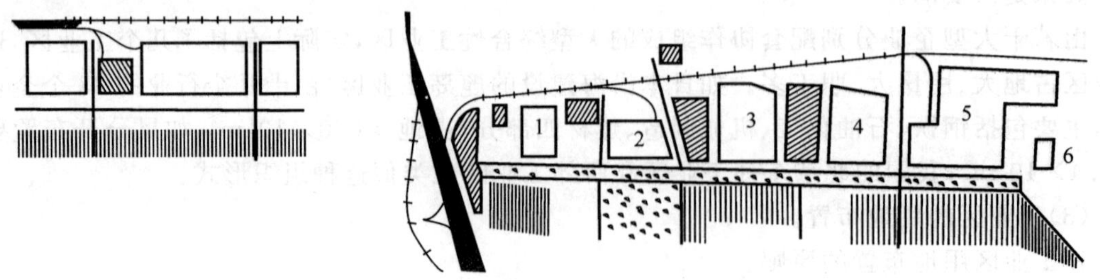

图 8.13　带状单列布置形式及实例

1,2,3,4—机械厂；5—钢铁厂；6—公路机械修理厂双列式(见图 8.14):这种布置形式是在工业区内部第一列与第二列之间用工业区内部运输干道分隔,把不需要铁路专用线的工业布置在第二列,铁路专用线从工业企业背后引入,铁路、公路运输互不干扰。靠近居住区一侧应布置没有污染或污染较小的企业。

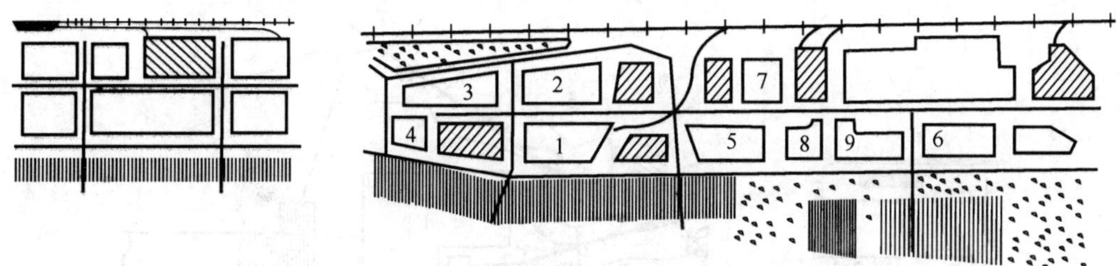

图 8.14　带状双列式布置形式及实例

1—纺织机械厂;2—油脂化学厂;3—柴油机厂;4—水泥制品厂;
5—肉联厂;6—酒厂;7—车轮厂;8—拖拉机配件厂;9—酒厂

多列式(见图 8.15):这种布置形式的工业区一般由规模不是很大,但项目较多,污染程度不同的工业企业组成。铁路专用线从工业区背侧或旁侧引入,因此使工业区的发展受到一定的限制。在布置这种工业区时,应按照卫生等级将企业顺序排列,把污染小的工业安排在靠近居住区一侧,污染大的工业布置在远离居住区一边。

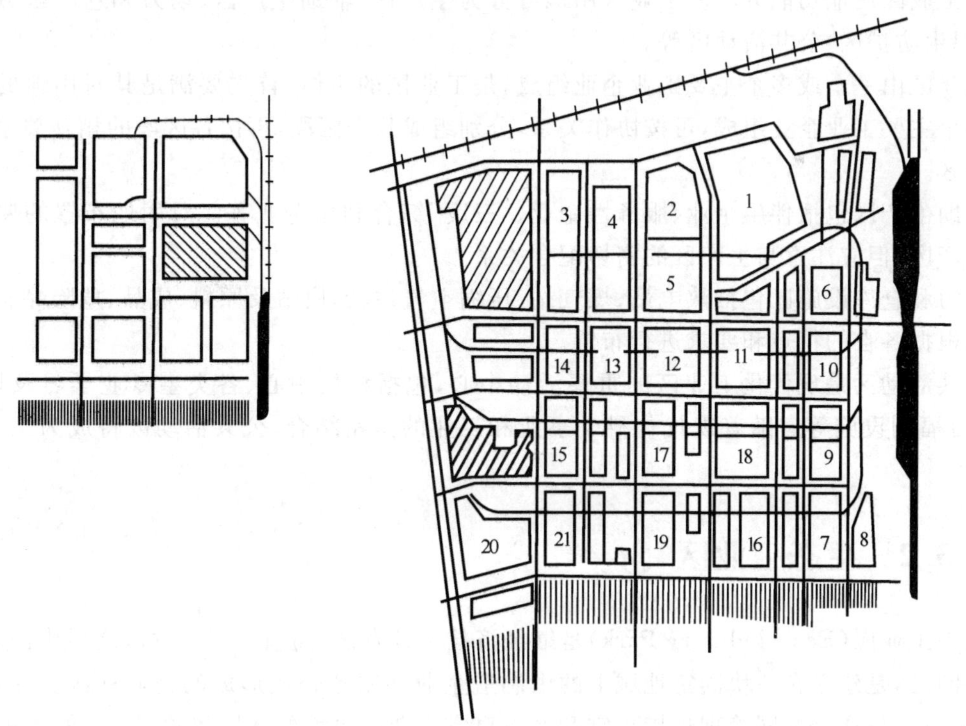

图 8.15　带状多列式布置形式及实例

1—毛织厂;2—重型机械厂;3—变压器厂;4—冶炼厂;5—机床厂;
6—高压阀门厂;7—啤酒厂;8—纺织机械厂;9—绒织厂;10—低压开关厂;
11—气体压缩机厂;12—电缆厂;13—高压开关厂;14—信号厂;15—油脂化学厂;
16—果酒厂;17—灯泡厂;18—鼓风机厂;19—胶管厂;20—拖拉机制造厂;21—橡胶厂

ii)块状布置(见图 8.16):大型联合企业的布置形式多属此类。由于企业规模大、占地多,有些车间或设施污染危害严重,企业内部各厂间工艺联系紧密,加上与主要大型企业协作配套的各种企业,因此工业区的规模较大。这类工业区一般须设置较宽的防护地带。

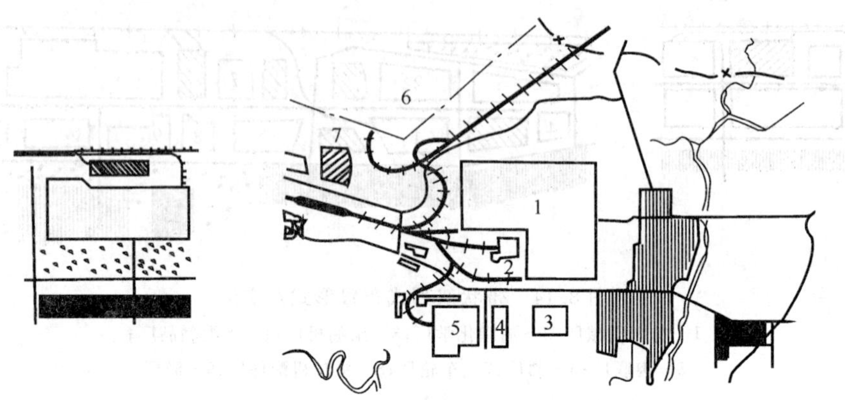

图 8.16　块状布置形式及实例

1—炼油厂;2—电厂;3—水厂;4—化工厂;

5—露天油页岩矿区;6—渣场;7—炼油厂总仓库

3)工业区用地功能分区。工业区用地可分为生产区、辅助生产区、动力和仓库区、运输设施区、卫生防护区、公共活动区等。

生产区由一个或多个主要工业企业组成,是工业区的主体,首先要满足其对用地的要求。如由几个主要工业企业组成,可按协作关系,分别组成几个区段,再按各区段的相互关系,布置好生产区。

辅助生产区包括伴生企业、服务性企业、"三废"综合利用企业等。对用地布置的要求,稍次于生产区,但应注意与生产区的密切配合关系。

动力和仓库设施区包括热电站、煤气站、压缩空气站、乙炔站及原料、成品、危险品仓库等。其用地根据各自的特点和要求进行布置。

公共活动区是现代化工业区的重要活动中心,包括科技中心、各类型专业学习及培训中心、生活福利设施等。随着现代化科学事业和工业的紧密结合,公共活动区将成为工业区的核心。

8.3.2　生态工业区

生态工业园(Eco - industry Park)是继经济技术开发区、高新技术开发区之后中国的第三代产业园区,是建立在一块固定地域上的由制造企业和服务企业形成的企业社区。在该社区内,各成员单位通过共同管理环境事宜和经济事宜来获取更大的环境效益、经济效益和社会效益。它的最大特点是:以生态工业理论为指导,着力于园区内生态链和生态网的建设,最大限度地提高资源利用率,从工业源头上将污染物排放量减至最低,实现区域清洁生产。与传统的"设计—生产—使用—废弃"生产方式不同,生态工业园区遵循的是"回收—再利用—设计—生产"的循环经济模式。

1. 国外生态工业区的发展状况

丹麦的卡伦堡(Kalundborg)位于哥本哈根以西约 100km，人口约 2 万人，是一个拥有天然深水港的城市。20 世纪 70 年代，卡伦堡几个重要的企业试图在减少费用、废料管理和更有效使用淡水等方面寻求合作，建立了企业间的相互协作的关系。在这个工业小城市，已经形成了蒸汽、热水、石膏、硫酸和生物技术污泥等材料的相互依存、共同利用的格局，这就是生态工业园的雏形，卡伦堡因此而闻名于世。

如图 8.17 所示给出了卡伦堡共生体系的主要物质和能量交换流程示意图。卡伦堡共生体中能源的多级使用和副产物(废物)的利用情况具体如下所述。

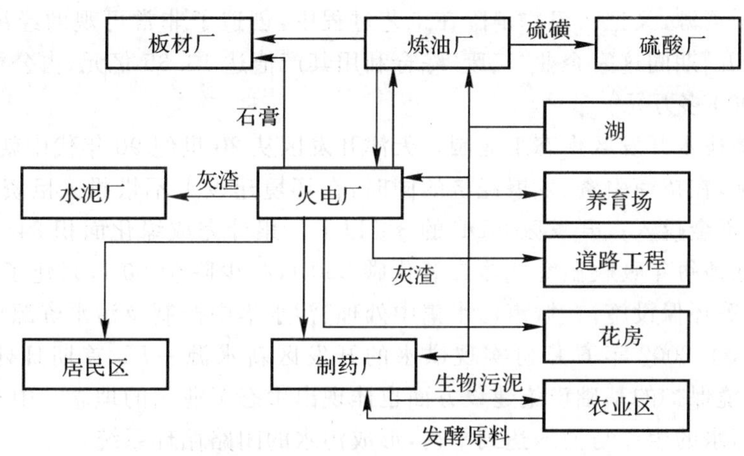

图 8.17　卡伦堡生态工业园区

从 1995 年以来，加拿大生态工业园的 EIPs 项目已在安大略省多伦多的波特兰工业区展开。这一工业区汇集了有废物和能量交换潜力的多种制造和服务行业。据最近对其共生和能量再循环的一体化生态工业园区可能性的研究，加拿大 40 个工业园区中有 9 个被认为具备很强的生态工业园发展的可能性。其中涉及的核心工业有蒸汽生产、造纸、包装、化学工业(苯乙烯、聚氯乙烯)、生物燃料、发电、钢铁、石油提炼、水泥等等。在安大略省的布鲁斯(Bruce)能源中心，“园区”以安大略氢核电站为核心组织，以利用其巨大的废物和蒸发容量。园区内邻近的工厂利用核电厂的废热进行诸如脱水、浓缩、蒸馏、水解和环流供暖等过程。当然，工业园区内的合作并不局限于上述工厂，但是相距较远的工厂在一定程度上难以实现这种合作。

2. 国内生态工业园的发展状况

我国生态工业园的发展，先后经历了经济技术开发区、高新技术产业开发区、生态工业区等几个阶段。

我国“十五”环境科技工作将发展工业生态学和生态工业作为重点开展的科学研究领域之一。其中包括研究生态工业的理论、方法，重点行业开展生态工业示范、建立生态工业园，研究产品生态设计技术和方法，研究和制定鼓励生态设计的技术经济政策和税收优惠政策。

下面介绍目前国内较有影响的两个“生态工业园”规划。

(1)广西贵港国家生态工业(制糖)示范园区。用甘蔗制糖是广西贵港的支柱产业，贵港 GDP 的 30％来自制糖及其辐射产业。其中贵糖公司是我国最大的甘蔗化工企业，制糖、酒精、造纸等是这个公司的主导产业，污染严重、治理难度大。“九五”期间，贵糖把环境保护作为企业可持续发展的头等大事来抓，实行公司、生产分厂、车间、工段环保目标四级管理。1999 年以来，贵糖公司共投入资金 7 000 多万元，成功引进和自创了滤泥治理、酒精废液治理等多种工艺，对制糖、造纸、酒精、热电等生产厂排放的工业污染物进行全面综合治理和利用，实现了工业污染防治由末端治理向生产全过程控制的转变，成为我国制糖行业综合利用的样板企业，并且已形成生态工业园的雏形，初步建成了制糖、造纸、酒精、水泥、轻质碳酸钙、复合肥的工业共生体系，已形成两条主要的工业生态链：甘蔗制糖—废蜜糖制造酒精—酒精废液制造有机复合肥，甘蔗制糖—蔗渣造纸—黑液碱回收。此外，还形成用制糖滤泥制水泥，造纸中段废水用于锅炉除尘、脱硫、冲灰等多条副线生态工业链。这些生态工业链相互利用废弃物作为自己的原材料，既节约了资源，又把污染物消除在工艺过程中，创造了非常可观的经济效益和环境效益。据统计，“九五”期间这家企业“三废”综合利用其产值达 13.35 亿元，占公司工业总产值的 53%，创利润 7 000 多万元。

(2)天津经济技术开发区生态工业园。天津开发区从 20 世纪 90 年代中就提出“走可持续发展之路”的目标，在招商引资、发展经济的同时，在环境建设上不惜投入巨资。近几年，每年用于环境建设的资金投入占开发区 GDP 的 3%以上。累计完成绿化面积 345 km^2，绿地率达 27.6%，每公顷绿地每年吸收温室气体二氧化碳 350 t，减少降尘 60 t，兴建了污水处理厂、电镀废水处理中心等环保设施，在城市污水集中处理、污水集中控制及污水资源化等方面取得了显著成效。据悉，于 2002 年 6 月份实现供水的开发区新水源一厂，首期日处理废水能力达 25×10^4 t。在环境保护的基础设施建设方面也体现出生态工业园的理念。中水回用工程全面展开，将使区内污水的生产与消纳达到平衡，形成污水的闭路循环系统。

在工业园的企业中，正在以推行清洁生产作为生态工业园建设的切入点。清洁生产不但可以减少企业污染，降低生产成本，更有利于区域环境的改善。通过推行企业清洁生产，提高企业的生态工业意识，进而实现开发区内副产品交换网络，即区域性清洁生产。他们还逐步完善环境管理信息系统和环境事故紧急响应系统等环境管理的基础设施，为生态工业园建设奠定了扎实的基础。

3. 生态工业区的概念

生态工业发展(EIDs)的概念使用也比较多，它起源于工业生态学领域的出现，另外还有一个基础是环境管理。普通意义上的生态工业发展就是工业生态学的实践，其基础在于强调在企业和社区中培育网络，优化资源使用和减少经济与环境费用。生态工业概念包含了一系列的方法途径，包括污染防治、副产物交换、绿色设计、生命周期分析、联合培训项目和公众参与。

所以生态工业园可定义为一种生态系统，它有计划地进行材料和能源交换，寻求能源与原材料使用的最小化，废物最小化，建立可持续的经济、生态和社会关系。

4. 生态工业区类型

纵观国内外各生态工业园区，它们并没有一个统一的模式，而是因地制宜，各具特色。可以从产业结构、原始基础、区域位置等不同的角度对生态工业园区进行分类。

(1)从原始基础观看，生态工业园区可以划分为现有改造型与全新规划型。现有改造型园区是对现已存在的工业企业，通过适当的技术改造，在区域内成员间建立起废物和能量的转换关系。美国恰塔努加(Chattanooga)生态工业园区就是个例子，它曾是一个以污染严重闻名全美的制造中心，后来杜邦公司以尼龙线头回收为核心推行企业零排放，既减少污染又带动了环保产业的发展，在老工业园区拓展了新的产业空间。其突出特征是通过重新利用老工业的工业废弃物，减少污染和增进效益。旧废钢铁铸造车间变成太阳能处理废水的生态车间，循环废水为旁边的肥皂厂所使用，临近的肥皂厂是以其副产物为原料的另一家工厂。国内广西贵糖生态工业区由蔗田、制糖、酒精、造纸、热电联产、环境综合处理系统组成，各系统之间通过中间产品和废弃物的相互交换而相互衔接，形成一个较完整和闭合的生态工业网络，它也属于这一类型。

全新规划型园区是在良好规划和设计的基础上从无到有地进行建设，主要吸引那些具有“绿色制造技术”的企业入园，并创建一些基础设施，使得这些企业间可以进行废水、废热等的交换。这一类工业园区投资大，对其成员的要求较高。如美国 Choctaw 生态工业园区采用交混分解技术将当地大量的废轮胎资源化，得到炭黑、塑化剂等产品，进一步衍生出不同的产品链，这些产品链与辅助的废水处理系统一起构成工业生态网。国内南海国家生态工业示范园区也属于这一类型。

(2)从产业结构看，生态工业园区可以划分为联合企业型与综合园区型。联合企业型园区通常以某一大型的联合企业为主体，围绕联合企业所从事的核心行业构造工业生态链和工业生态系统，典型的如美国杜邦模式、贵港国家生态工业(制糖)示范园区等。对于冶金、石油、化工、酿酒、食品等不同行业的大企业集团，非常适合建设联合企业型的生态工业园区。

综合型园区内存在各种不同的行业，企业间的工业共生关系更为多样化。与联合企业型园区相比，综合型园区需要更多地考虑不同利益主体间的协调和配合，如丹麦的卡伦堡工业园区和建设中的我国浙江衢州沈家生态工业园区是综合型生态工业园区的典型。目前大量传统的工业园区适合朝综合型生态工业园区的方向发展。

(3)从区域位置看，生态工业园区可以划分为实体型与虚拟型。实体型园区的成员在地理位置上聚集于同一区域，可以通过管道设施进行成员间的物质、能量交换。

虚拟型园区不严格要求其成员同在同一地区，由园区内和园区外的企业共同构成一个更大范围的工业共生系统。有些园区是利用现代信息技术，通过园区信息系统，首先在计算机上建立成员间的物质、能量交换联系，再付诸实施，区内企业既可彼此交换也可与区外企业发生联系。虚拟园区可以省去一般建园所需的昂贵的购地费用，避免建立复杂的相互依赖关系和进行困难的工厂迁址工作，并具有很大的灵活性；其缺点是可能要承担较贵的运输费用，如美国的 Brownsville 生态工业园区就是虚拟型园区的典型。

8.3.3　生态工业园的设计

1. 设计依据

在生态工业园的设计中，首先要对产业定位和现有企业进行详细的了解，作总体规划时要强调内部循环，争取形成“闭环”，方法是合理引入与原有企业存在潜在协同和共生关系的工业和企业；另外，完善这些企业所处的系统背景，优化物质、能量和信息流也是极为重要的。

(1)物质流。在生态工业园中，没有绝对的“废料”一词，因为某家企业的废料很可能就是另一家企业潜在的原材料。生态工业园中的企业都力争优化材料的使用，使有毒材料的使用最小化，并利用共同的有毒废料处理设备。另外，生态工业园的设计者还会有意识地吸引一些从事资源回收和循环的企业来处理副产品，并为园区中的制造企业提供再生的原材料。

(2)能量流。生态工业园中的公司、企业会通过对建筑、照明和基础设施的设计来达到提高资源利用效率的目的。例如,将某家公司用过的冷却水导向另一家公司为其提供热量,或用于民用供暖系统。另外,许多生态工业园基础设施还在尝试使用可再生资源,比如风能和太阳能等。

(3)园区管理和服务支持系统。生态工业园管理系统必须成熟,功能强大,能够协调各公司、企业间副产品的交换,并帮助成员适应整个循环中某个或某些环节的突发改变。生态工业园区中还可以共享一些支持性服务以降低成本,如培训中心、餐厅、交通、后勤,以及对共同补给品的购买等。

2.生态工业园区规划设计原则

生态工业园区的运作是由体现生态学原则的园区设计来实现的,与传统的工业园区有着重要的区别。其规划设计的原则如下:

(1)循环性原则。其目标是把最主要的营养物质保存在系统内部,主要有三方面内容:①物质循环,目前工业发展依赖的自然资源是有限的,但工业生产总是在消耗这些资源。解决这一矛盾的关键就是要实现工业体系内的物质循环,同时经过生产环节后又大量地产生废物,还要实现废物资源化。②合理用能,根据能量品质的不同实现梯级用能,回收生产过程的废热或利用废弃物,充当能源。③信息共享与反馈,信息作为一种可以被无限分享的特殊资源,它的传播将部分减少物质和能量流动,也是生态工业稳定发展的有力保证。

(2)生态链原则。首先要考虑园区成员间在物质和能量的使用上是否形成类似的自然生态系统的生态链或食物链,这样才能实现物质与能量的封闭循环和废物最少化;同时园区成员是否具备供需关系以及供需规模,供需稳定性是影响生态工业园区发展的重要因素。生态链原则要求工业园区成员的匹配,特别是废物、副产品的供需关系影响到园区的废物再生水平,如果供大于需,即废物的产生量大于相关企业的需求量,废物减量化目标将难以实现。所以,企业行业的匹配是生态工业园区设计的关键。原料链在生态工业区中的配比取决于园区中不同产品,不同生产过程和不同的企业对资源和能源需求的差异,即各企业人员之间在原料链上要相互耦合,要做到废物有“用武之地”,并且可能“一废多用”,即一个企业产生的废料要应用到两个以上的原料链中,分别与两个或多个不同企业耦合构成循环系统。

(3)多样性原则。多样性原则是建设园区生态工业链网结构的基础。以经济价值作为唯一目标将使生态工业的多样性大打折扣。要实现工业经济的多样性,首先要目标多元化,它确保了工业生态系统具有较高的柔性和适应性。因此,在发展经济的同时必须兼顾环境、生态、社会等多重目标,政府在制定政策的过程中可考虑将这此内容涵盖进去。在园区建设中,可以引进不同的产品、不同的生产过程和不同的企业,利用它们对资源和能源需求的差异,实现优势互补,形成灵活、高效的合作关系。园区成员组成和相互间的联系要多样化,而且要有创新性,不能一成不变,这样才能保证工业生态系统平衡和稳定发展。

(4)高效性原则。在追求经济成本和环境成本优势的市场里,仅仅是地域上的邻近已不足以确保现代企业竞争力。生态工业园区的设计在于形成高效的工作系统。园区内部有着很好的友邻关系,这主要指园区内企业、政府和社区间有着紧密、高效的合作和交流关系。因此,为确保生态工业园区的效率,园区在设计上必须考虑这种合作和交流的流畅。园区通道包括公路、轻轨、铁路和管道应靠近废物、废水或能量的利用者或供应者,同时对希望购买或售卖废物的个人和小商业者保持良好的通达性,包括物资流通和信息交流。因此,有学者认为生态工业园区理想的规模是 100～200 英亩(1 英亩＝4 046.865 m^2)。

生态工业园区区别于传统的废物交换项目，它并不满足于简单地进行一来一往的资源循环，旨在系统地增加一个地区的总体资源。因此，园区将承担所在区域的经济发展、资源永续、社会安定的任务，它的运作将以园区所有成员包括企业、政府、社会为了减少废物和增加经济效益而进行的密切合作为基础。在运转机制上，生态工业园区则是一个有高效的物质、能量和信息流动的网络，而网络的组织和各个节点的绩效则是决定生态工业园区效率的关键因素。

(5)多功能性原则。经济、社会和环境的和谐是可持续发展的基础，是工业生态学的基本目标。因此，生态工业园必须要兼备经济、社会和环境的多种功能和多重效益，这样才能实现工业生态学的主旨。

3.规划设计内容

生态工业园区系统框架包括企业选择、系统集成、园区生态系统设计和非物质化等四部分(见图 8.18)。生态工业园区设计内容丰富，包括选址、土地使用、景观设计、基础设施和共享支持服务等。Deppe 从规划者角度(见表 8.2)提出了生态工业园区/网络可能涉及的相关领域。

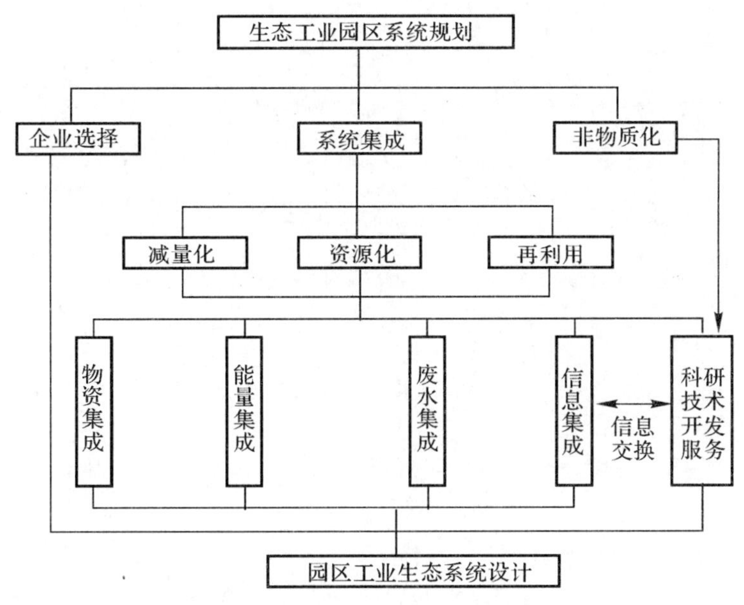

图 8.18　生态工业园区系统框架规划与设计示意图

表 8.2　生态工业园区/网络潜在领域

潜在领域	内　容
生活质量和社会联系	工作与娱乐统一、合作教育机会、志愿者和社区项目、参与区域规划
材　料	共同采购、供需双方关系、副产物联系、创造新材料市场
交　通	共享交换、共享运输、共同的交通工具维护、替代包装、园内交通、统一的后勤

续表

潜在领域	内容
环境、健康和安全	事故预防、紧急响应、废物最小化、多媒体规划、为环境设计、共享环境信息系统、联合法规许可
能源	绿色建筑、能源审计、共生、能源公司的创新、替代能源
信息系统	内部通信、外部信息交换、监测系统、计算机兼容性、联合管理信息系统
市场营销	绿色标签、绿色市场评价、联合推动、联合风险
生产工艺	污染预防、废物减少和再利用、生产设计、共同的转包合同、共同的设备、技术共享和综合
人力资源	人力资源招募、联合利益、健康、共同需求、培训、灵活的雇用

附录 电厂厂区用地指标

附表1所列用电指标参考了电力部电力规划设计总院编制的《电力工程项目建设用地指标》(建标[1997]204号),按现行规定取消了修配区,并压缩了厂前区,仅供设计时参考。

附表1 50～600 MW机组厂区建设用地基本指标

序号	规划容量 MW	机组组合 台数×单机容量,MW	厂区用地/hm^2			单位容量用地 m^2/kW
			生产区	厂前区	合计	
1	200	4×50	11.85	1.40	13.25	0.66
	300	6×50	16.35	1.60	17.95	0.60
	300	2×50+2×100	15.20	1.60	16.80	0.56
	400	4×50+2×100	19.95	1.80	21.75	0.54
2	400	4×100	17.65	1.60	19.25	0.48
	600	6×100	24.35	1.80	26.15	0.44
	600	2×100+2×300	22.25	1.80	24.05	0.40
	800	4×100+2×200	28.40	2.00	30.40	0.38
3	800	4×200	25.40	1.80	27.20	0.34
	1 200	6×200	34.70	2.00	36.70	0.31
	1 000	2×200+2×300	29.55	2.00	31.55	0.32
	1 600	4×300+2×200	38.65	2.20	40.85	0.29
4	1 200	4×300	36.90	2.00	38.90	0.32
	1 800	6×300	47.45	2.20	49.65	0.28
	1 800	2×300+2×600	44.05	2.20	46.25	0.26
	2 400	4×300+2×600	58.85	2.40	61.25	0.26
5	2 400	4×600	53.25	2.20	55.45	0.23
	3 600	6×600	72.15	2.40	74.55	0.21

注:(1)当厂前建有单身宿舍或引进机组须设置外宾招待所时,厂前区按用地指标0.8增加用地。

(2)当发电厂的辅助生产及附属建筑由地方或企业(系自备电站)或煤电联营统一规划时,其建设用地基本指标应相应减少。

(3)125 MW,250 MW,350 MW,500 MW机组厂区建设用地基本指标,分别按附表1中100 MW,200 MW,300 MW,600 MW机组取值,其对应的单位容量用地不作控制。

(4)当规划容量或机组组合与表列不同时,其建设用地基本指标按插入法计算确定。

(5)当发电厂的实际技术条件与附表1规定的技术条件不同时,厂区建设用地指标按现行的《电力工程项目建设用地指标》进行调整。

附表 2　30 万吨合成氨、52 万吨尿素化肥厂用地指标定额

原料类别	厂区内用地/m^2
天然气	26.8×10^4
轻　油	$32.5\times10^4\sim37.1\times10^4$
重　油	$37.9\times10^4\sim42.5\times10^4$
煤	$67.5\times10^4\sim71\times10^4$

附表 3　水泥厂占地面积及职工人数参考指标

工厂规模	占地面积/(m^2/t)	职工人数/(人/万吨)
大型厂	0.25～0.3	11～20
中型厂	0.35～0.9	16～33
小型厂	0.8～1.2	33～60

附表 4　铁合金厂厂区用地指标

设计规模/(10kt/a)	用地指标/(m^2/t 铁合金)
＜5	6.5～5.0
5～10	5.0～4.0
＞10	4.0～3.0

附表 5　选矿厂厂区用地指标和建筑系数参考值

设计规模/10kt 原矿/a	用地指标/(m^2/t 铁合金)	建筑系数
＞200	0.03～0.07	18%～23%
60～200	0.05～0.10	
＜60	0.08～0.12	

附表 6　钢铁联合企业主要技术经济参考指标

工厂规模	每吨钢占地/(m^2/t)	每吨钢用水/m^3	每吨钢耗燃料/t	每吨钢厂外运量/t	建筑及堆场系数/(%)
＞100 万吨/年	1.5～2.5	200～250	0.8～1.0	8	20～24
10～100 万吨/年	2.5～3.5	200～300	1.0～1.2	8～12	22～25
＜10 万吨/年	3.5～4.5		1.0～1.2	12	25 以上

附表 7　固定式码头的主要形式、适用范围及优缺点

<table>
<tr><th>序号</th><th colspan="3">固定式码头主要形式</th><th>图　示</th><th>适用范围</th><th>主要优缺点</th><th>备　注</th></tr>
<tr><td>1</td><td></td><td colspan="2">突堤式</td><td>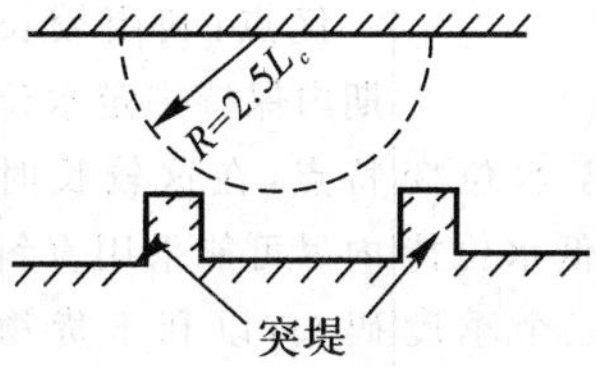</td><td>适用江面较宽及沿海地区的港口</td><td>优点：能停泊较多的船舶，而占用岸线长度较小，可提高岸线的使用率。
缺点：造价太高</td><td>一般都采用框架结构</td></tr>
<tr><td rowspan="5">2</td><td rowspan="5">顺岸式</td><td rowspan="5">斜坡式</td><td>简易式</td><td>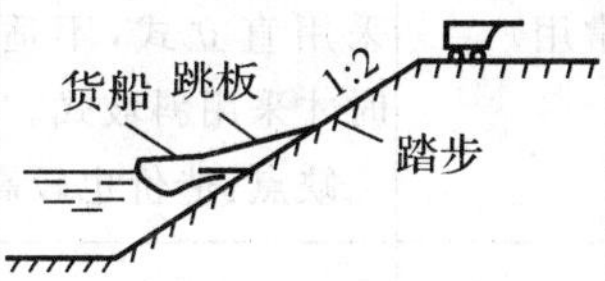</td><td>适用于货运量较小，不考虑机械装卸时</td><td rowspan="5">优点：(1)对水位变化适应幅度较大；
(2)斜坡与自然地形吻合，结构简单，造价较低，修建容易，维修费用低；
(3)建筑材料便于就地取材。
缺点：(1)起重运输条件较差；
(2)码头前沿由于水深不足，必须使用囤船、墩座等，而囤船必须根据水位涨落经常移泊，以免搁浅，当水位昼夜变化激烈时，移泊就较频繁；
(3)囤船上的装卸机械多半不能移动，因而码头泊船能力尚受囤船尺度的限制，当比囤船尺度大的船舶停靠时，系靠欠稳</td><td rowspan="5">斜坡式码头的构造有两部分组成：
(1)系船舶用系靠部分(一般是活动式的)，常用的是铁质或木质囤船，也有用水泥囤船；
(2)供货物由囤船运至岸(或反向)，用的斜坡(一般都为固定的)按斜坡结构不同，又可分为：
(1)实体斜坡码头的斜坡大都利用天然岸坡加以人工护面而建成，少数用回填土填筑，实体斜坡还可作为汽车道；
(2)空架斜坡一般均是人工构筑物，由桥墩和上部结构组成</td></tr>
<tr><td>囤船式</td><td>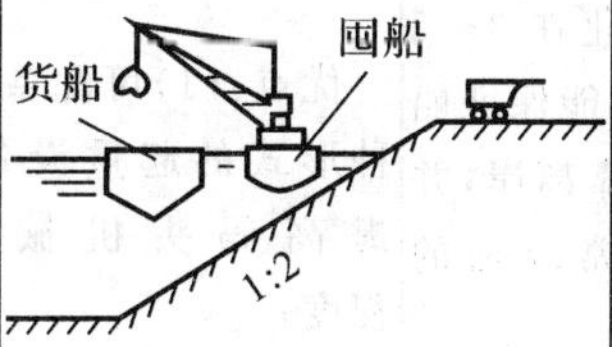</td><td>适宜于码头前沿水深不足的地区，装卸货物受一定条件限制，机械化程度不高(大型囤船上装有可移动式的起重机，汽车可开至囤船上进行装卸)</td></tr>
<tr><td>传送带式</td><td>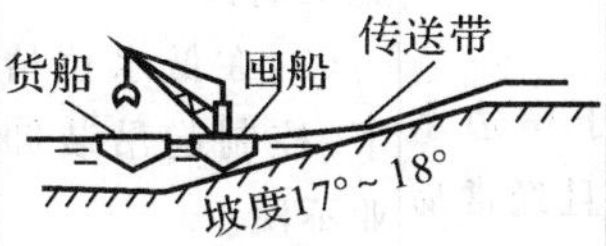</td><td>适用于岸坡平坦(不大于 1：3.5)的水位变化较大地区，装卸件货时采用链板式，散货采用皮带式</td></tr>
<tr><td>缆车式</td><td>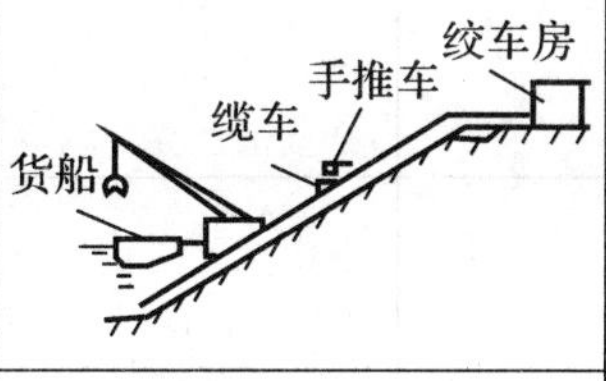</td><td>适用于岸坡较陡，水位变化较大的地区。</td></tr>
<tr><td>溜槽式</td><td>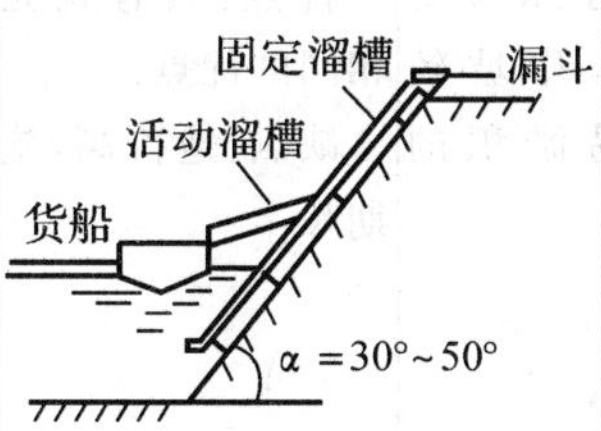</td><td>适用于安装在30°～50°的斜坡码头上，供由岸到船装货用，对散装货物尤为适用。滚柱式溜槽也适用于件货</td></tr>
</table>

续表

序号	固定式码头主要形式			图示	适用范围	主要优缺点	备注
2	顺岸式	斗斜坡式	直斜式	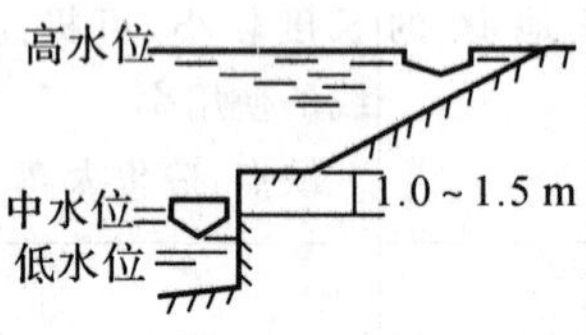高水位 1.0～1.5 m 中水位 低水位	适用于水位变化较大，低水位持续期达三个季度以上的地区（江河码头较常用）	优点：利用较长时期内保持一定水位的特点，在这较长时期内尽可能采用直斜式码头，以利于货物装卸，仅在较短时期内采用直立式，不适宜时才采用斜坡式。 缺点：造价也较高	
2	顺岸式	直立式	重力式	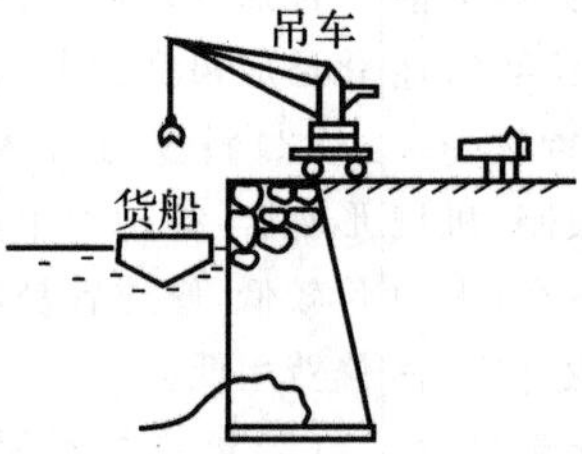吊车 货船	适用在枯水期岸边有一定水深，水位变化在3～5 m以内，能保证船舶安全靠离岸，并不须经常疏通的地区	优点：(1)可配备各种形式的起重设备，提高码头机械化程度； (2)船舶停靠及装卸作业方便。 缺点：(1)造价高，施工期长； (2)在低水位情况下，控制起吊装卸作业不便	码头沿江河岸修建，与江河岸相连。 码头伸出江面深水处，类似突堤式码头
2	顺岸式	直立式	高桩框架式	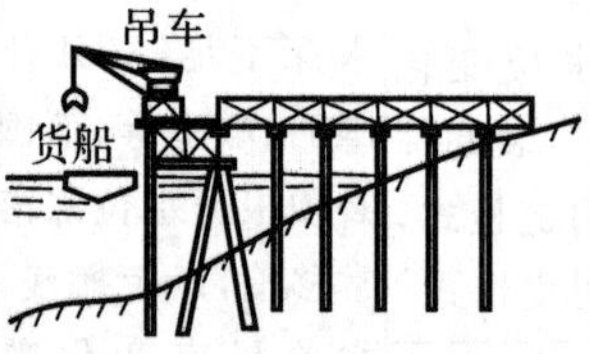吊车 货船	适用于岸边水深不足，且经常易淤积的地区		
2	顺岸式		混合式	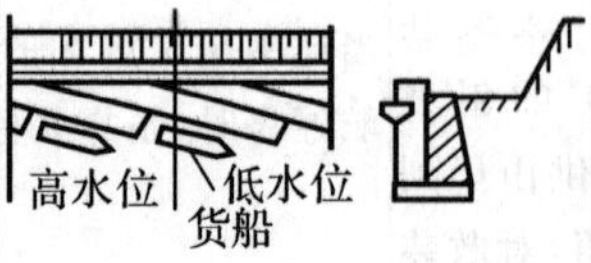高水位 低水位 货船	适用于水位变化较大，岸坡较陡，不易淤积的地区	优点：具有直立式相同的优点。 缺点：造价高，施工期长	这是一种斜坡形的直立式码头，码头后方沿岸平行处设置斜坡道路，码头前沿分级设立直立式码头，并分别与斜坡道路相连通

附表 8　浮码头的主要形式、适用范围及优缺点

序号	浮码头主要形式	图　示	适用范围	主要优缺点	备　注
1	单跨联桥式	 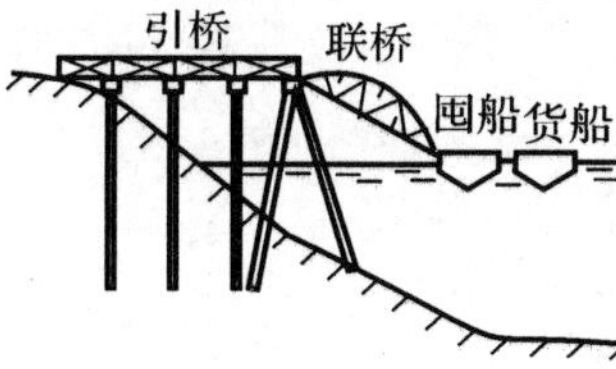	当水位差不超过5～6 m时，一般采用单跨联桥，联桥跨径取决于水位差的大小和联桥的允许坡度，坡度过大会造成装卸困难，坡度过小又会增加联桥造价，联桥的最大坡度与行驶在桥上的连续性装卸机械有关，行车坡度不宜大于20%。 在岸坡平缓地区，为了使囤船在低水位时有足够的吃水深度，而又不加大联桥跨径增加造价，可在岸坡与联桥之间增设引桥。 当水位在8～10 m或更大时，由于坡度和跨径的限制，单跨联桥往往无法满足要求，这时可采用由几个活动桥段组成的多跨联桥，联桥支承在龙门架上，架顶安装调节桥座的起重葫芦，在桥座调节到适当位置后即予固定。 当水位涨落不大时，只须调整与囤船直接相联的桥跨。当水位涨落到超过该桥的允许坡度时，应同时调整其他桥垮	优点：(1)受水位差限制较少，与直立式码头比较，可以适用于水位升降较大的地区； (2)结构简单，施工安装迅速方便，且便于移动，适用于非永久性的码头； (3)适用于干弦高度较小的船舶，根据货物特性，在采用适宜的连续运输设备后，可以有相当数量的吞吐能力； (4)适用于工程地质条件不良，不宜建造固定码头的地点。 缺点：(1)一般不能在上面直接行驶起重机械和汽车(吨位大的囤船也可以行驶，但一般工厂是不用的)，因而装卸机械受到限制，影响其吞吐能力； (2)随水位的高低而升降，增加码头的管理作业； (3)水位差过大时，为保持浮桥有一定坡度，浮桥的长度势必很长而增加造价，在这种情况下，一般改用斜坡式固定码头。	浮码头主要由囤船及倾斜的联桥组成，实际上也是一种斜坡式码头，唯一不同之处是浮码头的斜坡可随水位涨落自行调节，无须经常移动囤船。 这种码头可洋可土，建造较易，并能适应较大的水位变化，因此，当水位差较大时，修直立式码头造价太高，或地质条件复杂，采用固定式结构有困难以及货运量很小或属临时的客货运码头，当修固定结构不经济时，均可采用浮码头，它在我国长江中、下游地区用得很多
2	多跨联桥式				

附表9 靠船墩(桩)的主要形式、适用范围及优缺点

序号	靠船墩(桩)的主要形式	图示		适用范围	主要优缺点	备注
1	沿岸墩座式	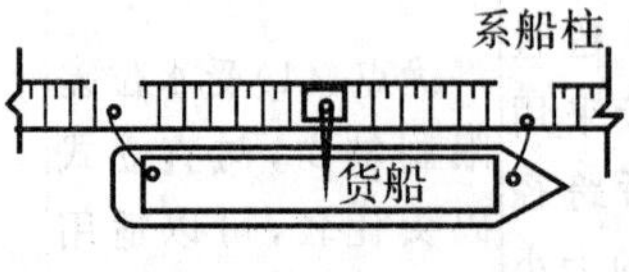 系船柱 货船		对临时性的简易码头或为了节约码头造价,减少土方工程,可采用靠船墩(桩)。实际上它是直立式码头的变异形式	优点:投资较省,施工期短,码头设备简单,占用水域面积小。 缺点:使用和船舶系靠不方便	在石油化工码头中,墩座式特别适用于输送液体的码头,前沿设置墩座,供船舶系缆,上部可用轻型栈桥,彼此连通,并与岸上相接,供行人和敷设管道之用
2	独立墩座式	设囤船	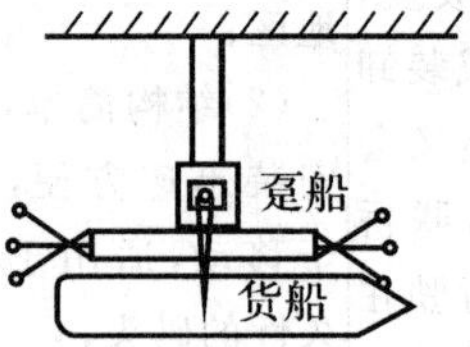 趸船 货船			
		不设囤船	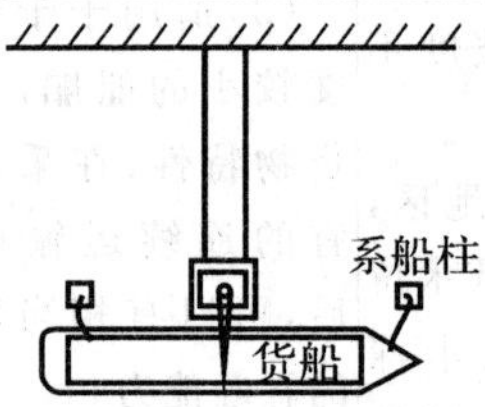 系船柱 货船			

参考文献

[1] 邓述平，王仲谷.居住区规划设计资料集.北京：中国建筑工业出版社，1996.

[2] 武勇，黄鷁，刘青.居住区规划.北京：中国建筑工业出版社，2004.

[3] 中国城市规划设计研究院.城市规划资料集.第七分册：城市居住区规划.北京：中国建筑工业出版社，2005.

[4] 居住区与住宅规划设计实用全书编委会.2004 居住区与住宅规划设计实用全书.北京：中国人事出版社，1999.

[5] 杨建设.固体废物处理处置与资源化工程.北京：清华大学出版社，2007.

[6] 郝克智.工业运输.北京：中国铁道出版社 ，1990.

[7] 北京有色冶金设计研究总院，长沙黑色冶金矿山研究院，沈阳有色冶金研究设计院.采矿设计手册.北京：中国建筑工业出版社，1989.

[8] 工业锅炉房实用设计手册编写组.工业锅炉房实用设计手册.北京：机械工业出版社，1991.

[9] 刘林.应用模糊数学.西安：陕西科学技术出版社，1996.

[10] 廖祖裔，吴迪慎，雷春浓，等.工业建筑总平面设计.北京：中国建筑建工出版社，1984.

[11] 傅永新，彭学诗，杨欣蓓.钢铁厂总面运输设计手册.北京：冶金工业出版社，1996.

[12] 武一琦.火电厂厂址选择与总图运输设计.北京：中国电力出版社，2006.

[13] 李善，傅达聪.煤炭工业企业总平面设计手册.北京：煤炭工业出版社，1992.

[14] 李德华.城市规划原理.北京：中国建筑出版社，2001.

[15] 董金波.工业企业厂址选择与总体规划.北京：冶金工业出版社，1993.

[16] 邓南圣，吴峰.工业生态学理论与应用.北京：化学工业出版社，2002.

[17] 周俭.城市居住区规划原理.北京：同济大学出版社，1999.

[18] 崔功豪，魏清泉，陈宗兴，等.区域规划与分析.北京：高等教育出版社，1998.

[19] 于秀娟.工业与生态.北京：化学工业出版社，2003.

[20] 罗宏，孟伟，冉圣宏.生态工业园区—理论与实证.北京：化学工业出版社，2004.

[21] 陈大道.中国工业布局的理论与实践.北京：科学出版社，1990.

[22] 肖秋生.城市总体规划原理.北京：人民交通出版社，1997.

[22] 高俊发，王社平.污水处理厂工艺设计手册.北京：化学工业出版社，2003.

[23] 关光福.建筑电气.重庆：重庆大学出版社，2007.

[24] 能源部东北电力设计院.火力发电厂厂址选择手册.北京：水利电力出版社，1990.

[25] 刘阶才.工厂供电.北京：机械工业出版社，1998.

[26] 严煦世，范瑾初.给水工程.北京：中国建筑工业出版社，1999.

[27] 张玉珩，王永滋，等.变电所所址选择与总布置.北京：水利电力出版社，1986.

[28] 何纯提.净水厂排泥水处理.北京：中国建筑工业出版社，2006.

[29] 郃生霞，乔庆云.给水排水工程设计实践教程.北京：机械工业出版社，2008.

[30] 工矿企业生活区建设用地指标.北京：中华人民共和国建设部，1993.

[31] 中国工业运输协会.工业企业总平面设计规范.北京：国家技术监督局和中华人民建设部，1994.

[32] 吴渊明.铁路总体设计.北京:中国铁道出版社,1986.
[33] 苗大维,等.铁路选线设计原理.北京:中国铁道出版社,1988.
[34] 王秋平.工业铁路站场及枢纽.西安:陕西科学技术出版社,2003.
[35] 刘其斌,马桂贞.铁路车站及枢纽.北京:中国铁道出版社,2002.
[36] 井生瑞.总图设计.北京:冶金工业出版社,1989.
[37] 董淑敏.厂矿道路与汽车运输.北京:冶金工业出版社,1994.
[38] 张新天,罗晓辉.道路工程.北京:中国水利水电出版社,2001.